캐치업전략

김주환 지음

후발기업이 선발기업을 캐치업하기 위해
사용하는 마케팅전략을 밝히자!

최고의 승자는 시장에 처음 진입한 브랜드가 아니라
고객의 마음속에 처음 자리잡은 브랜드다

- Marty Neumeier -

최초가 될 수 없다면 최초가 될 수 있는 새로운
범주를 창조하라

- Jack Trout & Al Ries -

머리말

이론과 선행연구에서 선발기업의 이점은 선점으로 인해 경쟁우위를 누린다는 경제적 관점과 소비자 선호 형성으로 인해 경쟁우위를 누린다는 행동적 관점으로 설명된다.

이처럼 선발 이점에도 불구하고 후발로 시장에 진입하는 경우가 다수 존재한다.

그 이유는 신제품 개발 능력이나 아이디어가 없어서인가? 어쩔 수 없이 선발의 기회를 놓쳤는가? 혹은 새로운 제품범주로의 진입이 가치가 없어서인가? 아니면 역량이 있음에도 불구하고 기업의 전략에 따른 의도적 지연인가?

전자의 경우에 해당하는 수동적 후발기업은 선발기업 추월을 그다지 강조하지 않지만, 후자의 경우 해당하는 능동적 후발기업은 선발기업의 추월을 상대적으로 더욱 강조할 것이다.

이 책은 후발기업이 선발기업을 캐치업하기 위해 사용하는 마케팅전략을 밝히는 것을 연구목적으로 한다.

어느 전략이 더 좋은가는 기업의 상황에 따라서 달라질 수 있다.

능동적 기업은 시장 진입에 있어서 상황에 따라서 선발전략과 후발전략을 적절하게 선택할 수 있다.

선발전략은 실패의 위험이 크지만 성공할 경우 시장에서 오랫동안 경쟁우위를 점할 수 있는 반면에, 후발전략은 실패의 위험은 작지만 시장진입 후에 선발기업을 따돌리기 위해 많은 노력이 필요하다.

그러나 기업은 선발전략과 후발전략 중에서 어느 한 전략만을 선택하여 지속적으로 적용해서는 안 된다.

어떤 상황에서는 선발전략을 또 다른 상황에서는 후발전략을 적절하게 바꾸어가면서 구사해야 하는 것이다.

선발기업은 필요에 따라서는 모방전략을 그리고 후발기업은 선도적인 혁신전략을 수행할 필요도 있는 것이다.

기업은 시장에 먼저 진입하거나 현재의 경쟁지위에 따라 선발기업과 후발기업으로 대별되며, 후발기업은 시장진입의 목표와 현 시장점유율에 따라 시장도전자, 시장추종자, 시장틈새기업으로 분류된다.

선발기업에 비해 다수의 기업들이 후발로 진입하는 경우를 고려해 볼 때 학술적 · 실무적으로 큰 의미가 있을 것으로 판단된다.

이 책은 제3부 제12장으로 구성되었으며 제1부는 캐치업전략의 핵심내용인 경쟁전략, 마케팅전략의 주요 이론 및 경쟁지위별 마케팅전략을 기술하였으며, 제2부는 저자의 학위 논문을 보완하고 관련 논문을 정리 수록하였고, 제3부는 후발기업으로서 캐치업에 성공한 사례를 종합하였다.

먼저 이 책과 관련된 선행 학자들과 연구자들의 공헌에 깊은 감사를 드린다.

책 출간을 먼저 제안하여 저자로 하여금 연구를 하도록 동기부여한 한국학술정보(주)의 채종준 사장과 실무자인 신재훈 팀장에게 감사드린다.

또한 자료정리 및 교정에 기여한 분당제생병원의 오윤환 선생의 노고를 치하한다.

생활속에서 늘 바른 신앙인으로 살게끔 격려를 해주시는 (주)KL-Net 심종보 상무와 썬스타 최정국 사장께 심심한 감사를 드린다.

이 작은 결실의 기쁨을 하느님의 보살핌을 받고 성가정을 이루는 우리 가족 구성원인 아내 영옥 로사, 경기고등학교 1학년 큰아들 성윤 요셉, 초등학교 5학년 작은아들 성현 사도요한과 함께 나누고자 한다.

2007. 7. 30

저자 김 주 환

Contents

제3부

경쟁전략 및 마케팅전략

제1장 경쟁전략
제2장 마케팅전략
제3장 경쟁지위별 마케팅전략

제 1 장

경쟁전략

제 1 절 · 전략의 정의

제 2 절 · Porter의 본원적 경쟁전략

제 3 절 · Miles and Snow의 전략유형

제 4 절 · Boyd, Walker, and Larreche의 전략유형

제 5 절 · Ansoff의 성장전략

제 6 절 · Portfolio전략

제 1 장 경쟁전략

제 1 절 전략의 정의

전략(strategy)은 조직의 미션과 목표를 명확히 세우고, 외부환경과 내부여건 분석을 통하여 매력적 사업영역 확보와 효율적 자원 배분을 하여 경쟁우위를 확보하는 것을 말한다.

전략은 논의의 수준에 따라 세 가지의 다른 명칭으로 불린다. 기업 전체를 포괄하는 수준에서는 기업전략(corporate strategy) 혹은 경영전략으로, 기업의 일부를 구성하고 있는 사업부 수준에서는 사업전략(business strategy)으로, 마케팅, 생산, R&D, 재무, 인사관리와 같은 운영의 수준에서는 기능별 전략(functional strategy)으로 불린다. 기업전략은 기업의 전반적 전략방침과 사업 포트폴리오, 즉 어떤 산업에 종사할 것인가를 결정하는 반면에, 사업전략은 주어진 산업 내에서 기업이 어떻게 경쟁우위를 확보할 것인가에 초점을 두고 있다. 따라서 혹자는 사업전략을 경쟁전략(competitive strategy)이라고 부르기도 한다.

이렇게 명칭은 구분되지만 기업전략은 사업전략과 기능별전략을 포괄하고, 사업전략은 기능별전략을 포괄하기 때문에 세 수준의 전략은 따로 구분하여 논의될 내용이 아니다.

마케팅전략에 해당되는 영어명칭에는 'strategic marketing'과 'marketing strategy'가 있는데 전자는 사업부 수준에서의 전략을, 후자는 기능별 수준에서의 전략을 각각 지칭한다.

그러므로 'strategic marketing'이라고 하면 'marketing strategy'가 포함되기 때문에 굳이 구분하지 않고서 마케팅전략이라고 통칭한다.

마케팅전략은 마케팅활동에 일관성을 부여해 주는 기능을 하게 된다. 마케팅전략도 일반적인 전략개념이 마케팅부문에 적용된 것이기 때문에 일반적인 전략의 수립과정과 동일한 과정을 거쳐 수립된다. 즉 기업의 사명과 목표 그리고 전사적 또는 사업부전략과 일관되게 마케팅목표를 세우고, 마케팅환경을 분석하고, 내부의 능력을 분석하여 이에 적합한 마케팅믹스 정책을 수립하게 된다.

즉 마케팅전략의 핵심은 표적마케팅(target marketing)인 시장세분화(segmentation), 표적시장선정(targeting), 포지셔닝(positioning)과 마케팅믹스(marketing mix)인 제품(product), 가격(price), 유통(distribution; place), 촉진(promotion)을 통해 경쟁우위 확보에 있다.

한편 마케팅전략과 경영전략의 구분문제이다.

전략수립의 수준에서 볼 때 마케팅전략의 수립은 사업부의 하위 수준에서의 기능적 전략이지만, 많은 경우 사업부 수준에서의 전략은 제품을 중심으로 수립되기에 양자가 크게 차이가 없다. 이런 면에서 마케팅전략의 수립은 사업부의 성패를 좌우한다.

마케팅전략의 수립은 상위전략과 긴밀한 연계하에 수립되어야 한다. 가령 사업부 수준에서 원가우위 전략을 세운 경우, 마케팅전략은 원가우위 전략을 수행할 수 있도록 짜여져야 한다.

원가우위 전략은 최대로 많은 고객의 특성에 맞게 제품을 단순하게 디자인하여야 하며 가격은 원가에 최소의 마진을 더하여 경쟁제품보다 저가격이어야 한다. 유통 측면에서는 되도록 많은 고객이 손쉽게 구매할 수 있도록 많은 소매상이 취급하도록 하여야 하며 양질의 제품을 저렴한 가격에 구매할 수 있다는 점을 알리는 데 주력해야 한다.

반면에, 차별화 전략을 수립했다면 거기에 맞추어 마케팅전략이 세워져야 한다. 제품은 고객에 차별적 편익을 줄 수 있도록 디자인되어야 하며 가격은 높게 책정되고 저가 제품을 취급하는 소매상에서 제품을 판매해서도 안 될 것이다. 광고 및 프로모션은 제품의 고급 이미지를 강조하여야 할 것이다.

제 2 절 Porter의 본원적 경쟁전략

본원적 경쟁전략(generic competitive strategy)이란 기업이 산업 내에서 효과적으로 경쟁할 수 있는 일반적인 형태의 전략 유형을 의미한다. Porter(1990)는 높은 투자수익률을 확보하고 장기적으로 산업 내에서 자신의 위치를 지속적으로 확보하여 경쟁기업을 앞설 수 있는 본원적 경쟁전략으로 원가우위 전략, 차별화 전략, 집중 전략이라는 세 가지 전략을 제시하였다〈그림 1－1 참조〉.

〈그림 1-1〉 세 가지 경쟁전략

		경쟁우위	
		원가우위	차별화우위
경쟁영역	전체 시장	원가우위 전략	차별화 전략
	세분 시장	원가 집중 전략	집중 차별화 전략

자료원: Michael E. Porter(1990), The *Competitive Advantage of Nations*, New York : The Free Press.

1. 원가우위 전략(cost leadership strategy)

원가우위 전략(cost leadership strategy)의 목표는 경쟁기업보다 더 낮은 원가로 제품을 생산함으로써 경쟁자들을 능가하는 것이다. 즉 원가우위 전략은 원가를 낮추기 위한 일련의 활동으로 산업 내에서 원가상의 우위를 달성하는 것을 말한다. 이 전략은 저원가로 인해 원가우위 기업(cost leader)이 동일한 제품에 대해 더 낮은 가격을 부과하는 것이다. 가격경쟁이 심화되면 원가우위 기업은 그렇지 않은 기업보다 치열한 경쟁에서 더 잘 견딜 수 있다.

원가우위 전략에서는 차별화 수준이 낮다. 왜냐하면 제품을 다양화하고 독특한 제품을 만드는 등의 차별화를 추구하는 데 비용이 많이 들기 때문이다. 원가우위를 추구하는 기업은 차별화 전략을 추구하는 기업보다 현저하게 낮지는 않으면서도 적은 비용으로 달성할 수 있는 수준의 차별화 정도를 추구해야 한다. 다시 말해 원가우위 기업은 차별화를 통하여 산업의 리더가 되고자하지는 않는다.

원가우위 기업은 일반적으로 시장세분화를 무시하고 평균적인 소비자들을 표적으로 해서 이들에게 소구할 수 있는 제품차별화를 추구한다. 이로 인해 원가우위 기업의 제품이 소비자들을 전적으로 만족시키지 못할 수도 있다. 그러나 경쟁자보다 낮은 가격을 부가한다는 이유 때문에 소비자들은 원가우위 기업의 제품을 선호한다.

원가우위 기업에서는 제조 부문에서의 차별적 개발이 중요하다. 왜냐하면 제조기술의 강점을 활용하여 제품의 가격을 낮출 수 있기 때문이다. 이렇게 낮춘 가격으로 인하여 수요가 증가하고, 판매량도 증가하여 기업은 경험곡선의 효과를 활용하여 원가를 더 낮출 수 있다. 또한 원가를 감소시키기 위해 효율적인 자재관리가 필요하다. 이러한 제조기술과 자재관리 분야가 원가우위 기업에 있어서 매우 중요하다.

2. 차별화 전략(differentiation strategy)

차별화 전략(differentiation strategy)의 목표는 기업이 제공하는 제품이나 서비스를 차별화함으로써 산업전반에 걸쳐 그 기업이 독특하다는 인식을 창조하여 경쟁우위를 달성하는 것이다. 기업은 이를 통해 소비자에게 차별화에 대한 대가로 높은 가격을 요구한다. 높은 가격은 통상 원가우위 기업이 부가하는 가격보다 높다. 그러나 소비자들은 차별화된 제품을 가지고 있다고 믿기 때문에 높은 가격을 지불하고도 제품을 구매한다. 그렇다고 차별화를 추구하는 기업이라고 원가를 무시해서는 안 된다.

차별화 추구 기업은 높은 수준의 차별화를 선택한다. 차별화는 제품의 품질, 기술적 특징, 서비스 등 다양한 방법에 의해 추구될 수 있다. 차별화를 추구하는 기업은 많은 차원에서 차별화를 시도함으로써 경쟁자들의 모방가능성을 줄이려 한다. 왜냐하면 이를 통해 경쟁으로부터 자사를 보호하고 시장에서 폭넓은 시장 소구력을 가지기 때문이다.

차별화 추구 기업은 시장을 여러 틈새시장으로 세분화한다. 때때로 각 틈새시장의 소비자의 다양한 욕구를 충족하기 위하여 제품을 생산하여 판매한다.

3. 집중 전략(focus strategy)

집중 전략(focus strategy)은 특정 소비자집단, 특정제품, 특정지역 시장 등을 집중적으로 공략하는 것을 말한다. 원가우위 전략과 차별화 전략은 전체 시장을 대상으로 한 전략임에 반해 집중 전략은 특정세분시장에만 집중하는 전략이다.

집중 전략을 추구하는 기업은 특화된 영역 안에서 원가우위나 차별화 중 하나를 선택한다. 왜냐하면 집중 전략 추구 기업은 두 가지를 동시에 추구하기는 어렵기 때문이다.

(1) 원가 집중 전략(cost focus strategy)

집중 추구 기업이 원가우위에 의한 원가 집중 전략을 선택한다면, 원가 면에서 불리하지 않은 세분시장에서 원가우위 기업과 경쟁하려 할 것이다. 즉 원가 집중 전략 추구 기업은 경험곡선 효과가 잘 나타나지 않는 복잡한 제품에 집중함으로써 원가측면에서 우위를 점하려 할 것이다.

(2) 집중 차별화 전략(focused differentiation strategy)

만약 차별화에 의한 집중 차별화 전략을 선택하는 경우는 적은 범위의 제품에 집중함으로써 오히려 대규모 차별화를 추구하는 기업보다 더 빠른 혁신을 할 수 있다. 반면에 차별화 기업은 산업 전체를 대상으로 하기 때문에 특정 세분시장에서의 소비자 욕구에 민감하게 반응하기가 상대적으로 어렵다. 그러나 집중을 추구하는 기업은 차별화를 추구하는 기업과 전면적인 경쟁을 피하는 것이 좋다. 집중 추구 기업은 하나의 세분시장에서 시장점유율 구축이 성공적인 경우에 조금씩 표적 세분시장을 늘려서 차별화 추구기업의 경쟁우위를 조금씩 잠식해 나가는 것이 좋다.

4. 어중간한 전략(stuck in the middle): 최악의 전략

Porter에 따르면 본원적 경쟁전략을 채택함에 있어서 둘 이상의 전략을 동시에 추구하는 것은 이것도 저것도 아닌 어중간한(stuck in the middle) 상태, 즉 최악의 전략이 된다는 것이다. 이것은 전략의 부재로 인해 낮은 성과를 가져오는데, 그 이유는 두 가지 전략을 한꺼번에 추구하게 되면 전략의 본질상 어느 하나도 제대로 달성하지 못하게 되기 때문이다. 일반적으로 원가우위 전략과 차별화 전략은 서로 배타적인 전략이다. 즉 원가우위 전략은 제품 표준화나 영업비용 삭감 등으로 차별화를 어렵게 만드는 것이고 차별화 전략은 일반적으로 높은 비용을 수반하기 마련이라는 가정이다. 따라서 Porter는 기업의 본원적 경쟁전략 가운데 단지 하나의 전략만을 선택하여야 성공할 수 있다고 하였다. 이처럼 Porter가 제시한 어중간한 전략은 실제로는 차별화하지 못하고 그렇다고 해서 낮은 원가를 달성하지도 못하여 경쟁우위가 없는 상태를 이르는 것으로 해석할 수 있다.

5. 원가우위와 차별화우위의 동시 달성: 최적의 전략

Porter는 원가우위와 차별화우위를 동시에 달성하는 것이 쉬운 일은 아니지만 만약 동시에 달성할 수 있다면 엄청난 혜택을 누리게 된다고 하며, 양자의 동시추구 가능성에 대해서도 언급하였다. 일부 연구자들은 원가우위와 차별화우위는 양립할 수 있으며 동시에 성공적으로 달성될 수 있다고 주장하였다. 원가우위와 차별화우위의 동시 달성이라는 논거는 다음과 같다. 첫째, 원가우위 전략과 차별화 전략은 장기적 관점에서 상호배타적이 아닌 상호보완적인 전략이다. 원가우위는 경쟁사에 비해 낮은 원가를 추구하며 대량생산으로 단위당 원가가 낮아지고 낮은 가격으로 판매하여 이익이 커지며 이는 고품질 제품을 개발하는데 재투자하게 되어 차별화 전략을 달성하게 된다. 또한 차별화의 핵심은 품질인데 고품질 제품은 핵심고객에게 많은 소비를 가져오게 하여 대량생산을 통해 단위당 원가를 낮추어 낮은 가격으로 판매하게 하여 원가우위 전략을 달성하게 된다.

둘째, FMS, JIT, ERP 및 SCM과 같은 시스템 도입이다. 유연생산시스템인 FMS, 적시생산인 JIT, 전사적 자원관리인 ERP 그리고 공급체인관리인 SCM의 도입을 통하여 저원가 및 고품질을 달성하게 된다. 일례로 엄격한 품질관리와 공정기술의 개선으로 저원가와 고품질을 동시에 달성한 맥도널드 햄버거와 소니, 도요타, 혼다의 자동차 업체를 들 수 있다.

최근 일대일 마케팅, 개별 마케팅 나아가 CRM이 경영과 마케팅의 핵심으로 부각되면서 'mass customization(대량 맞춤화)' 라는 용어는 저원가를 추구하는 대량생산(mass production)과 차별화를 추구하는 고객맞춤(customization)이 결합한 것으로서, 원가우위와 차별화우위를 동시에 추구하는 경영전략 패러다임이 되고 있다. 이처럼 기업은 본원적 경쟁전략으로써 원가우위 전략과 차별화 전략 중 하나를 선택해야 하는 것이 아니라 장기적으로 동시에 추구해야 할 것이다.

제 3 절 Miles and Snow의 전략유형

Miles and Snow(1978)는 기업 전략유형을 방어형(defender), 공격형(prospector), 분석형(analyzer), 반응형(reactor)으로 구분하였다. 방어형은 기업의 안정성과 운영능력을 제고하는 데 신경을 쓰고 공격형은 환경과 소비자의 움직임에 대한 유연한 적응을 목표로 한다. 또한 분석형은 안정성과 유연성을 동시에 추구하는 형태이며 반응형은 조직 변화에 효과적으로 대응하지 못해 적응에 실패한 형태를 말한다.

Miles and Snow의 기업 전략유형은 자신을 둘러싼 환경에 대해서 제각기 나름대로 선호하는 전략을 가지고 있으며, 또한 그 전략에 적합한 조직구조와 기술, process 등을 갖추고 있다.

기업 전략유형은 〈표 1-1〉에서 보는 바와 같이 서로 다른 일반적 성향과 전략적 목표를 가지고 환경의 변화와 불확실성에 대처하고 있다.

〈표 1-1〉 전략적 행동 성향에 따른 기업 전략유형

조직유형	방어형	공격형	분석형	반응형
일반적 성향	기존 제품시장에서 구축한 포지션 유지	새로운 제품시장의 적극 개발	기존 제품시장과 새로운 제품시장 모두를 추구	명확한 전략이 없음
전략적 목표	안정성과 능률추구	유연성 추구	안정성과 유연성의 동시 추구	적응/대응 실패

자료원: 박준용(2004), 「전략경영」, 도서출판 청람, 166. (수정인용)

1. 방어형(defender)

방어형 기업(defender)은 안정적 추구에 초점을 두고, 환경변화에 소극적으로 대처하며, 이미 확보한 틈새시장(niche)에 경쟁자들이 침투하지 못하도록 기존 제품의 개선이나 차별화를 통한 시장세분화를 추구한다. 좁고 확고한 제품/시장 영역을 일단 설정하면, 방어형 기업들은 그것을 계속적으로 유지하기 위해 필요한 재화의 생산이나 서비스의 효율적 창조와 배분에 관한 기술적 문제를 개선하기 위해서 많은 노력을 투입한다. 따라서 비교적 안정적인 제품 영역에서 확실한 포지션을 구축 · 유지하려 노력한다. 경쟁사에 비해 상대적으로 제한된 제품 범위를 유지하며 경쟁사에 비해 저가격, 고품질, 우수한 서비스의 제공을 통해 자신의 사업영역을 보호한다.

방어형 기업은 해당산업에서 기술 및 신제품 개발에서 자신의 사업영역과 직접 관련되지 않은 산업 내의 변화에 대해 무시하는 경향이 있다. 방어형은 기업이 비교적 안정적이거나 불확실성 또는 위험이 적은 환경 하에서 운영되는 경우에 적합한 전략이다.

2. 공격형(prospector)

공격형 기업(prospector)은 전반적으로 볼 때 방어형과는 정반대 전략을 구사한다. 공격형 기업들은 혁신과 성장에 초점을 두고 환경변화에 신축적으로 대처하며, 새로운 제품의 개발과 시장의 개척 및 기회 포착에 심혈을 기울인다. 공격형 기업은 광범위한 제품과 시장영역을 확보하며, 기존의 시장이나 제품도 전망이 좋지 않으면 과감히 버린다. 공격형 기업들은 산업 내에서 변화주도자로서의 역할을 담당하고 변화를 경쟁우위의 수단으로 삼고 있다.

광범위한 제품시장 영역에 진출하며 장기적으로 제품시장영역을 재정립한다. 높은 수익성의 실현과는 상관없이 새로운 제품과 시장을 선점하는 것을 중요시한다. 기회요인의 발생에 신속히 대응하며 이러한 대응으로 인해 새로운 경쟁적 조치를 산업 내에 도입한다. 새로운 시장기회의 창출에 의해 주로 경쟁하려고 하며 진출한 모든 시장에서 계속 경쟁우위를 유지하지 못할 수도 있다.

조직구조는 공식화의 정도가 낮고, 분권화된 통제, 수직적인 커뮤니케이션은 물론 횡적 커뮤니케이션이 가능한 조직구조를 운영한다. 공격형 기업들은 미래의 환경변화를 가장 잘 예측하고 대처해 나갈 수 있는 효과적인 기업들이나 비능률성으로 인해 수익성을 극대화할 수는 없는 기업도 있다.

3. 분석형(analyzer)

분석형 기업(analyzer)은 방어형과 공격형의 중간 형태이다. 방어형에 비해 안정성과 효율성의 정도가 낮고 공격형에 비해 제품 시장영역이 좁으며 제품시장변화의 대응속도가 느리다. 분석형 기업들은 한편으로 방어형 입장에서 핵심적 · 전통적 제품과 고객을 유지하면서, 다른 한편으로 공격형의 입장에서 새로운 제품과 시장의 기회를 포착 · 개척하려고 노력한다. 따라서 분석형 기업들은 새로운 제품과 시장영역에서는 성과 지향적으로 재빨리 환경변화에 부응하는 유연성을 견지함과 동시에 안정된 제품과 시장영역에서는 효율성을 극대화하려 한다. 이는 기술적 측면에서도 마찬가지로 기술적 탄력성과 안정성의 균형을 유지하기 위해 이중 핵심기술을 개발·사용한다. 관리제도 측면에서도 분석형 기업들은 안정성과 탄력성을 동시에 도모하는 이중구조를 지니고 있다.

산업 내에서 선도기업은 아니지만 상대적 저원가와 고품질의 제품을 가지고 후발기업으로 제품시장에 진입하는 경우가 매우 많다.

4. 반응형(reactor)

반응형 기업(reactor)은 경쟁전략이 없다. 최고경영자가 수시로 조직환경의 변화와 불확실성을 감지하고는 있으나, 이에 효과적으로 대응하지 못하는 경쟁전략이 없는 기업이다. 제품시장에 접근하는 데 있어서 일관된 시각을 가지고 있지 않으며 새로운 제품 혹은 시장을 개발하려는 위험을 감수하려는 의지도 없으며 기존 제품을 적극적으로 판매하려고도 하지 않는다. 환경의 변화가 매우 심한 경우에만 대응하는 경우가 많다.

제 4 절 Boyd, Walker, and Larreche의 전략유형

1. 전략유형

Porter(1985)는 경쟁우위를 원가우위와 차별화우위로 구분하였으며 Miles and Snow(1978)는 방어형(defender), 공격형(prospector), 분석형(analyzer), 반응형(reactor)의 4가지의 전략유형으로 구분하였다. Porter는 기업의 경쟁력의 원천이 어디에 있는가를 가지고 구분하였고, Miles and Snow는 신제품/시장 성장 전략에 기업이 얼마만큼의 비중을 두는가를 가지고 구분한 것이다. Boyd, Walker, and

Larreche(1985)은 Porter와 Miles and Snow의 전략 유형을 결합하여 6가지 전략유형을 제시하였다〈표 1-2 참조〉.

〈표 1-2〉 기업전략의 6가지 전략유형

경쟁우위 \ 전략유형	공격형	분석형	방어형	반응형
차별화	전혀 새로운 제품-시장으로 진입하여 성장을 추구함	(차별적 분석형) 강력한 핵심사업을 보유하고 있으며 차별화를 통해 관련 제품시장으로 확장하려함	(차별적 방어형) 성숙기시장에서 차별화를 통해 기존 포지션을 유지하고자 노력함	명확히 정의된 제품시장개발 방안이나 경쟁 전략을 가지고 있지 않음
원가우위		(저원가 분석형) 강력한 핵심사업을 보유하고 원가우위를 통해 관련된 제품시장으로 확장하려함	(저원가 방어형) 성숙기시장에서 원가우위를 통해 기존 포지션을 유지하고자 노력함	

자료원: Harper W. Boyd, Jr., Orville C. Walker, Jr., and Jean-Claude Larreche(1995), *Marketing Management: A Strategic Approach with a Global Orientation*, IRWIN, 229.

공격형은 차별화와 원가우위를 묶어 하나의 전략유형으로 새로운 제품시장에 진출하는 데 매우 활동적인 전략을 펼치며, 이를 통해 빠른 성장을 추구한다. 즉, 공격형은 새로운 제품시장에서 어떤 경쟁상대를 선택할 것인지는 별로 중요하게 생각하지 않는다. 공격형은 다른 경쟁자들이 시장에 진입하기 전까지는 새로운 제품 시장에서 경쟁상대가 거의 없는 경우가 일반적이다.

분석형은 차별적 분석형과 저원가 분석형으로 나누어질 수 있다. 분석형은 자기 나름대로 핵심 사업을 가지고 있으며, 차별적 분석형은 강력한 핵심사업이 가진 차별화를 이용하여 관련된 제품시장으로 확장하고자 하는 기업이며, 저원가 분석형은 강력한 핵심사업이 가진 원가우위를 이용하여 관련된 제품시장으로 확장하고자 하는 기업이다. 분석형은 실제로 공격형과 방어형의 중간정도의 전략형태를 가지고 있는 기업들이다.

방어형은 일단 가지고 있는 사업의 성과나 포지션을 유지하고자 하는 기업들인데, 차별적 방어형과 저원가 방어형으로 역시 나눌 수 있다. 방어형은 일반적으로 성숙기시장에서 많이 볼 수 있으며, 차별적 방어형은 자신의 차별화를 통해 기존 포지션을 유지하고자 하며, 저원가 방어형은 원가우위를 통해 기존 포지션을 유지하고자 한다. 이들은 안정성과 효율성을 높이기 위한 투자를 많이 하는 기업들이다.

반응형은 명확히 정의된 제품시장 개발 방안이나 경쟁전략을 가지고 있지 못한 기업들이다.

2. 전략유형별 특징

반응형은 크게 전략적인 연구를 할 필요가 없기 때문에 제외하고 공격형, 분석형, 차별적 방어형, 저원가 방어형에 따라 추구하는 시장목표, 시장특성, 경쟁방식 등이 서로 다르기 때문에 전략형태의 특징도 서로 차이가 있다. 이하에서는 각 전략유형을 성공적으로 수행하기 위한 방법에 대해 살펴보겠다. 〈표 1-3〉은 시장특성, 기술, 경쟁상대, 기업 강점 등의 조건을 정리한 것이다.

(1) 공격형

공격형 기업은 신기술의 등장과 고객욕구의 변화 등으로 인해 불안정하고 변화가 많은 산업에 적합하다. 이러한 특성을 가진 산업은 대체로 제품수명주기의 도입기에 위치하며 새로운 제품시장에 진출할 기회를 제공한다.

공격형 기업은 기본적으로 연구개발, 시장조사, 마케팅능력 등이 뛰어나며, 기업 내의 다른 부서들과 생산이나 유통 등을 같이 사용하여 효율을 증대하고 비용을 감소하기보다는 자체 내의 최대한 재량권을 주어, 필요하다면 다른 회사와 합병이나 제휴도 할 수 있게 하는 등 변화에 즉각적으로 대응할 수 있어야 한다.

(2) 분석형

분석형은 두 가지 영역을 동시에 추구하고자 한다. 이미 기반이 확립된 하나 혹은 그 이상의 제품시장에서 시장점유율을 계속 방어하는 것이다. 또 다른 하나는 보다

앞선 기술의 경쟁제품에 의해 시장점유율에 위협을 받거나 혹은 제품시장 내에서 새롭게 대두되는 세분시장에 경쟁사보다 늦게 진출하는 실수를 피하기 위해 신제품개발을 계속적으로 하는 것이다. 따라서 분석형은 기반이 이미 확립되었지만, 어느 정도의 지속적 성장과 고객 욕구의 변화와 기술향상 등과 같은 시장변화가 발생하는 산업에 적합하다.

〈표 1-3〉 기업전략 유형별 특징

요인	공격형	분석형	차별적 방어형	저원가 방어형
시장특성	도입기나 초기 성장기의 시장으로 욕구가 명확하지 않은 잠재고객이 많고 시장세분화가 별로 발생하지 않음	성장기나 성숙기시장으로 일부 세분시장이 형성되어 있지만 아직 개발이 되지 않은 잠재세분시장이 존재함	성숙기나 쇠퇴기의 시장으로 대부분 세분시장이 이미 개발되어 있고 반복 또는 대체구매에 의해 매출이 이루어짐	성숙기나 쇠퇴기의 시장으로 대부분 세분시장이 이미 개발되어 있고 반복 또는 대체구매에 의해 매출이 이루어짐
기술	신기술	기초기술을 통한 제품개선	기초기술이 충분한 수준으로 이미 개발됨	기초기술이 충분한 수준으로 이미 개발됨
경쟁상대	소수의 경쟁자	많은 경쟁자, 상대적 시장점유율의 변화 가능성	확고한 시장기반이 구축된 적정한 경쟁자, M&A 가능	확고한 시장기반이 구축된 적정한 경쟁자, M&A 가능
기업강점	연구개발, 시장조사, 마케팅 능력	고객서비스, 마케팅능력, 효율적 생산	효율적 생산, 원자재 공급업체 관리, 유통업체 관계	마케팅 능력, 고객서비스, 품질관리

자료원: Harper W. Boyd, Jr., Orville C. Walker, Jr., and Jean-Claude -Larreche(1995), *Marketing Management: A Strategic Approach with a Global Orientation*, IRWIN, 232(수정인용).

(3) 차별적 방어형

차별적 방어형의 경우에는 지속적인 경쟁우위를 유지하는 상대적인 강점을 지니고 있어야 한다. 특히 품질관리, 생산기술, 공정관리 등의 부분에 있어서 상당한 경쟁력을 보유하고 있어야 한다. 또한 고객 욕구와 경쟁사 대응의 변화를 추적하고 촉진, 판매 노력을 통해 자사 제품의 차별적 우위를 고객에게 커뮤니케이션하는 활동인 마케팅은 고객인지도와 애호도를 유지하는 데 매우 중요하다. 고객관계의 강화를 위한 서비스활동과 제품의 재구매를 유도하기 위해 유통업자와의 강한 거래 관계를 유지해야 한다.

(4) 저원가 방어형

저원가 방어형의 경우에는 생산에 있어서의 노하우와 구매관리 및 통제 등 원가우위를 유지하는 데 필요한 부분에 경쟁우위를 가지고 있어야 한다. 저원가 방어형은 효율성을 추구하기 위해 여러 세분시장 간에 제품과 마케팅프로그램의 표준화를 통해 규모의 경제를 실현해야 한다.

3. 전략 유형에 따른 마케팅믹스전략

(1) 제품전략

제품전략의 특징은 경쟁사와 대비한 제품라인의 다양성 혹은 넓이, 기술적 난이도, 제품의 품질 등 세 가지로 요약 될 수 있다. 공격형의 경우 새로운 시장에 능동적으로 들어가기 위해서는 경쟁사에 비하여 연구개발 등에 있어서 높은 기술적인 난이도를 가져야 하며, 제품라인도 다양해야 한다. 그래야만 여러 가지 시장기회를 실제 성과로 바꿀 수 있다. 제품의 품질에 있어서 공격형의 전략은 뚜렷하게 말하기 힘들다. 새로운 시장과 새로운 제품이 과연 경쟁사에 비해 제품 품질이나 서비스품질이 반드시 좋아야할 필요는 없기 때문이다. 소비자의 반응이나 시장이 성숙되지 않은 상태에서 품질에 대한 욕구는 눈에 쉽게 뜨이는 다양성이나 기술보다 중요하지 않을 수도 있다.

차별적 방어형도 경쟁사보다 더 차별적인 우위를 지키기 위해서는 고도의 기술을 이용하여 다양한 제품을 선보여야 한다. 차별적 방어형의 경우에는 제품의 품질도 좋아야 하며, 특히 부가서비스가 좋아야 한다. 즉 소비자맞춤 디자인이나 설치, 애프

터서비스, 교육, 관리 등에 대한 서비스가 차별적 이미지를 유지하는 데 필수적이다.

저원가 방어형의 경우에는 제품의 다양화와 고난이도의 기술은 원가압박이 될 수 있다. 즉, 재고부담도 커지고, 고도의 기술을 항상 새로 취득하는 것들은 효율성 등의 문제를 야기시킨다. 저원가 방어형의 경우에는 역시 이러한 비용이 과다하게 지출되는 것을 하지 않으려 할 것이다. 또한 제품 품질도 가격경쟁력보다는 낮은 중요도를 가진다.

(2) 가격전략

경쟁사와 대비해서 낮은 가격을 유지하여야 하는 것은 저원가 방어형의 대표적인 전략이다. 따라서 저원가 방어형은 성공을 위해서는 낮은 가격을 유지해야 한다. 공격형의 경우에는 새로운 시장에 새로운 제품을 가지고 진입하여야 하므로 낮은 가격을 가질 수가 없다. 차별적 방어형의 경우에도 경쟁사와 차별적 품질이나 이미지를 유지하기 위해서는 낮은 가격으로는 채산성이 맞지 않는다. 따라서 차별적 방어형과 공격형은 상대적으로 높은 가격전략을 펼치게 된다.

(3) 유통전략

공격형의 경우에는 시장상황의 파악이 필요하기는 하지만 수직적 통합을 통한 유통망을 이용하여 시장상황을 파악하는 것보다 독립적인 유통망을 이용하여 상황변화에 적극적으로 의사결정을 할 수 있는 것이 바람직하다. 공격형은 유통망에 대한 촉진은 유통점의 통제나 관리를 위한 일종의 인센티브이기 때문에 독립된 유통망을 이용하는 경우에는 많이 사용하게 될 것이다. 차별적 방어형의 경우에는 시장환경의 변화가 빠르지 않고, 자신의 차별적인 이미지를 유지하기 위해서는 통제가 잘 되는 수직적 통합을 선호하게 된다. 차별적 방어형의 유통망에 대한 촉진은 수직통합된 유통망을 사용하므로 비용을 적게 사용하게 된다. 저원가 방어형의 경우에는 효율성 측면이 강조되기 때문에 상황에 따라 비용이 적은 전략을 택하는 것이다.

(4) 촉진전략

촉진전략은 광고, 판매촉진, 인적판매 비용의 정도로 전략형태를 구분하였다. 먼저 공격형과 차별적 방어형은 자신들의 이미지나 차별성을 빨리 소비자들에게 알려야 하기 때문에 촉진전략이 무척 중요하다. 공격형은 새로운 소비자에게 새로운 제품을 소개해야 하므로 빨리 인지도를 높이고 제품을 사용하도록 해야 하며, 제품에 대한 기본적인 수요를 확대 하여야 하기 때문에 광고나 판매촉진과 같은 도구를 많이 사용해야 한다. 차별적 방어형은 일반대중들이나 우리 제품을 잘 모르는 소비자에게 알려야 하는 것이 아니라 우리 제품을 사용하고 있는 고객들의 애호도를 자극하고, 이들에게 보다 많은 편익을 주어서 계속 우리 고객으로 남게 하는 것이 주요 목적이다. 따라서 광고나 판매촉진보다는 오히려 판매원들을 통한 촉진전략을 펴게 될 것이다. 저원가 방어형은 과다한 여러 촉진활동은 원가부담이 되므로 가급적이면 촉진활동을 줄이기 위해 노력할 것이다.

이러한 것은 〈표 1-4〉와 같이 정리할 수 있다.

〈표 1-4〉 기업전략 형태별 마케팅믹스전략

마케팅믹스	설명	전략적 형태		
		공격형	차별적 방어형	저원가 방어형
제품	경쟁사와 비교한 취급 제품수	+	+	—
	경쟁사와 비교한 제품의 기술적 난이도	+	+	—
	경쟁사와 비교한 제품의 품질	?	+	—
	경쟁사와 비교한 서비스품질	?	+	—
가격	경쟁사와 비교한 가격수준	+	+	—
유통	경쟁사와 비교한 수직적 결합 정도	—	+	?
	경쟁사와 비교한 유통촉진비용 비중	+	+	—
촉진	경쟁사와 비교한 광고비 비중	+	?	—
	경쟁사와 비교한 판매촉진 비중	+	?	—
	경쟁사와 비교한 인적판매비 비중	?	+	—

자료원: Harper W. Boyd, Jr., Orville C. Walker, Jr., and Jean-Claude Larreche(1995), *Marketing Management: A Strategic Approach with a Global Orientation*, IRWIN, 237.

제 5 절 Ansoff의 성장전략

1. 제품/시장 매트릭스

Ansoff(1965)는 새로운 성장기회를 포착하기 위한 방법으로 제품/시장 매트릭스를 제시하였는데, 이 방법은 다양한 신규 제품과 신규 시장 사이에서 어떤 마케팅 목표를 세워 전략을 수행할지에 대한 분석방법이다. 기업의 경쟁상황을 단순히 두 가지 차원, 즉 제품과 시장 측면에서 기업이 선택할 수 있는 성장전략을 아래의 〈그림 1-2〉와 같이 네 가지 방법으로 나타내었다.

〈그림 1-2〉 제품/시장 확장 매트릭스

	기존제품	신제품
기존시장	시장침투전략 (market penetration strategy)	제품개발전략 (product development strategy)
신시장	시장개발전략 (market development strategy)	다각화전략 (diversification strategy)

자료원: H. Igor, Ansoff,(1965) *Corporate Strategy: An Analytic Approach toBusiness Policy for Growth and Expansion*, New York, McGraw-Hill, 105.

(1) 시장침투전략(market penetration strategy)

시장침투전략(market penetration strategy)이란 기존 제품을 기존시장 내에서 보다 많이 판매하여 성장을 추구하는 전략이다. 일반적으로 시장침투전략의 목적은 기존 제품으로 기존 시장에서 진입하여 매출액을 높이고 제품 가격인하, 광고, 판매촉진 등을 증가시키거나 또는 소매상의 점포수를 늘리는 등의 방법을 통해 기존 고객의 제품 사용빈도 또는 사용량을 늘리거나(예를 들면, 사용 빈도를 늘리거나 한 번

샴푸할 것을 두 번 한다거나, 1회 사용량을 증가시키거나, 품질을 개선하거나, 새로운 용도를 개발, 라면을 5개로 포장하여 판매) 제품의 비사용자를 사용자로 전환시키거나 심지어 경쟁 상표 구매 고객을 유인하는 방법 등이다.

이 방법은 단기 또는 중기적으로 볼 때, 가장 안정적이고 수익률이 높은 대안이기는 하지만 끊임없이 변화하는 소비자의 욕구를 고려하여 반드시 지속적인 노력이 있어야 성공할 수 있다.

(2) 시장개발전략(market development strategy)

시장개발전략(market development strategy)이란 새로운 세분시장의 소비자들로 하여금 자사의 기존 제품을 구매하도록 함으로써 매출액을 늘리는 전략이다. 하지만 시대변화를 제대로 인식하지 못하고 소비자 성향 분석을 적절히 하지 못하였을 경우에 많은 피해를 볼 수도 있다는 위험성을 안고 있다.

시장개발전략의 방법으로는 크게 재포지셔닝(repositioning)전략과 새로운 지역시장으로의 진출의 두 가지를 들 수 있다.

재포지셔닝전략은 새로운 세분시장을 겨냥하여 상표의 소구점을 변경시키는 전략이다. 마케터는 제품의 특성을 변화시킴으로써 재포지셔닝을 하거나, 특성을 변화 없이 단지 광고를 변화시켜 재포지셔닝을 할 수 있다.

새로운 지역(국내 · 외)시장의 진출은 특정 지역의 제품이 기존 지역이 아닌 타 지역으로의 시장으로 진출을 말한다. 이러한 시장을 확대함으로써 매출액 신장을 목적으로 하는 것이다. 그러나 이 전략을 실행할 때는 시장 선발기업이 이미 시장에서 높은 시장점유율을 확보한 상태일 수도 있기에, 그 시장에 뛰어드는 것은 효과적인 방법이 아닐 수 있으며, 시장 선발기업의 보복을 유발할 가능성도 있으므로 신중한 의사 결정을 하여야 한다. 그러므로 새로운 지역으로의 시장 진출을 꾀할 시에는 특정지역의 제조업자의 경우, 다른 지역의 소규모 제조업체를 M&A하거나 진입 시장의 제품과 경쟁해서 우월한 부분을 차지할 수 있는 제품을 출시 등의 방법을 통하는 것이 바람직하다.

(3) 제품개발전략(product development strategy)

제품개발전략(product development strategy)이란 신제품을 개발하거나 기존제품을 수정하여 기존 시장에서 성장기회를 찾는 것으로 이 전략에는 제품개선, 제품라인확장, 신제품 개발 등이 있다.

제품개선이란 기존에 출시된 제품의 디자인이나 성능 등을 개선함으로써 소비자의 욕구를 충족시키고 매출을 증대시키는 방법이다. 제품을 개선할 때에는 소비자의 욕구와 필요를 파악하고 그 욕구를 충족시켜줄 수 있는 쪽으로 개선해 나가야 성공할 수 있을 것이다.

제품라인확장이란 마케팅, 또는 기술적인 이유로 일련의 제품들을 그룹으로 묶은 것을 말하는데 핵심제품에 대한 파생제품을 개발하여 이러한 제품라인을 확장하는 것도 제품개발전략 중의 하나이다.

기존 시장에서 신제품을 개발하는 방법이 있다. 신제품을 개발하고, 신제품을 시장에 도입하는 것은 실패할 위험성도 높지만, 기존의 제품들은 제품수명주기에 따라 나중에는 새로운 신제품에 의해 대체되고 마는 것을 볼 때, 혁신적인 신제품을 도입하는 것은 기업에게 있어 아주 중요한 일이다.

(4) 다각화전략(diversification strategy)

다각화전략(diversification strategy)이란 기업이 기존 제품이나 기존 시장과는 다른 사업이나 지역으로 진출하는 성장전략이다. 새로운 제품을 개발하여 새로운 고객에게 판매함으로써 기업성장을 도모하려는 전략으로서 가장 혁신성이 높은 전략이면서 위험성도 가장 높은 전략유형이다. 다각화에는 두 가지 종류가 있는데 제품이나 판매지역 면에서 현재의 사업과 관련성이 있는 산업으로 다각화하는 관련다각화(related diversification), 서로 관련이 없는 산업으로 다각화하는 비관련다각화(unrelated diversification)가 있다.

1) 관련다각화(related diversification)

관련다각화(related diversification)는 기존에 종사하는 사업과 관련이 많은 사업으로 다각화하여 성장하는 전략으로 기업의 경쟁력이 충분한 경우 적합하다. 기업은 자신이 가지고 있는 경쟁적 강점을 발휘하여 다각화를 하게 된다. 즉 기업의 마케팅 능력, 생산능력, 제품지식 등을 활용하여 사업영역을 확대하여 나가는 것이다.

기업은 관련사업으로 다각화를 통하여 시너지효과를 얻을 수 있다. 왜냐하면 연구개발, 제품용도, 유통경로, 생산기술, 관리능력 등을 공유하고 있어 어느 정도 경험과 기술을 이전할 수 있고 새로운 시장에 진출 시 그 영역이 기존의 기업 영역과 공통점을 가지고 있을 때 일어난다.

2) 비관련다각화(unrelated diversification)

비관련다각화(unrelated diversification)는 보편적인 경영관리 기술과 재무자원 이외에는 관련이 적은 사업으로 다각화하여 성장하는 전략이다. 기업의 경쟁력이 뛰어나지 못한 기업에 적합하다.

비관련사업으로의 다각화를 꾀하는 기업은 사업의 시너지 효과보다는 기업의 전반적인 수익에 더 많은 관심을 기울인다. 비관련다각화는 기업내부의 자원을 이용하여 달성될 수도 있지만 대부분은 M&A와 같은 외부적인 방법을 이용한다. 비관련다각화가 여러 단점에도 불구하고 위험의 분산이 뛰어나고 수익성이나 성장성이 높은 사업 분야로 다각화하는 경우 성과가 우수할 수 있고 재무자원의 관리나 투자자금의 배분이 용이하다는 장점이 있다.

이를 종합하면 〈표 1-5〉와 같이 정리할 수 있다.

〈표 1-5〉 관련다각화와 비관련다각화의 비교

	관련다각화	비관련다각화
제품/시장	마케팅, 유통, 생산기술에서 유사한 시장으로 다각화	기존사업의 성공요인과 관련이 없는 시장으로 다각화
동기	경쟁우위를 강화하고 시장지위 향상	이익의 안정성 확보와 자금 활용의 극대화
이전 가능한 자원	유통시스템, 연구 활동, 운영기술, 특허기술	재무적 지원, 일반관리기술
잠재이익	범위의 경제 및 시너지 효과 운영효율성의 증대 경쟁지위 상승 매출과 이익의 안정성	현금관리의 효율성 증대 자원배분의 효율성 증대 자본조달비용의 감소 매출과 이익의 안정성

3) 다각화의 목적

① 기업의 성장

기업의 성장은 기업의 존재이유 중의 하나이며 구성원들을 자극하여 동기를 부여하게 되고 조직의 활력소 역할을 한다. 또한 다각화에 따른 기업규모의 증대로 자금조달의 용이해진다. 성장을 계속하기 위한 수단으로써 다각화는 이루어진다.

② 위험의 분산

특정 산업에만 종사할 경우 기술의 변화, 경쟁의 심화 등의 변화에 심각한 영향을 받을 위험에 처하기 쉽다. 다각화는 이러한 위험을 분산시키는 역할을 할 수 있다. 이 경우 비관련다각화가 효과적일 것이며 경기에 민감한 업종이 위험의 분산이라는 목적으로 다각화를 흔히 시도한다. 생산설비, 유통망, 인력 등에 여유가 있어서 다른 사업에 공동으로 활용할 수 있는 경우, 현 사업에 확보하고 있는 핵심역량을 타 사업에 성공적으로 활용할 수 있다고 여겨지는 등의 경우 다각화를 시도할 필요가 있다.

③ 시장지배력

다각화된 큰 기업의 경우 가격정책을 통해 경쟁자의 원가 이하의 가격으로 판매함으로써 경쟁자를 퇴출시킬 수 있다. 또한 다각화된 기업은 타 기업의 제품을 구매하는 대가로 자사의 다른 사업의 제품을 구매하도록 강요하는 경우가 있다. 이를 상호구매라고 하는데 시장지배력을 강화하는 수단이 된다. 이와 함께 다각화된 기업들끼리 지나친 경쟁을 회피하며 안정된 상태를 유지하는 경우가 많은데 이를 상호견제라고 한다.

④ 범위의 경제

다각화가 창출할 수 있는 경쟁우위로서 대표적인 것이 범위의 경제이다. 범위의 경제는 다양한 제품을 생산하는 경우 유형자산 및 무형자산의 공동 활용을 통해 혹은 기업의 관리능력, 마케팅노력, 생산능력, 재무능력 등을 타 사업 분야에 쉽게 이전함으로써 나타나는 비용의 감소를 말한다. 범위의 경제는 다양한 정보를 교환할 수 있기 때문에 나타나기도 한다.

⑤ 내부시장 효과

생산요소를 조달하는 데 거래비용이 발생한다. 다각화된 기업은 내부에 요소시장을 개발할 수 있다. 대표적인 경우가 자본인데 내부의 금융회사를 이용하여 자금을 안정적으로 조달할 수 있다. 내부의 풍부한 인력을 이용하여 각 사업부문의 인력요소의 변동에 탄력적으로 대처할 수도 있다.

2. 수직적 통합

(1) 수직적 통합의 개념

수직적 통합(vertical integration)은 다각화전략의 일환으로 한 기업이 원자재나 부품을 공급받아 생산하고 유통경로를 통해 소비자에게 공급되는 활동들이 수직적으로 관련된 활동인데 현재의 사업영역에 수직적으로 관련된 활동들을 소유하거나 통제하는 것을 말한다〈그림 1-3 참조〉.

〈그림 1-3〉 수직적 통합

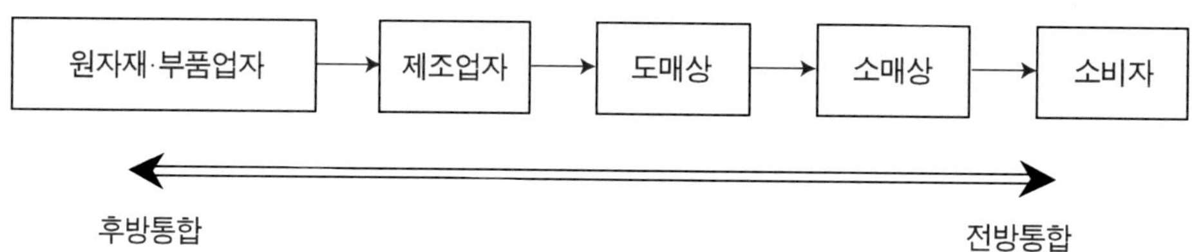

수직적 통합은 다시 전방통합과 후방통합으로 나누어진다. 전방통합(forward integration)은 가치사슬의 앞쪽으로 통합하는 것을 말하며, 제조업자가 유통업체(도매상, 소매상)를 인수하거나 직영점을 직접 개설하여 유통업에 진출하는 경우가 이에 해당한다. 후방통합(backward integration)은 가치사슬상의 뒤쪽으로 통합하는 것을 말하며, 제조업자가 원료 및 부품의 일부를 직접 생산하거나 원자재 · 부품 공급업자를 인수하는 경우가 이에 해당한다.

(2) 수직적 통합의 장 · 단점

수직적 통합의 장점으로는 운영비의 절감, 기술혁신이 용이, 원자재와 유통망의 확보, 제품이나 서비스를 통한 통제력의 증대, 수익성 있는 사업으로의 진출 등을 들 수 있다.

첫째, 수직적 통합은 생산효율을 증대시켜 운영비를 절감시킨다. 생산과정의 여러 단계가 결합되므로 기업은 수송, 재고 등의 비용과 커뮤니케이션의 통제를 통한 관리비용을 절감할 수 있다.

둘째, 수직적 통합은 기술혁신을 촉진시킬 수 있는데, 이는 가치사슬상의 다른 활동 간에 기술정보를 공유하거나 판매부문이 제공하는 시장정보의 도움을 받아 새로운 공정과 신제품의 도입이 용이하다.

셋째, 수직적 통합은 양질의 원자재를 안정적으로 공급받음으로써 품질이 향상되고 희소한 원료의 공급원을 확보함하거나 유통망을 장악함으로써 시장지배력이 강화될 가능성이 있다.

넷째, 수직적 통합은 제품이나 서비스의 질에 대한 통제력을 높일 수 있다. 기업의 핵심부품은 아주 정교하게 제작되어야 하지만, 외부 부품업체가 기대하는 이상의 부품을 생산하지 못할 경우 제조업자는 자신이 원하는 핵심부품을 생산하기 위해 수직적 통합을 시도한다.

다섯째, 기업은 높은 매출이나 많은 이익을 기대하며 수직적 통합을 추구할 수 있다.

한편 수직적 통합은 운영비의 증가, 위험의 증가, 유연성의 감소, 효율적 기업관리의 어려움 등과 같은 단점도 가지고 있다.

첫째, 수직적 통합은 오히려 운영비를 증가시킬 수 있는데, 두 개의 활동 부문이 결합하므로 조정과 관리 비용이 증가할 수 있다.

둘째, 수직적 통합은 수익성이 악화될 위험성이 높다. 수직적 통합은 특정사업에 대한 투자를 높여, 그 시장이 성장할 때는 수익성이 증가하지만 시장이 쇠퇴할 경우에는 통합으로 인한 수익성이 악화될 수 있다.

셋째, 수직적 통합은 유연성(환경변화에 대한 능력)을 감소시킨다. 외부환경에 대해 조직의 통제가 잘 되기 때문에 각 수준에서 협력하여 동시에 조직적으로 대응할 수 있는 가능성이 있다. 그렇지만 기술의 변화가 심하고 수요가 불확실하며 경쟁이 치열한 경우 대응 속도가 느릴 수 있고, 한 수준의 조직에서 문제가 발생할 경우 전체에 미치는 영향이 매우 크며 문제가 발생하더라도 규모의 감축, 철수 등의 결정이 어려워진다.

넷째, 수직적 통합은 효율적 기업활동의 관리가 어려워진다는 점이다. 상이한 특성을 가지는 사업부문을 효율적으로 관리한다는 것은 매우 어려운 과제이다. 제조업에서 성공을 거두기 위해서는 생산기술, 공정기술상의 능력이 중요하지만 유통업에서는 고객욕구의 발견과 대처능력이 중요한데 이를 모두 갖추기는 어렵다.

이를 정리하면 〈표 1-6〉와 같다.

〈표 1-6〉 수직적 통합의 장 · 단점

장점	단점
· 운영비의 절감	· 운영비의 증가
· 기술혁신이 용이	· 위험의 증가
· 원자재와 유통망의 확보	· 유연성의 감소
· 제품이나 서비스를 통한 통제력의 증대	· 효율적 관리가 어려움
· 수익성 있는 사업으로의 진출	

제 6 절 Portfolio전략

기업에서 전략적 목표를 설정하고 계획을 세우는 데 있어서 전반적인 자원 배분의 관점을 가지는 것이 필요한데 바로 포트폴리오분석은 각 사업부 간 자원배분을 효율적으로 하고자 하는 것이다.

포트폴리오분석의 핵심은 기업을 구성하는 여러 사업들의 경쟁적 강점과 시장매력도를 평가한 다음, 각 사업부별로 증대전략, 유지전략, 수확전략 및 철수전략 등의 전략적인 의사결정을 통해 최적의 사업포트폴리오를 유지하는 것이다.

가장 널리 알려진 포트폴리오분석의 대표적인 기법으로는 Boston Consulting Group(BCG)의 성장(growth)-점유율(share) 분석과 GE/McKinsey의 산업 매력도(industry attractiveness)-사업강점(company strength) 분석이 있다.

1. Boston Consulting Group(BCG)의 성장(growth)—점유율(share) 분석

BCG매트릭스(matrix)라고 불리는 성장(growth)－점유율(share) 분석은 미국의 Boston Consulting Group(BCG)에 의해 개발된 분석방법이다. BCG의 성장－점유율 분석은 기업 내의 시장성장률과 상대적 시장점유율이라는 두변수를 축으로 2차원 공간상에 표시하여 사업의 상대적 매력도롤 비교하는 것이다.

BCG가 시장의 여러 특성 가운데 시장성장률을 주요변수로 선택하는 이유는 시장성장률이 높은 산업은 상표애호도가 아직 형성되지 않은 신규소비자들로 주로 구성되므로 시장점유율을 늘리기가 상대적으로 용이하며 흔히 수요가 공급을 초과하므로 높은 가격과 이익을 누릴 수 있기 때문이다.

또한 상대적 시장점유율을 사업의 경쟁적 강점을 반영하는 변수로 선택하는 이유는 시장점유율이 높은 기업이 규모의 경제, 높은 상표인지도, 유통지배력, 고객과 원자재공급업자에 대한 강한 교섭력을 갖게 되며, 경쟁사보다 더 빠른 경험으로 단위당 생산비용을 낮출 수 있기 때문이다.

기업 내 전략사업단위들은 〈그림 1-4〉와 같이 BCG매트릭스상에 표시하는데 BCG매트릭스는 시장성장률 10%를 기준으로 높고 낮음과 상대적 시장점유율(자사 사업부의 시장점유율/가장 큰 경쟁사의 시장점유율) 1.0을 기준으로 높고 낮음에 의해 4가지 부분으로 나누어진다.

〈그림 1-4〉 BCG 매트릭스

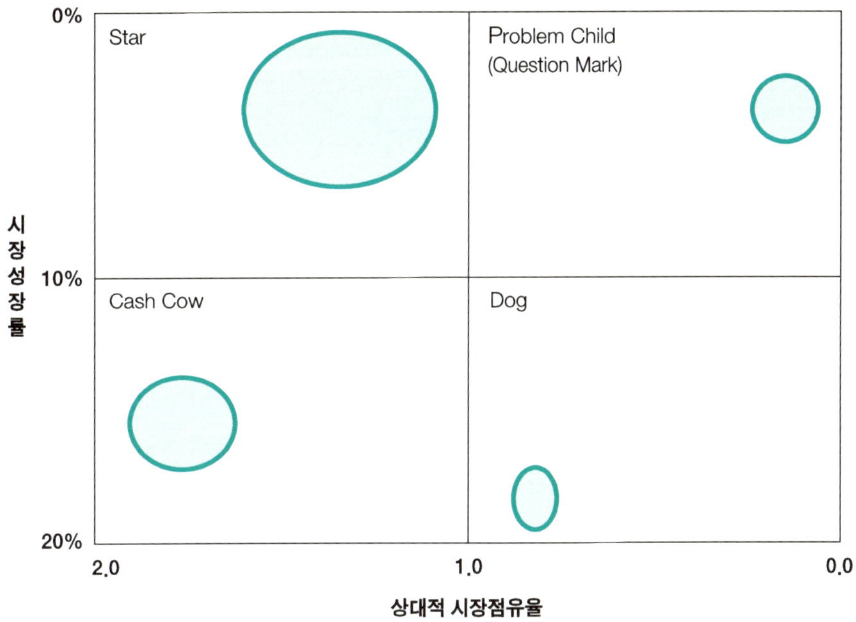

① Star

Star은 시장 성장의 기회가 높은데다 사업단위의 경쟁우위가 있기 때문에 계속적인 마케팅노력과 지원이 필요하다. 시장점유율이 큰 Star에서는 제품시장의 급성장에 따른 많은 경쟁자들이 산업에 진출할 것으로 예상되므로 기존의 시장점유율을 계속 유지하기 위한 연구개발, 생산설비 확장, 소비자를 대상으로 한 광고 등에 상당한 투자를 하는 유지전략(hold)이 필요하다. 또한 시장점유율이 상대적으로 크지 않은 경우 시장점유율 증대전략(build)이 필요하다. Star은 높은 시장점유율로 인한 경험곡선효과에 기초하여 이익을 증대시키는 데 많은 자금 유입이 가능하게 된다. 그러나 성장하는 시장에서 시장점유율을 유지하거나 늘리려면 자금이 필요하다.

② Cash Cow

Cash Cow는 낮은 시장성장률과 높은 상대적 시장점유율로 해당 산업이 성숙기에 접어듦에 따라 전반적인 매출증가가 둔화되고 있지만 그간의 투자로 인해 산업 내에서 높은 시장점유율 유지전략(hold)이 적용된다. 저성장시장이므로 Cash Cow에 대한 적극적인 시장점유율 증대(build)는 필요하지 않다.

③ Problem Child(Question Mark)

Problem Child(Question Mark)은 계속 유지할 것인지 아니면 철수할 것인지는 상황에 따라 판단해야 한다. 왜냐하면 기본적으로 Problem Child(Question Mark)는 고성장시장이기 때문이다. 기업이 경쟁우위만 가지면 시장점유율을 증대하여 이익 극대화를 실현할 수 있다. 기술개발과 마케팅노력에 상당한 투자를 통하여 증대전략(build)을 취할 수 있다. 만약 지원이 없다면 Problem Child(Question Mark)을 없애버릴 수 있다. 이때 기업은 수확전략(harvest)에 따라 Problem Child(Question Mark)에 투자를 중단하게 된다. 그 결과 Problem Child(Question Mark)은 경쟁력을 잃고 점차 시장에서 사라진다. 경우에 따라 Problem Child(Question Mark)을 신속히 제거하는 것이 좋다고 판단되면 철수전략(divest)을 선택할 수 있다.

④ Dog

낮은 시장성장률과 낮은 상대적 시장점유율을 가진 것으로 장기적 혹은 단기적으로 제거해야 한다. Dog에 위치한 사업부는 해당산업이 이미 성숙기를 거쳐 쇠퇴기에 진입하였으며 그 산업 내에서 우리 사업부는 시장점유율도 낮은 상태이므로 더 이상 투자를 하지 않고 장기적으로는 수확전략(harvest)을 취하거나 자금 압박을 통해 단기간에 철수전략(divest)을 택하게 된다.

〈표 1-7〉은 네 가지 사업단위에서 나타나는 각기 다른 전략이 적용되는 것을 보여준다.

〈표 1-7〉 BCG의 성장–점유율 모형에 따른 사업단위 전략

명칭	특징	전략
Star	고 성장률, 고 상대적 시장점유율	증대전략, 유지전략
Cahs Cow	저 성장률, 고 상대적 시장점유율	유지전략
Problem Child (Question Mark)	저 상장률, 저 상대적 시장점유율	증대전략, 수확전략, 철수전략
Dog	고 성장률, 저 상대적 시장점유율	수확전략, 철수전략

2. GE/McKinsey의 산업 매력도–사업강점 분석

GE/McKinsey의 산업 매력도(industry attractiveness)–사업강점(company strength) 분석에서는 각 사업단위들을 산업매력도와 사업강점이라는 두 차원으로 평가하는 것이다.

산업 매력도 지표는 시장성장률, 시장규모, 산업의 수익률, 산업의 경기 민감도, 경쟁강도 등의 외부요인들에 대한 평가를 종합하여 결정한다. 사업강점 지표는 시장점유율, 매출성장률, 가격, 원가우위, 제품품질, 자금력, 고객에 대한 지식, 기술력 등과 같은 기업내부 요인을 평가한다.

이러한 평가자료에 의해 〈그림 1–5〉와 같은 매트릭스상에 표시한다. 산업매력도와 사업강점은 각각 상, 중, 하로 나누어지며 GE매트릭스는 9개의 영역으로 구분한다. 그림에서 각 원의 크기는 산업전체의 매출을 의미하고, 자사사업부의 매출은 원 내에 진하게 표시한다.

왼쪽 상단 세 칸에 위치한 사업단위들은 경쟁력이 있는 사업단위 이므로 투자를 통해 지속적으로 성장시켜야 한다. 대각선상에 위치한 세 칸들은 전반적인 매력도에서 중간인 사업단위를 표시함으로 경쟁력이 있는 것으로 판단되는 사업단위들에 대해서만 선별적으로 투자를 하고 가능한 현금흐름을 증가시킬 필요가 있다. 오른쪽 하단의 세칸은 경쟁력이 약하거나 시장 전망이 어두운 사업단위들을 나타내므로 이러한 사업단위로부터 철수하거나 최소한의 투자를 통해 현금흐름을 극대화하는 전략이 바람직하다.

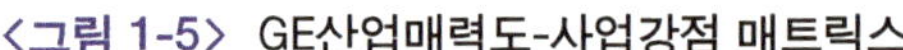

〈그림 1-5〉 GE산업매력도-사업강점 매트릭스

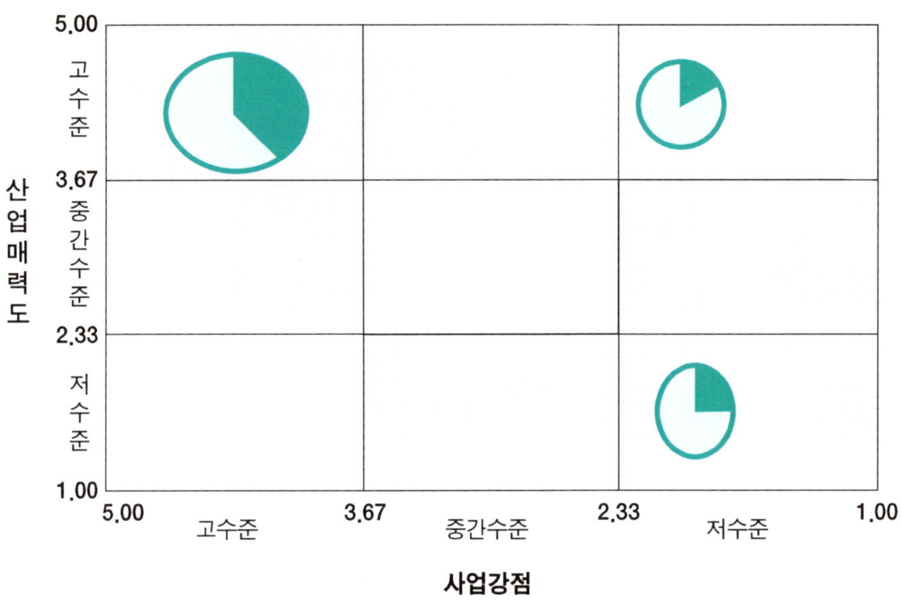

BCG와 GE/McKinsey matrix 분석이 최고의 만병통치적인 방법은 아닐지라도 기업은 이 방법을 통해 기업의 전반적인 상황과 각 사업부와 제품이 얼마나 공헌하는가를 평가할 수 있으며, 보다 효율적인 자원배분과 미래의 발전을 위해 기업이 지향해야 할 방향을 잘 예측할 수 있다. 즉 이 방법을 적절히 활용하면 전사적 차원에서 여러 사업단위를 효율적 · 효과적으로 관리하는 데 도움이 된다.

제 2 장

마케팅전략

마케팅전략

마케팅전략의 핵심내용은 표적마케팅(target marketing)과 마케팅믹스(marketing mix)이다. 즉 표적마케팅은 시장세분화(segmentation), 표적시장선정(targeting) 및 포지셔닝(positioning)이고 마케팅믹스(marketing mix)는 기업이 통제 가능한 변수인 제품(product), 가격(price), 유통(distribution; place), 촉진(promotion)을 말한다. 이러한 개념은 마케팅전략의 핵심개념으로 정확하게 이해할 필요가 있다.

제 1 절 시장세분화(segmentation)

1. 시장세분화의 개념

시장세분화(segmentation)는 핵심적인 마케팅전략 개념 중의 하나이다. 일반적으로 시장은 이질적 욕구를 가진 다양한 소비자들의 집합으로 구성되어 있다. 그러나 소비자들 개개인은 모두 상이하지만 특정 제품군에 대한 태도, 의견, 구매행동 등에서는 비슷한 소비자 집단들이 존재하고 있다. 이러한 비슷한 성향을 가진 사람들을 다른 성향을 가진 사람들의 집단과 분리하여 하나의 집단으로 묶는 과정을 시장세분화라고 한다.

기업이 시장세분화를 하는 이유는 다음과 같은 몇 가지 이점을 얻을 수 있기 때문이다. 첫째, 시장세분화는 시장기회를 보다 쉽게 찾아낼 수 있다. 각각의 세분시장 욕구와 이들을 표적으로 하는 기존제품을 대응시켜 보면 세분시장의 욕구는 존재하지만 적절한 제품이 없는 것을 발견할 수 있다. 이것이 바로 시장기회로서, 이때 그

세분시장의 욕구에 맞는 제품을 개발하면, 비교적 손쉽게 시장을 장악할 수 있다.

둘째, 시장세분화는 동질적인 고객집단을 만족시키기 위한 가장 효과적인 마케팅 프로그램을 만들 수 있도록 도움을 준다.

셋째, 시장세분화는 시장수요의 변화에 보다 신속하게 대처할 수 있다. 고객의 욕구가 다양하게 섞여 있는 전체시장 대신에 욕구가 비교적 동질적인 몇몇 세분시장에 주목함으로써 수요의 변화를 쉽게 파악하고 그러한 변화에 신속하게 대처할 수 있다.

넷째, 시장세분화는 마케팅 자원의 전략적 배분을 개선하는 데 도움을 준다. 잘 정립된 세분시장은 특정한 제품과 결합되었을 때 잠재적인 투자센터 역할을 한다. 가장 성공적인 사업전략은 시장세분화를 바탕으로 보다 매력적인 세분시장에 자원을 집중하는 것이다. 세분화는 투자를 통해 장기적인 경쟁우위를 획득할 수 있도록 세분시장을 찾아내는 데 집중해야 한다.

2. 시장세분화의 요건 및 기준변수

(1) 시장세분화의 요건

시장세분화를 수행하기 위하여 마케팅조사를 비롯한 마케팅정보시스템을 이용하여 밀집된 선호성을 보이는 세분시장이 실제로 존재하는가 또는 현재 상태로는 존재하지 않으나 우리 기업의 마케팅믹스를 이용하여 밀집된 선호성을 보이는 시장을 창출할 수 있는가의 여부를 확인하여야 한다. 세분시장이 확인되면 각 세분시장에 대한 평가를 하여 표적시장을 선정하며 그에 맞는 포지셔닝을 결정하여 시장세분화를 하게 된다. 따라서 세분시장을 나누는 기준에 대한 이해가 필요하다. 시장세분화의 요건인 측정가능성, 접근가능성, 규모성, 실행가능성 등을 모두 설명할 수 있어야 한다. 첫째, 측정가능성(measurable)은 세분시장의 규모, 구매력, 고객의 특성 및 반응 등이 측정 가능해야 한다. 이런 요소들을 제대로 측정할 수 없으면 효과적인 마케팅 믹스를 설계할 수 없다.

둘째, 접근가능성(accessible)은 적은 비용과 노력으로 적시에 유용한 매체, 유통경로, 판매원 등을 통해 메시지를 전달하고 마케팅 활동을 할 수 있어야 한다. 세분시장의 표적고객과의 커뮤니케이션이 쉽지 않다면 마케팅믹스를 설계하고 적용하기 어렵다.

셋째, 규모성(substantial)은 세분시장이 기업이 목표로 하는 충분한 매출액과 이익을 확보할 수 있는 일정규모 이상이어야 한다. 매력적인 세분시장이라도 기업의 매출 목표와 이익을 가져다 줄 수 없는 규모라면 의미가 없다. 즉 규모의 경제가 가능해야 한다.

넷째, 실행가능성(actionable)은 세분시장 안에 있는 소비자의 욕구나 특성이 동질성을 가져야 한다. 세분시장 내에서는 동일한 마케팅믹스의 효과가 최대로 나올 수 있어야 하기 때문이다. 한 세분시장 내에서의 성향이 이질적이라면 동일한 마케팅믹스가 제대로 적용되지 않으므로 효율이 떨어진다. 반면에 각각 다른 세분시장은 기업의 마케팅믹스에 서로 다르게 반응하는 이질성이 있어야 한다. 이질성이 없다면 세분화한 변수의 적용이 잘못된 것이다. 세분시장 별로 적합한 마케팅믹스를 개발할 수 있어야 한다.

(2) 시장세분화의 기준변수

시장세분화를 하는데 기준변수는 크게 개인적 특성 변수와 제품관련 특성변수로 구분할 수 있다.

1) 개인적 특성변수

개인적 특성 변수란 특정제품과는 무관한 개인 소비자의 특성 변수를 말한다. 개인적 특성을 나타내는 변수로는 지리적 변수, 인구통계적 변수, 심리적 변수가 있다.

① 지리적 변수(geographic variables)

지리적 변수(geographic variables)는 지역, 인구밀도, 도시의 크기, 기후 등이 흔히 사용된다. 산업에 따라서는 지리적 변수에 따라 고객의 필요나 욕구가 다른 경우가 많다. 지리적 변수에 의한 세분화의 장점은 세분화작업이 비교적 용이하고 적은

비용으로 세분시장을 접근할 수 있다는 것이다

② 인구통계적 변수(demographic variables)

인구통계적 변수(demographic variables)는 나이, 성별, 가족 수, 소득, 직업, 교육수준, 종교 등에 따라 시장을 세분화하는 것이다. 이 방법은 소비자의 욕구와 선호 등의 변수들과 상관관계가 높고 또 변수들을 측정하기가 용이하기 때문이다.

③ 심리분석적 변수(psychographic variables)

심리분석적 변수(psychographic variables)는 사회계층, 라이프스타일(lifestyle), 개성과 이미지 등이 흔히 사용된다. 이러한 변수들은 인구통계적 변수보다 소비자에 대해 더 구체적인 정보를 제공하는 장점이 있다. 인구통계적으로는 같은 세분시장에 속한 소비자들이라도 매우 다른 심리분석적 특성을 보이는 경우가 많다. 심리분석적 변수의 대표적인 것이 라이프스타일에 의한 세분화이다. 소비자들은 살아가는 양식에 따라 필요한 제품이나 서비스도 다르기 때문이다.

2) 제품관련 특성 변수

개인적 특성변수는 개인소비자의 일반적인 특성을 나타내는 변수인데 비해 제품관련 특성 변수는 어떤 제품과 관련된 개인 소비자의 특성을 나타내는 변수이다. 제품 특성 변수에는 행동분석적 변수(actionable variables)가 있다. 경영자의 입장에서 볼 때, 고객이 구매와 관련해 어떻게 행동하는가 시장을 세분하기에 알맞은 변수이다. 소비자욕구의 충족을 중요시하는 마케팅철학이 가장 충실한 변수는 소비자가 어떤 편익을 추구하느냐일 것이다. 소비자가 무엇을 원하는지에 따라 시장을 나눌 수 있기 때문이다. 행동분석적 변수로는 추구하는 구매동기, 추구편익, 사용량, 제품에 대한 태도, 상표애호도 등이 있다.

이러한 변수들은 〈표 2-1〉과 같이 정리할 수 있다.

〈표 2-1〉 시장세분화 변수의 종류

세분화 변수	구체적 변수
지리적 변수	지역, 인구밀도, 도시의 크기, 기후
인구통계적 변수	나이, 성별, 가족의 규모, 가족의 수명주기, 소득, 직업, 교육수준, 종교, 인종, 국적
심리분석적 변수	사회적 계층, 라이프스타일, 개성과 이미지
행동분석적 변수	추구하는 편익, 사용량, 상표애호도, 중요시하는 마케팅변수,가격민감도, 제품에 대한 태도

제 2 절 표적시장선정(targeting)

1. 표적시장선정의 개념

표적시장선정(targeting)이란 시장세분화에 따라 제품시장을 다수의 세분시장으로 나누어 다수의 세분시장 중 한 개 혹은 여러 개의 세분시장을 표적으로 선정하여 기업이 갖고 있는 제한된 자원을 효율적으로 사용하기 위한 마케팅 노력을 집중하는 시장을 말한다.

2. 표적시장선정 전략

시장세분화에 따라 시장은 다수의 세분시장으로 나누어진다. 그러면 기업은 몇 개의 세분시장에 진출할 것인지와 어떤 세분시장을 집중공략 할 것인가를 결정해야 한다. 몇 개의 세분시장으로 나누는 문제에 대해 기업이 택할 수 있는 대안에는 다음의 세 가지 전략이 이씨다. 각 시장에 따른 마케팅전략에는 차별적 마케팅전략(differentiated marketing strategy), 비차별적 마케팅전략(undifferentiated marketing strategy), 집중적 마케팅전략(focus marketing strategy) 등이 있다.

(1) 차별적 마케팅전략(differentiated marketing strategy)

차별적 마케팅전략(differentiated marketing strategy)이란 둘 혹은 그 이상의 세분시장들을 표적으로 정하는 전략이다. 세분화된 여러 시장의 특성에 맞도록 각각 다른 마케팅믹스를 만드는 전략이다. 이 전략은 몇 개의 표적시장을 선정하고 각각 차별화된 마케팅믹스를 적용하게 되므로 다양한 고객을 만족시킬 수 있다. 이렇게 차별화된 시장의 경우 세분시장의 수가 많아지기 때문에 이에 따른 마케팅믹스를 수행하기 위한 비용도 증가하게 마련이므로 충분한 자금력을 가지지 못한 소규모의 기업은 이 전략을 수행하기 어렵다.

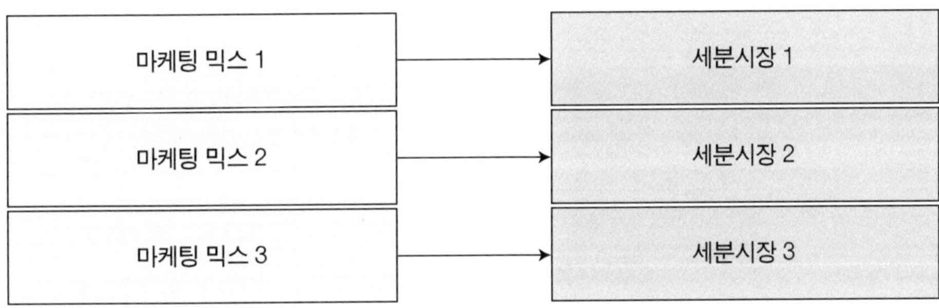

(2) 비차별적 마케팅전략(undifferentiated marketing strategy)

비차별적 마케팅전략(undifferentiated marketing strategy)은 하나의 표적시장을 선정하고 여기에 하나의 마케팅믹스를 적용하는 전략이다. 소비자의 행동, 구매동기 등이 비슷하다는 가정하에 채택하는 전략으로 시장의 가장 평균적인 부분이나 크기가 큰 공통점을 표적으로 삼는다. 주로 표준화된 제품전략을 취하고 상표 이미지를 강하게 부각시킬 수 있는 촉진전략을 취한다. 비차별적 마케팅전략은 차별적 마케팅전략보다는 적은 마케팅믹스 비용이 소요된다. 또한 표준제품의 대량생산에 의한 규모의 경제 효과를 얻을 수 있고 이에 따라 경험곡선에 의한 비용우위를 가지게 되어 경쟁우위를 점할 수 있다. 그러나 표적시장 내의 목표고객 모두를 만족시키기는 힘들기 때문에 이 시장이 또다시 세분되어 다른 경쟁제품이 나타날 수가 있고 이로 인해 시장점유율이 낮아질 수도 있다. 이렇게 되면 새로운 세분시장에 적용할 수 있는 마케팅믹스를 개발해서 차별적 마케팅전략으로 바꿔가는 것도 고려해야 한다.

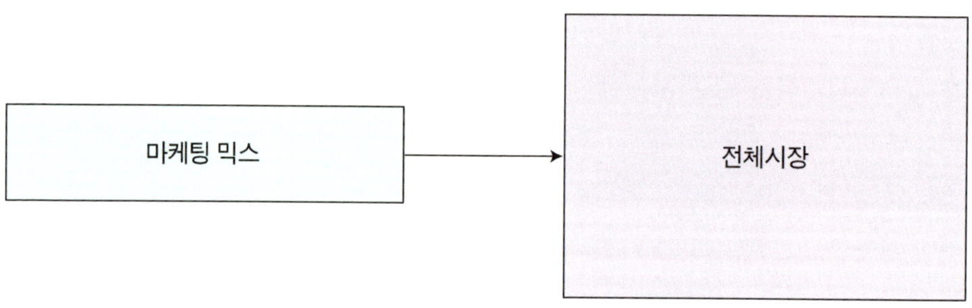

(3) 집중적 마케팅전략(focus marketing strategy)

집중적 마케팅전략(focus marketing strategy)은 여러 개의 세분시장 중 자사가 가장 적합하다고 여기는 하나이 세분시장을 표적으로 정하는 전략이다. 특정 시장에서 전문화된 마케팅믹스를 수행하는 전략이다. 차별적 마케팅전략이나 비차별적 마케팅전략은 전체 시장이 대상이지만 이 전략은 특화된 시장에 경영자원을 집중한다. 기업의 자원이 부족하여 전체 시장을 지배하기 힘들 때 선택하는 이 전략은 설정된 시장에 맞는 전문적인 마케팅믹스로 고객의 욕구를 만족시켜 특정 시장에서 시장점유율을 높일 수 있다는 장점이 있다.

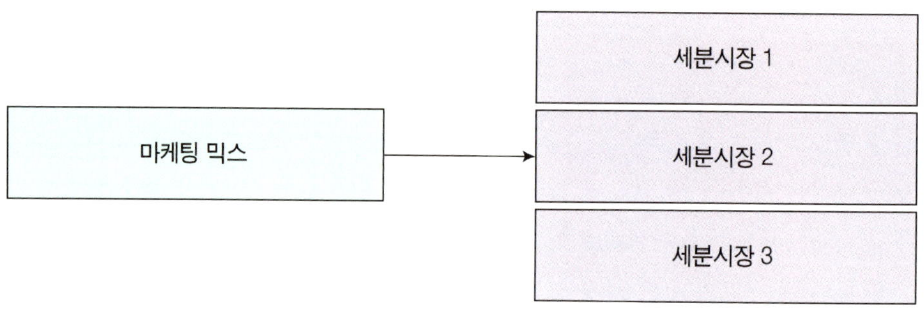

제 3 절 포지셔닝(positioning)

1. 포지셔닝의 개념

포지셔닝(positioning)이란 기업이 자사의 제품을 원하는 표적고객에게 원하는 위치로 부각시키려는 상대적 위치를 말한다. 즉 어떤 제품을 경쟁제품에 비해 차별적 특성을 가지도록 제품개념을 정하고 이에 따라 개발하고 생산된 제품을 소비자의 지각 속에 적절하게 위치시키는 노력으로 제품개발, 제품믹스결정 및 촉진활동과 밀접한 관련이 있다.

포지셔닝전략을 추구하기 위해서는 먼저 자사와 경쟁사의 상표가 현재 어떻게 포지셔닝되어 있는가를 파악해야 한다. 이를 위해서는 소비자를 대상으로 시장조사를 실시함으로써 자사 제품의 속성 내지 그 밖의 포지셔닝 기준에 의해 볼 때 어느 위치에 존재하는가를 알아야 한다. 이러한 단계를 거친 이후에는 현재의 위치가 자사가 바라는 위치이며 또한 이상적인 위치인가를 파악하고 그렇지 않다면 이러한 위치를 변화시키기 위한 마케팅믹스의 변화를 시도해야 한다. 즉 제품디자인에 대한 개선, 가격의 조정, 유통경로의 변경, 촉진활동 등의 문제가 다시 고려되어야 한다.

2. 포지셔닝의 유형

포지셔닝은 다양한 변수를 기준으로 다음과 같이 분류할 수 있다.

(1) 속성에 의한 포지셔닝

자사제품이 경쟁기업의 제품과 다른 기능적, 감각적 편익이나 속성 같은 차별점을 소비자에게 인식시키는 방법이다. 이 전략은 가장 흔히 사용되는 방법으로 기존 자사제품의 약점에 대한 개선을 인식시키거나 자사제품의 강점을 다시 한번 부각시키기도 하고, 경쟁제품에는 없는 속성이나 약점을 부각시켜 포지셔닝한다.

(2) 이미지에 의한 포지셔닝

제품의 추상적인 편익을 강조하여 포지셔닝하는 경우이다. 속성에 의한 포지셔닝은 강조되는 속성 이외의 다른 속성을 중요시 여기는 소비자들을 잃을 수 있는 문제점이 있는 반면에 이미지의 의한 포지셔닝은 제품의 특성이 애매모호하게 받아들일 수 있는 문제점이 있다. 이런 점에서 속성과 이미지를 모두 고려된 포지셔닝이 이용될 수 있다.

(3) 사용상황에 의한 포지셔닝

제품이 사용될 수 있는 상황을 제시하여 소비자들에게 인식시키는 방법이다. 게토레이는 운동 후 갈증을 해소에 우수한 것으로 포지션되었다. 후라보노껌은 식사 후 입냄새를 억제하는 기능의 껌으로 포지션되었다.

(4) 경쟁제품에 의한 포지셔닝

자사제품과 경쟁제품을 비교해서 자사제품의 우위를 소비자들에게 인식시키는 방법이다. 비교광고가 허용되는 미국에서 많이 사용되는 포지셔닝이다. 우리나라는 법적으로 비교광고가 금지되어 있기 때문에 직접적으로 표현해서는 안 되지만 충족되지 않는 소비자의 욕구를 간접적으로 파고드는 전략을 사용할 수 있다. 경쟁제품에 의한 포지셔닝은 주로 시장선도기업을 대상으로 많이 이루어지는데, 소비자들에게 인식되어 있는 시장선도기업의 이미지를 자사의 포지션과 연관시킴으로써 그 효과를 증대시키는 이점이 있다. 즉 경쟁자의 포지션을 바탕으로 소비자의 욕구와 경쟁자와의 차별화를 연결시키는 유용한 전략이다.

(5) 재포지셔닝(repositioning)

기업이 의도한 대로 포지셔닝이 되었어도 시간이 흘러 고객의 욕구와 경쟁환경의 변화에 따라 처음의 포지셔닝이 효과를 거두지 못할 때가 있다. 이럴 경우에는 시장 환경에 맞게 기존 제품을 새로운 표적 세분시장에서 다시 포지셔닝해야 하는데 이것을 재포지셔닝(repositioning)이라고 한다. 재포지셔닝은 소비자들이 가지고 있던 인식이 깊이 뿌리박혀 있기 때문에 다소 어렵기는 하지만 기존의 제품으로 시장을 확대할 수 있다는 장점이 있다.

3. 지각도

지각도(perceptual map)란 소비자가 어떤 제품과 관련하여 중요시 여기는 속성에 따라 경쟁상표들이 차지하는 상대적 위치를 나타낸 그림이다. 지각도는 제품의 심리적 포지셔닝을 위한 하나의 강력한 도구로 사용되는 기법으로 소비자가 제품, 상표 등에 대한 신념과 선호도를 형성하는 데 고려하는 여러 가지 제품속성을 두세 가지 차원으로 압축하여 차원들 사이의 제품지각공간(product perceptual space)을 형성한 다음, 제품들의 전반적인 유사성이나 선호도에 대한 소비자들의 조사를 근거로 각 제품, 상표 등을 공간상에 표시하는 것이다. 지각도에서 각 대상의 위치는 고려되는 속성차원에서 그 대상이 얼마나 강 · 약점을 지니고 있는가를 보여주고 표시된 제품들 간의 거리로 미루어 유사성을 판단할 수 있다.

지각도 분석을 통하여 소비자가 제품을 평가하고 사용하는 데 기본적인 인식 차원을 알 수 있고, 잠재적 제품의 상대적 위치를 알 수 있다.

제 4 절 마케팅 믹스(marketing mix)

마케팅믹스(marketing mix)란 표적시장에서 마케팅 목표를 달성하기 위해 필요한 요소들의 집합을 말한다. 마케팅믹스는 크게 제품(product), 가격(price), 유통(distribution; place), 촉진(promotion) 등의 4P' s 라고 부르는 요소로 구성되는데, 이처럼 통제 가능변수들(controllable variables)은 마케팅 계획에 있어서 핵심적 변수이다. 마케팅믹스인 4P' s와 구성내용들은 다음과 같다〈그림 2-1, 표 2-2 참조〉.

〈그림 2-1〉 마케팅믹스

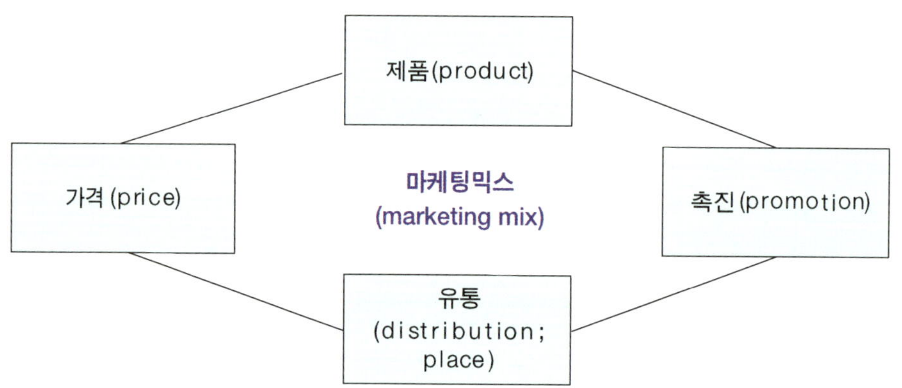

〈표 2-2〉 마케팅믹스의 내용

제품(product)	가격(price)	유통(distribution: place)	촉진(promotion)
제품변형	목록가격	유통경로	광고
품질	할인	도달범위	판매촉진
디자인	공제	구색	인적판매
특징	지불기간	재고	PR(홍보)
상표명	신용조건	운송	직접 마케팅
포장		입지	
크기			
서비스			
보증			
반품			

자료원: Philip, Kotler(2005), *Marketing Management*, 11th ed., NJ: Prentice-Hall, 16.

1. 제품(product)

제품(product)은 생산설비, 제조공정 그리고 근로자의 노동으로 생산되어 유통단계를 거쳐 소비자들에게 구매되어 소비되는 재화(manufactured goods)와 제품을 소비자가 편리하게 구매할 수 있도록 제공되는 부가서비스를 포함한다. 소비자 관점에서 보면 제품은 소비자가 구매하여 소비함으로써 얻게 되는 유형 또는 무형의 편익(benefits) 또는 효용(utilities)이라 할 수 있다.

제품은 세 가지 차원, 즉, 핵심편익차원, 실제제품차원, 확장제품차원으로 구성된다고 할 수 있다. 첫 번째 차원은 핵심편익(core benefits)인데 제품을 사용함으로써 소비자가 얻는 편리함, 안전감, 갈증의 해소, 시간의 절약 등의 혜택을 포함한다. 이러한 각각의 편익은 제품의 속성묶음(a bundle of attributes)으로부터 나온다. 두 번째 차원으로는 제품이 주는 편익을 누릴 수 있는 매개수단으로 소비자가 제품을 구입할 때 실질적으로 얻을 것으로 기대하는 실제제품(actual product)이다. 매개 수단은 제품의 편익이 형태를 가지게 하거나 소비자들이 특정 제품을 구매하는 데 필요한 노력을 절감해 줄 수 있다. 포장은 소비자가 구매하고 운반하고 보관하기 편리하도록 해준다. 스타일은 원하는 모양이나 디자인을 선택할 수 있도록 한다. 품질은 편익의 수준을 나타내고 가격과 연관시킨다. 원하는 특정제품을 다른 제품과 구별하는 데 시간을 절약할 수 있고 품질을 신뢰할 수 있어 반복구매가 용이하게 하는 상표 등이 있다. 세 번째 차원으로는 소비자가 원하는 제품을 구매하고 사용하도록 돕는 조정기능을 하는 부가적인 서비스인 확장제품(augmented product)이다. 소비자가 신제품이나 신규상표를 구입할 때 품질에 대하여 안심하고 구입할 수 있도록 구입 후 일정기간 안에 소비자가 부주의해서 발생하는 경우 이후의 고장에 대하여 무료로 수리해 주는 품질보증이 있다. 또한 소비자가 직접 운반하기 어려운 가구나 가전제품을 운반해 주는 배달이 있다. 설치는 집까지 배달된 이후에 소비자가 제품을 사용할 수 있도록 전기배선이나 시운전 등을 포함한다〈그림 2-4 참조〉.

〈그림 2-2〉 제품의 세 가지 차원

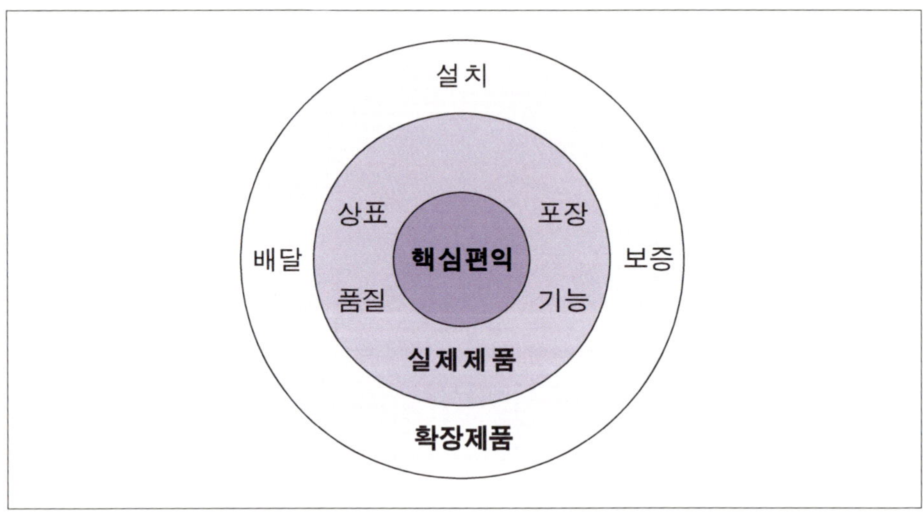

2. 가격(price)

가격(price)은 기업의 수익을 직접적으로 결정하는 요소이다. 가격은 소비자의 제품구매 결정에 커다란 영향을 미치므로 여러 가지 환경을 고려해야 하는데 이러한 가격전략은 마케팅믹스 속에서 종합적으로 판단되어야 하며 기업의 의사를 반영한 일관된 가격정책이 필요하다. 기본적인 가격결정방법으로는 원가기준법, 목표 수익률 기준법, 경쟁기준법, 지각된 가치기준법의 네 가지가 있다.

원기기준법(cost-plus pricing)은 제품의 원가에 일정 비율의 이익을 더하여 가격을 결정하는 방법이다. 목표 수익률 기준법(target-return pricing)은 목표로 하고 있는 투자수익률을 달성할 수 있도록 가격을 결정하는 방법이다. 경쟁기준법(going-rate pricing)은 경쟁자 모방에 의한 방법으로 경쟁자의 가격을 기준으로 동일한 수준 혹은 조금 높이거나 낮도록 가격을 결정하는 방법이다. 지각된 가치기준법(perceived-value pricing)은 고객이 어떤 제품으로부터 얻는 편익과 그 대가로 지불하는 비용의 차이를 고객이 지각한 가치를 기준으로 가격을 결정하는 방법이다.

특히 신제품의 가격결정방법으로는 스키밍 가격 정책(skimming pricing policy)과 침투 가격 정책(penetration pricing policy)이 있다. 스키밍 가격 정책이란 초기 고가격 정책으로 신제품이 처음 나왔을 때, 아주 높은 가격을 설정한 다음 시간이 흐름에 따라 점차 가격을 낮추는 가격정책이다. 침투 가격 정책은 스키밍 가격 정책과 반대로 초기 저가격 정책으로 신제품이 처음 나왔을 때 매우 낮은 가격을 설정한 후 시간이 흐름에 따라 점차 가격을 높여나가는 가격정책이다.

3. 유통(distribution; place)

유통(distribution; place)은 제품이나 서비스가 생산자로부터 최종소비자에게 이르는 흐름이며 유통경로는 유통과정에 관련되는 일체의 상호의존적인 조직을 말한다. 유통은 고객의 최종 구매반응과 밀접하게 연관되어 있으므로 기업은 표적시장의 소비자에게 적절한 시간, 장소에 제품을 공급해서 고객이 제품을 구매하는 데 장애를 느끼지 않도록 해야 한다. 유통경로는 비탄력적인 외부자원이다. 제품, 가격, 촉진은 시장상황에 따라 수정하기가 상대적으로 수월하지만 유통경로는 구축하기도 힘들거니와 변경하려면 많은 시간과 자본이 소요된다. 최적의 유통경로를 구축하는 것은 기업의 경쟁우위를 구축할 수 있는 자산이 되므로 기업은 제품의 특성, 소비자, 경쟁환경 등을 종합적으로 고려하여 최적의 유통경로를 구축해야 한다.

최적의 유통경로를 설계하려면 표적시장에서의 소비자 욕구를 가장 먼저 파악해야 한다. 일반적으로 유통경로를 설계할 때는 고객의 욕구를 분석하고 이를 바탕으로 유통경로 설계의 목표를 설정한 후 유통경로 정책을 결정하고 관리는 단계를 거친다.

유통 활동은 시간효용(time utility), 장소효용(place utility) 및 소유효용(possession utility)을 제공한다.

* 시간효용: 소비자들이 원하는 시간에 제품을 구매할 수 있다.
* 장소효용: 소비자들이 원하는 장소에서 손쉽게 제품 구매한다.
* 소유효용: 최종소비자가 제품을 소유할 수 있도록 해 준다.

이러한 기능들을 제조업자가 직접 수행한다면 제품원가와 가격이 증대한다. 그러므로 중간상(intermediary) 개입 시와 직거래 시의 가격 비교가 필요하다.

4. 촉진(promotion)

촉진(promotion)은 표적고객으로부터 기업이나 제품에 대한 호의적인 반응을 얻기 위해 행해지는 커뮤니케이션 활동을 말한다. 마케팅 메시지를 효과적으로 전달하기 위해서는 기업은 자신이 행하는 모든 것을 메시지로 보낼 수 있다는 점을 인식해야 한다. 제품, 가격, 유통은 고객에게 시장 정보를 제공할 수 있다. 마케팅믹스 변수인 촉진은 소비자들이 제품을 구매할 가능성을 증가시키는데 다른 세 가지 요인의 중요한 특징을 두드러지게 하는 데 이용된다.

촉진수단은 광고, 인적판매, 판매촉진, PR, 직접 마케팅 등이 있다.

(1) 광고(advertising)

특정 광고주(sponsor)가 대가를 지불하고 제품, 서비스, 아이디어 등을 비인적 매체를 통해 널리 알리고 구매를 자극하는 모든 형태의 촉진활동이다. 촉진활동 중 가장 중요한 촉진수단으로 인식되고 있다.

(2) 인적판매(personal selling)

판매자가 가망고객과 직접 만나서 정보를 전달하는 것으로, 특히 산업재마케팅에서 가장 많이 쓰이는 촉진수단이다. 다른 방법에 비하여 판매원이 고객의 반응에 맞추어서 즉석 커뮤니케이션을 할 수 있다는 점에서 융통성이 있다.

(3) 판매촉진(sales promotion)

소비자와 유통업자의 수요를 자극하는 인적판매, 광고, PR(〉홍보) 이외의 모든 촉진활동을 말한다(예를 들면, 견본품, 가격할인, 쿠폰 등). 요즘은 갈수록 판매촉진의 비중이 커지고 있다. 판매촉진의 목적은 짧은 기간 내에 판매 대폭신장, 샘플(sample)제공으로 구매 유도, 자사제품 재구매 유도, 계절성 제품의 마케팅을 위해 행하여진다.

(4) PR(public relation)

PR은 기업과 다양한 공중(public)간에 호의(goodwill)를 구축하는 데 이용되는 마케팅 커뮤니케이션 도구를 말한다. PR은 종업원, 언론, 고객, 공급업자, 투자자, 정부, 지역사회, 금융기관 등의 다양한 공중을 대상을 이루어진다. PR은 다른 촉진 믹스 요소인 광고, 인적판매, 판매촉진과 효과적으로 통합되며, 호의 구축이라는 기본 목표 이외에도 브랜드 인지도 강화, 기업에 대한 호의적 태도 형성, 그리고 구매 촉진 등의 긍정적인 효과를 거둘 수 있다.

(5) 직접 마케팅(direct marketing)

미국 다이렉트 마케팅 협회(DMA: Direct Marketing Association)에서는 장소에 구애받지 않고 측정가능한 반응이나 거래의 성사를 위해 하나 이상의 광고매체를 이용하는 상호작용적 마케팅 시스템이라고 정의하였다. 대중 마케팅은 판매자가 소비자에게 일방적인 메시지를 전달하는 일방적(one-way)방식의 메시지 전달이지만 직접 마케팅은 판매자와 소비자와의 일대일 접촉을 시도하여 서로 상호작용이 가능한 쌍방향(two-way)방식 마케팅인 것이다. 또한 소비자와 신뢰성 있고 긴밀한 커뮤니케이션만 가능하다면 굳이 점포가 필요치 않아 장소에 제한받지 않음은 물론 광고매체에서도 여러 가지 매체를 혼합하여 사용함으로써 마케팅 효과를 극대화할 수 있다.

제3장

경쟁지위별 마케팅전략

경쟁지위별 마케팅전략

기업은 시장에 먼저 진입하거나 현재의 경쟁지위에 따라 선발기업과 후발기업으로 대별되며, 후발기업은 시장진입의 목적과 현시장점유율에 따라 시장도전자(market challenger), 시장추종자(market follower), 시장틈새기업(market nicher)으로 분류된다. 예를 들면 기업들은 어떤 시장에서 시장점유율에 의해 〈그림 3-1〉에서와 같이 분류된다고 가정하자.

〈그림 3-1〉 가상의 시장구조

40% 시장선도자 (market leader)	30% 시장도전자 (market challenger)	20% 시장추종자 (market follower)	10% 시장틈새기업 (market nicher)

시장선도자는 시장점유율이 가장 큰 기업으로 시장점유율이 40%, 시장도전자는 30%, 시장추종자는 20%를 차지하며 시장점유율 유지전략을 사용하며 나머지 10%는 거대기업이 참여하지 않는 몇몇 작은 세분시장에서 활동하는 시장틈새기업이 차지한다.

제 1 절 시장선도자전략

1. 마케팅 목표

시장선도기업은 관련 제품시장에서 가장 큰 시장점유율을 가지며 신제품 도입

(new-product introductions), 가격변화(price change), 유통범위(distribution coverage), 촉진강도(promotional intensity)에 있어서 다른 기업을 선도한다. 시장선도기업으로는 Kodak(사진분야), GM(자동차분야), Microsoft(소프트웨어분야), Coca-Cola(청량음료분야), McDonald's(패스트푸드분야), Xerox(복사기분야), Proctor & Gamble(소비재포장분야) 등이 있으며 국내에서는 이마트(할인점분야), 위니아 딤채(김치냉장고분야), 래미안(브랜드 아파트분야), 웅진식품 아침햇살(곡물음료분야) 등이 있다.

이러한 시장선도기업은 다음과 같은 마케팅 전략이 필요하다. 첫째, 총 시장 수요를 확대시킬 방법을 모색해야 한다. 둘째, 최선의 방어 및 공격 행위를 통해 현재의 시장점유율을 방어해야 한다. 셋째, 시장 규모가 일정할지라도 자사의 시장점유율을 확대시키기 위해 노력해야 한다.

(1) 총 시장 확대(expanding the total market)

시장선도기업은 총 시장이 확대할 때 일반적으로 가장 많은 이익을 얻는다. 일반적으로 시장선도기업은 새로운 사용자, 새로운 용도 및 보다 많은 제품사용을 창출해야 한다.

1) 신규사용자(new users)

시장선도기업은 모든 사용자들이 제품의 존재를 알지 못하거나, 가격 때문이거나, 제품 특징을 모르기 때문에 구입하지 않는 구매자를 유인할 잠재력을 가지고 있다. 제조업자들은 세 집단의 신규사용자를 찾을 수 있다. 즉 지금은 사용하지 않지만 미래에 사용할 그룹에는 시장침투전략(market-penetration strategy)을 사용하고 지금껏 사용해 보지 않은 그룹에는 신시장 세분전략(new-market segment strategy)을 사용하며 그 밖의 그룹에는 지리적 확장전략(geographical-expansion strategy)을 수행한다.

2) 새로운 용도(new uses)

시장은 그 제품에 대한 새로운 용도를 발견하고 촉진을 통해 확장될 수 있다. 많은 경우 고객들이 새로운 용도를 발견하는 데 도움이 된다. 바셀린은 기계 상점에서 기계를 움직이는 윤활제로 개발되었다. 그러나 그 후 시간이 지나면서 피부연고제, 치료제, 머리손질용 등의 새로운 용도로 알려졌다.

3) 더 많은 사용(more usage)

세 번째의 시장 확대 전략은 제품을 사용할 때 마다 더 많이 제품을 사용하도록 설득하는 것이다. 예를 들면, 샴푸 회사는 용기에 '머리감고 린스하고 다시 샴푸하라' 라고 사용법을 제시함으로써 더 많은 샴푸를 사용하도록 하고 있다.

(2) 시장점유율 방어(defending market share)

시장선도기업은 총 시장 규모를 확대하려고 노력하면서 끊임없이 현재의 사업을 방어해야 한다. 즉 시장선도기업은 한 무리의 벌 떼에게 공격을 받는 거대한 코끼리와 같다. Coca-Cola는 Pepsi의 공격을 받고, McDonald's는 Burger King의 공격을 받고, GM은 Ford의 공격을 받고, Hertz는 Avis의 공격을 받는다. 때로 경쟁자가 국내일 경우도 있고 해외일 경우도 있다. 예를 들면, Kodak 대 Fuji 등이 있다.

시장선도기업의 가장 적극적인 방어방법은 지속적인 혁신이다. 시장선도기업은 신제품, 고객 서비스, 유통의 효율성(효과적인 유통), 비용절감을 개발하는데 있어서 산업을 선도해야 한다. 시장선도기업은 경쟁적인 장점과 고객에 대한 가치를 계속 증대시켜야 한다. 또한 시장선도기업은 군대의 공격원칙을 적용해야 한다. 공격자는 주도권(initiative)을 가지고 공격 속도를 조절하고 적의 약점을 이용해야 한다. 최선의 방어는 좋은 공격이다〈표 3−1 참조〉.

<표 3-1> 시장선도기업의 마케팅전략

시장선도자 (Matket Leader)	마케팅 목표	• 총 시장 확대 • 시장점유율 방어 • 시장점유율 확대
	마케팅 초점	• 시장점유율 • 이윤 • 명성
	핵심 전략	• 수요 확대 기존 제품의 사용상황을 확대하여 전체적 수요를 확대함
		• 비가격경쟁 비가격경쟁으로 확립된 브랜드자산과 이미지를 계속적으로 구축함
		• 동질화 대응 후발기업의 동질화전략에 대응하는 전략을 추구함으로써 시장선도기업의 판매력, 기술력 및 생산성의 우위를 가지고 후발기업에 승리
	마케팅 믹스	• 제품전략 고품질의 제품과 높은 서비스를 제공한다. 또한 시장도전자의 제품에 대비하여 새로운 신제품을 계속적으로 개발해야 한다. 제품의 종류와 가격대를 넓히는 풀 라인(full-line)전략을 사용한다.
		• 가격전략 고가격 전략을 구사한다. 그러나 소비자가 느끼는 거부감을 줄 수 있는 가격저항을 최소화하는 가격을 책정한다.
		• 유통전략 기존 유통채널을 이용함으로써 시장도전자들의 유통접근성을 사전에 봉쇄한다. 또한 유통효율성을 제고하여 계속적으로 원가절감으로 시장확대에 힘을 쓴다.
		• 촉진전략 초기 브랜드 조성 및 인지도 향상을 위해 광고 및 판촉 프로모션에 집중한다. 전체시장에 소구한다.

시장선도기업은 〈그림 3-2〉과 같은 방법의 방어전략을 이용할 수 있다.

<그림 3-2> 시장선도기업의 방어전략

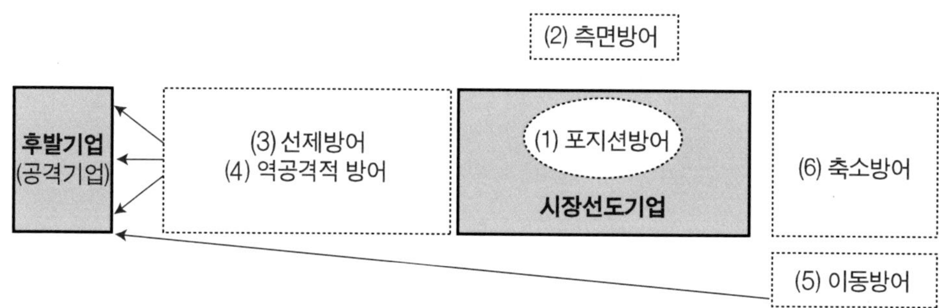

자료원: Philip, Kotler(2005), *Marketing Management*, 11th ed., NJ: Prentice-Hall. 258.

1) 포지션방어(position defense)

포지션방어에는 탁월한 브랜드파워 증대와 난공불락의 브랜드를 만드는 것을 포함하는 것으로 소비자의 마음속에 가장 바람직한 포지션을 확보하는 것이다. CocaCola가 청량음료시장의 절반이상을 차지하고 있으면서도 천연과즙 음료회사를 인수하고, 플라스틱 용기분야로 다각화를 꾀하는 것이다.

2) 측면방어(flank defense)

시장선도기업은 측면방어의 주도권(initiative)을 취함으로써 공격자의 측면공격을 효율적으로 방어할 수 있어야 한다. 약한 측면을 지키기 위해 어떤 방어적 장소 혹은 필요 시 역공격을 위한 침투기지로 사용할 수 있는 전초기지를 구축해야 한다.

3) 선제방어(preemptive defense)

선제방어는 경쟁사가 시장선도기업을 공격하기 전에 경쟁사에게 먼저 공격하는 것이다. 시장선도기업은 여러 가지 방법으로 선제방어를 할 수 있다. 즉 시장선도기업은 시장 전체에 걸쳐 경쟁사들이 쓰러지도록 하기 위해 게릴라활동을 한다. 한 시장에서 경쟁사를 치고 다른 한 시장에서 다른 경쟁사를 칠 수 있다.

4) 역공격적 방어(counteroffensive defense)

역공격적 방어는 효과적인 반격으로 공격자의 주요 영역을 침범하는 것이다. 즉 시장선도기업은 경쟁사의 가격인하, 촉진, 제품 개선 또는 판매영역 침투에 방관해서는 안 된다. 시장선도기업은 공격자의 공격에 대해 정면으로 맞서거나, 공격자의 측면을 공격해야 한다.

5) 이동방어(mobile defense)

이동방어에 있어서 시장선도기업은 공수양면으로 미래 핵심 역할을 할 새로운 영역을 확대해야 한다. 시장선도기업은 시장확장과 시장다각화를 새로운 시장으로 확산해야 한다. 시장 확장(market broadening)은 기업의 초점을 현재 제품에서부터 잠재적 보완적 욕구로의 이동을 내포하며 또한 욕구에 관련되는 전반적인 기술범위에 걸쳐 기술개발에 몰두하는 것이다. 이러한 시장 확장은 너무 광범위하게 해서는 안 된다. 즉 목적의 원리(principle of the objective)와 대량의 원리(principle of mass)에 기초를 두어야 한다. 시장다각화(market diversification)는 또 다른 이동방어인데, 미국 Reynolds와 Philip Morris와 같은 미국 담배회사는 금연운동에 직면하게 되었는데 그들은 포지션방어에 만족하지 않고 맥주, 주류, 냉동식품, 청량음료 등과 같은 산업으로 이동하였다.

6) 축소방어(contraction defense)

축소방어는 대기업들이 모든 영역을 방어할 수 없게 되는 경우가 있다. 이때 최상의 행동 방법은 전략적 축소계획을 수립하는 것이다(혹은 전략적 철수(strategic withdrawal)라고도 한다). 이는 약한 위치를 포기하고 강한 위치에 자원을 재할당하는 것이다. 계획된 축소는 시장에서 경쟁적 강점을 강화하고 주력 위치에 집중하는 것이다.

(3) 시장점유율 확대(market share expand)

시장선도기업은 시장점유율 확대를 통해 수익성을 제고할 수 있다. PIMS에 따르면 수익성(ROI로 추정)은 상대적 시장점유율과 함께 증가한다.

시장점유율을 확보하기 위해 소요되는 비용이 수익을 초과할 수 있기 때문에 시장점유율을 확보하기 전에 기업들은 다음의 세 가지 요인을 고려해야 한다.

- 첫 번째 요인은 반복적 행동을 할 가능성이 있다. 지배적인 기업이 시장점유율을 더욱더 확보하려고 한다면, 투기가 심한 경쟁사들은 독점화에 대해 아우성을 칠 가능성이 있다. 이러한 위험이 유발되면 시장점유율 확보에 대한 매력성이 없어진다.
- 두 번째 요인은 경제적 원가이다. 최적의 시장점유율이 지나치면 수익성이 감소할 가능성이 있다. 일반적으로 시장점유율을 확보하기 위해 밀어붙이는 것은 규모 혹은 경험의 경제가 없을 때, 매력적이지 않은 세분시장이 존재할 때, 구매자들이 다양한 공급원을 원할 때 그리고 전환장벽이 높을 때 경제적 원가는 정당화되지 못한다. 몇몇 시장선도기업은 약한 부문에서 시장점유율을 선택적으로 축소함으로써 이익을 획득한다.
- 세 번째 요인은 기업이 시장점유율을 높이기 위해 노력하여도 마케팅믹스전략이 잘못되었을 경우 이익이 증가되지 않는다. 마케팅믹스를 추구하는데도 이익이 증가되지 않는다. 가격을 인하함으로써 시장점유율을 획득하는 기업들은 더 큰 시장점유율을 획득하는 것이 아니라 그 기업의 이익은 감소한다.

정상에 머물고 있는 시장선도기업은 총 시장을 확장하고 현재 영역을 방어하며 시장점유율과 수익성을 증가시키는 능력을 배양해 왔다. P&G와 Caterpillar는 능력 있는 시장도전자에 대항하여 그들의 시장점유율을 보호하는데 놀랄 만한 능력을 보여주고 있다.

P&G는 뛰어난 소비재 포장업체로 경쟁하는 39개의 제품 카테고리 중 19개 제품 카테고리에서 평균 시장점유율 25%인 선도브랜드이다. 평균 시장점유율은 25%로 시장리더십은 어떤 원칙에 의존한다.

Caterpillar는 뛰어난 건설 장비 시장선도기업으로 프리미엄 가격을 부가하더라도 리더십을 유지한다.

2. 핵심전략 및 마케팅믹스

(1) 핵심전략

대부분의 시장선도기업은 강력한 유통 지배력과 비용 대비 효율이 높은 기술 개발력을 가지고 있다. 이러한 마케팅 목표를 이룩하기 위한 핵심전략은 수요 확대, 비가격경쟁, 동질화대응 등이 있다.

1) 수요 확대

기존 제품의 사용상황 등을 확대해 전체적으로 수요를 키워 놓을 경우 경쟁기업에 비해 자원이 풍성한 시장선도기업은 자연스럽게 매출 증가와 시장점유율 유지를 꾀할 수 있다는 것이 수요확대 전략이다. 전체 시장의 크기를 키워 놓음으로써 자동적으로 가져가는 몫을 키우겠다는 것이다.

예를 들어 보령제약의 겔포스가 1회용 액체 위장약 시장을 가장 먼저 선점하여 '위장병 잡혔어' 등의 대대적인 프로모션 전략으로 시장진입에 성공하자 그 이후 탈시드, 노엘, 미란타, 암포젤엠 등이 잇따라 등장하면서 치열한 경쟁을 벌였다. 그러나 이들 제품들의 광고는 오히려 다른 알약 위장약이나 드링크제의 수요를 액체위장약 시장으로 전이시켜 전체적인 수요를 확대하여 시장선도기업 제품인 겔포스의 매출만 늘려주는 역할을 했다.

2) 비가격경쟁

비가격경쟁은 시장선도기업이 특히 중요하게 생각해야 할 전략이다. 기업이 가격

이외의 광고, 품질, 거래조건 등의 수단을 가지고 경쟁하는 것을 비가격경쟁이라고 한다. 즉, 가격만으로 하던 경쟁을 지양하고 가격 이외의 수단으로 경쟁하는 것이다. 예컨대 광고경쟁을 한다든가 품질을 다양화하고 할부기간을 연장하여 고액의 제품을 쉽게 살 수 있도록 함으로써 구매욕구를 자극하는 것 등을 말한다. 그러나 이때 가격경쟁이 없어져 비가격경쟁만이 이루어지는 것이 아니라 도리어 비가격경쟁을 수반하여 가격경쟁이 이루어지게 된다.

3) 동질화 대응

동질화대응은 동일한 제품에 있어서 경영자원이 풍부한 시장선도기업이 반드시 승리한다는 것이다. 예를 들면, 일본의 맥주시장의 3위와 4위인 삿뽀로맥주와 산토리맥주는 1994년부터 보리의 맥아 비율을 감소시킨 '발포맥주' 라는 새로운 시장을 개척하여 시장선도기업인 아사히맥주와 기린맥주에 대해 차별화 전략으로 경쟁하였다.

이에 시장선도기업인 기린맥주는 '발포맥주' 시장이 성장하기를 기다렸다가 '발포맥주' 시장에 진입하는 동질화전략을 시도하여 시장의 50%이상의 시장점유율을 획득하였다. 이와 같은 시장선도기업은 동질화전략을 취함으로써 브랜드력, 판매력, 기술력 및 생산설비의 우위에 의해 후발기업에 승리할 수 있다.

(2) 마케팅믹스

제품전략은 우선 고품질의 제품을 높은 서비스로 제공하는 것이다. 이러한 고품질의 제품과 함께 시장도전자의 경쟁제품에 대비하여 새로운 신제품과 새로운 고객 및 제품의 확장을 계속적으로 개발해야 한다. 이질적인 고객의 욕구를 충족시키는 다양한 제품과 그에 상응하는 가격대를 넓히는 풀라인(full-line)전략을 구사해야 한다.

가격전략은 고가격 전략을 구사한다. 그러나 소비자가 느끼는 거부감을 줄 수 있는 가격저항을 최소화하는 가격을 책정한다.

유통전략은 기존 유통채널을 최대한 이용함으로써 시장도전자들의 유통접근성을 사전에 봉쇄한다. 또한 유통효율성을 제고하여 계속적으로 원가절감으로 시장 확대에 힘을 쓴다. 또한 개방적인 유통망을 구축하는 것이다.

촉진전략은 초기 브랜드 조성 및 인지도 향상을 위해 광고 및 판촉 프로모션에 집중한다. 특히 광고, 인적판매, PR, 직접 마케팅 등 수단을 사용하여 브랜드 인지 및 구축을 한다.

제 2 절 시장도전자전략

1. 마케팅 목표

시장점유율을 확보하기 위해 적극적으로 시장선도기업이나 경쟁사를 공격하는 후발기업을 시장도전자라고 한다. 예를 들면 자동차산업에서 GM에 도전하는 Toyota나 항공기 산업에서 Boing에 도전하는 Airbus 등이 있다. 시장도전기업은 우선 마케팅 목표를 명확히 해야 한다. 대부분의 시장도전기업의 중요한 마케팅목표는 시장점유율을 증대시키는 것이다. 이러한 시장점유율 증대를 하기 위해서 시장도전기업은 시장선도기업을 집중적으로 공격해야 한다. 이러한 공격을 하기 위해서 시장선도기업이나 경쟁사보다 우수한 제품을 개발해야 한다. 시장도전기업은 공격하고자 하는 경쟁사를 결정해야 한다. 공격 경쟁자를 결정하는 방법은 다음과 같다.

① 시장선도기업을 공격하는 것이다. 이는 매우 위험하지만 잠재적인 이익이 큰 전략으로 만일 시장선도자가 시장에 잘 참여하지 않은 경우라면 좋은 전략이다.
② 사업활동을 잘못하며 재정압박을 받는 동일 규모의 기업을 공격한다. 시장도전자는 오래된 제품, 고가격 제품 또는 고객들을 만족시키지 못한 기업을 공격할 수 있다.
③ 소규모 현지 기업이나 지역기업을 공격할 수 있다.

(1) 공격 전략을 선택

공격대상자와 목표가 정해졌다면 경쟁자를 공격하는 데 〈그림 3-3〉와 같이 다섯 가지 공격전략, 즉 정면공격, 측면공격, 포위공격, 우회공격 및 게릴라공격으로 구별할 수 있다.

〈그림 3-3〉 시장도전기업의 공격전략

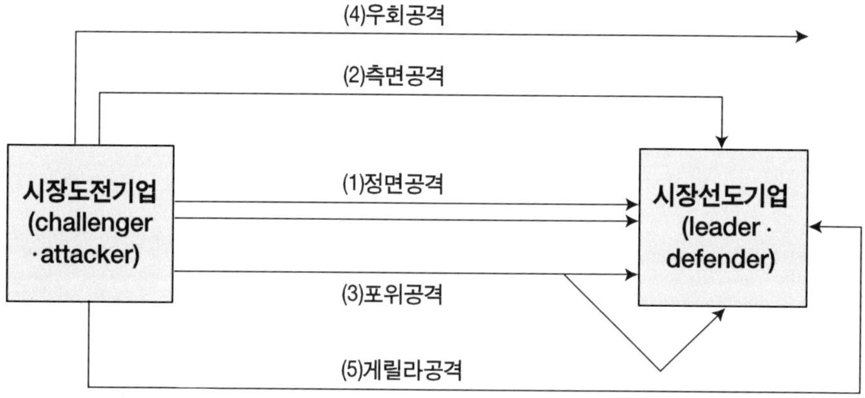

자료원: Philip, Kotler(2005), *Marketing Management*, 11th ed., NJ: Prentice-Hall, 266.

1) 정면공격(frontal attack)

순수 정면공격에서는 공격자가 경쟁사 제품, 가격, 광고 등에 대응해야 한다. '힘의 원칙(principle of force)' 에 따르면 인력(자원)을 많이 가진 측이 경쟁에서 이긴다. 상대방에게 가격인하와 같은 수정된 정면공격(modified frontal attack)을 할 수 있는데 시장선도기업의 가격인하 보복을 하지 않거나 또한 시장도전기업의 제품이 시장선도기업의 제품과 동일하다는 사실을 공격자에게 확신시킬 수 있으면 공격은 실행될 수 있다.

2) 측면공격(frank attack)

공격전략의 주요 원칙은 방어기업의 약점에 대항하여 공격자의 강점을 집중하는 것이다. 측면공격은 2가지 전략적 차원, 즉 지리적 그리고 세분시장 차원에서 취해질 수 있다. 지리적 공격에서는 상대방의 낮은 성과를 내고 있는 지역을 조준하는 것이고 또 다른 측면공격은 노출된 시장욕구에 집중하는 것이다. 또한 현재 업계의 제품이 충족시키지 못함으로써 야기되는 시장의 갭(gap)을 파악하고 또는 그 갭을 메우기 위한 활동을 추진해 그 세분시장을 강한 세분시장으로 만드는 것이다.

3) 포위공격(encirclement attack)

포위공격은 광범위하게 전격적으로 경쟁사의 영토를 포위하여 여러 전선에 커다란 공격을 감행하는 것을 말한다. 포위공격은 시장도전기업이 시장선도기업보다 우월한 자원을 가지고 있고, 신속한 포위공격이 시장선도기업의 의지를 깬다고 믿을 때 전략적 의미가 있다.

4) 우회공격(bypass attack)

우회공격은 가장 간접적인 공격전략 중에 하나로 우회공격이란 경쟁기업을 우회하여 자사의 자원기지를 확장하기 위해 좀 더 쉬운 시장을 공격하는 것을 말한다. 이 우회공격은 비관련 제품으로의 다각화, 기존제품에 대한 새로운 지리적 시장으로서의 다각화, 기존제품을 대체하는 새로운 기술로의 도약의 방법이 있다.

기술적 도약은 최첨단 산업에서 흔히 사용하는 우회공격이다. 시장도전기업은 지속적으로 신기술을 개발해 공격함으로써 경쟁시장을 자사 영역으로 차지하며 우위를 확보한다.

5) 게릴라공격(guerilla attack)

영구적인 발전을 마련하기 위해 경쟁사를 당황하게 하고 혼란시킬 목적으로 경쟁사의 여러 영토를 소규모로, 간헐적으로 공격하는 것이다. 게릴라 도전기업은 경쟁사를 공격하는 데 전통적인 방법과 현대적 방법을 모두 사용한다.

이런 방법으로는 선택적 가격인하, 집중적 촉진 활동, 여러 가지 법적 활동이 포함된다. 보통 게릴라공격은 소규모기업이 대기업에게 취하는 방법으로 경쟁사의 시장지배력을 점차 약화시키는 의도로 대규모 경쟁시장의 이곳저곳에서 단기적으로 촉진 및 가격공격을 하게 된다.

군대식 교리(military dogmatics)는 소규모 지속적 공격은 몇 번의 대규모 공격보다 큰 영향을 미치며, 조직과 경쟁사를 혼란시킨다고 한다. 지속적인 게릴라공격은 정면공격, 포위공격, 우회공격보다 비용이 덜 소요된다고 하지만 더 많이 소요될 수도 있다〈표 3－2 참조〉.

〈표 3-2〉 시장도전자의 마케팅전략

시장도전자 (Matket Challenger)	마케팅 목표	• 시장선도자 공격 • 시장점유율 확대 • 경쟁우위 제품의 개발
	마케팅 초점	• 시장점유율 확보
	핵심 전략	• 차별화전략 시장선도자와는 다른 기술 개발을 통하여 제품에 대한 경쟁적 우위를 확보함으로써 시장선도자의 제품과 차별화된 제품을 시장에 진입시킨다.
		• 규격전략 시장선도기업과 상이한 규격으로 시장을 창조하여 시장을 창출한다.
	마케팅 믹스	• 제품전략 보다 저렴한 가격으로 시장선도자와 동일하거나 높은 품질의 제품을 개발하여 시장에 제공한다. 또한 다양한 제품을 출시하여 소비자에게 보다 많은 제품의 선택의 기회를 제공한다.
		• 가격전략 시장선도자에 비해 낮은 가격으로 비교할 수 있는 제품을 제공한다. 또한 시간이 지남에 따라 소비자에게 가격할인도 병행한다. 이와 함께 시장점유율 확대를 위해 적극적으로 낮은 원가의 가격을 책정한다.
		• 유통전략 시장선도자와는 다른 새로운 유통채널을 개발한다.
		• 촉진전략 집중적인 촉진전략을 수행한다. 광고비와 촉진비를 증가하여 시장선도자를 공격하고 제품이나 광고메시지가 시장선도자보다 우수하다는 것을 강조하는 전략을 수립한다.

2. 핵심전략 및 마케팅믹스

(1) 핵심전략

1) 차별화 전략

시장도전기업은 시장선도기업의 시장점유율을 추격하는 것이 목표이므로, 마케팅믹스를 포함한 전체에서 시장선도기업과의 차별화에 의해 시장점유율 확대를 추구하야 한다.

차별화 전략의 포인트는 시장선도기업은 시대의 변화나 기호를 유연하게 적응하기 어려운 약점이 있기 때문에 제품 특성이나 가격으로 획기적인 차별화를 실시하여 소비자의 의식을 다양화하고 차별화된 의식을 자극해 가는 것이다. 여기서 중요한 것은 시장도전기업의 차별화는 모호한 제품 특성이나 저가격 등과 같은 방법으로는 성공할 수 없다는 것이다. 어느 정도의 차별화만으로는 자금력, 기술력이 있는 시장선도기업에 시장을 잠식당하게 된다. 시장도전기업이 신기술을 이용하여 신제품을 투입하면 풍부한 자금력과 기술력을 가진 시장선도기업은 시장도전기업을 잠식하여 버린다. 이렇게 되지 않도록 제품군 가운데 핵심편익(core benefit), 그 자체를 변화시키는 것처럼 차별화 전략을 취할 필요성이 있기 때문이다.

2) 규격전략

일본 가전제품에서 최고점유율을 보유하고 있던 마쓰시타는 비디오카메라시장에서 1993년~1996년에 시장점유율 3위에 만족하고 있었던 것은 당시 시장점유율 1위, 2위인 소니 및 샤프가 8mm 비디오카메라 제품인 반면에 마쓰시타는 VHS-C라는 상이한 제품이라는 것이 요인이었다. 이러한 규격의 차이가 존재하는 경우 이동장벽은 매우 높다. 8mm 시장을 도입하면 소니에게 육박할 수 있는 마쓰시타로서는 동질화전략을 취할 수 있었지만 규격이 달랐기 때문에 여의치 않았다. 그 의미는 최고기업과 상이한 규격으로 시장을 창조한 것뿐만 아니라 시장도전기업의 차별화 전략에 동질화하기 어려운 매우 강력한 것이기 때문이다.

(2) 마케팅믹스

시장도전기업은 더욱 구체적인 마케팅믹스전략을 개발해야 한다.

1) 제품전략

• 저가 제품(lower price goods)

시장도전기업은 낮은 가격으로 평균 또는 높은 품질 제품을 제공할 수 있다. 하지만 저가전략을 통해 자리 잡은 기업들은 훨씬 더 저렴한 제품 기업에 의해 공격받을 수 있다.

• 긍지제품(prestige product)

시장도전기업은 시장선도기업보다 고품질 제품을 출시하고 더 높은 가격을 부과할 수 있다. 예컨대, Mercedes는 고품질과 고가격인 자동차를 제공함으로써 미국시장에서 Cadillac을 앞섰다.

• 제품 확장(product proliferation)

시장도전기업은 다양한 제품을 내놓아 구매자들에게 더 많은 대안 제품을 줌으로써 시장선도기업을 공격할 수 있다.

• 제품 혁신(product innovation)

시장도전기업은 제품 혁신을 추구할 수 있다. 3M은 전형적으로 제품개선이나 혁신적인 개발을 통해 신시장을 창출한다.

2) 가격전략

• 가격할인(price discount)

시장도전기업은 시장선도기업에 비해 비교할 만한 제품을 낮은 가격으로 제공할 수 있다. 이러한 전략은 할인소매점에서 사용하는 기본적인 전략이며 3가지 조건이 충족되어야 한다.

첫째, 시장도전기업은 자사의 제품과 서비스가 시장선도기업의 제품과 서비스와 비교될 정도이고 구매자들을 확신시켜야 한다.

둘째, 구매자들이 가격 차이에 민감해야 한다.

셋째, 시장선도기업의 가격인하 공격에도 경쟁사의 공격에도 가격인하를 하지 않아야 한다.

3) 유통전략

• 유통 혁신(distribution innovation)

시장도전기업은 새로운 유통경로를 개발할 수 있다. Avon은 전통(재래)점포에서 다른 화장품 회사와 싸우는 대신 방문판매를 수행함으로써 대형화장품회사가 되었다.

4) 촉진전략

• 향상된 서비스(improved services)

시장도전기업은 고객들에게 새롭거나 더 좋은 서비스를 제공할 수 있다. Hertz에 대한 Avis의 유명한 공격은 '우리는 단지 2위입니다. 우리는 더 열심히 합니다'는 Hertz보다 더 좋은 자동차와 더 빠른 서비스를 약속하고 전달하는 것에 기반을 두고 있다.

• 집중적인 광고촉진(intensive advertising promotion)

몇몇 시장도전기업은 광고 및 촉진비용을 증가시킴으로써 시장선도기업을 공격한다. 하지만 실질적인 촉진비 지출은 시장도전기업의 제품이나 광고가 탁월하지 않으면 의미 있는 전략이 아니다.

시장도전기업의 성공은 시간이 지남에 따라 자사의 위치를 개선하도록 여러 가지 전략을 결합함으로써 달려있다.

제 3 절 시장추종자전략

1. 마케팅 목표

수년 전 Theodore Levitt 교수는 '혁신적 모방'이라는 제목으로 논문을 썼는데 그는 제품모방전략이 제품혁신전략만큼 수익성이 있다고 주장하였다. 혁신기업은 신제품을 개발하고 그 제품을 유통경로에 투입하고, 시장정보를 제공하고 시장을 교육시키는 데 비용을 감수한다. 이 모든 직무와 위험에 대한 보상은 일반적으로 시장리더십으로 나타났다. 그러나 다른 기업들은 신제품을 추종하고 복사 · 모방하며 개선시킬 수 있다. 시장추종기업은 아마 시장선도기업을 따라잡을 수 없지만 혁신비용을 부담하지 않기 때문에 높은 수익을 달성할 수 있다. 많은 기업들은 시장선도기업에게 도전하기보다는 추종한다.

시장추종자들이 추구하는 광범위한 마케팅 목표는 모방전략이라고 할 수 있다. 이러한 모방전략으로는 다음과 같은 전략이 있을 수 있다.

(1) 모조자(counterfeiter)

모조자는 시장선도자의 제품과 포장을 그대로 모방해 암시장이나 평판이 나쁜 판매상을 통해 판매한다. 음악CD기업, Apple컴퓨터, Rolex 등은 특히 극동아시아에서 모조자 문제로 고통을 받고 있다.

(2) 무성생식 복제기업(cloner)

복제기업은 제품, 상표명 및 포장에 있어서 시장선도기업과 유사하거나 약간 다르다. 예를 들면, Ralcorp Holding Inc은 시장선도기업 제품과 비슷한 상자와 제품명을 붙인 시리얼 모조품을 판매한다. 이 회사는 Tasteeos, Fruit Rings, Corn Flakes 등은 시장선도 제품명보다 상자당 1달러 정도 싸게 판매한다. 국내에서는 롯데 초코파이가 시장선도기업인 오리온 초코파이와 동일한 제품을 낮은 가격으로 판매한다〈표 3-3 참조〉.

〈표 3-3〉 시장추종자의 마케팅전략

시장추종자 (Matket Follower)	마케팅 목표	• 모방전략 • 제품개선전략
	마케팅 초점	• 이윤
	핵심 전략	• 저가격전략 시장선도기업이나 시장도전기업이 힘을 쏟지 않는 수익성이 낮은 저가격시장에 진입한다.
	마케팅 믹스	• 제품전략 시장도전자의 공격목표가 되지 않도록 생산원가는 낮게 품질과 서비스는 보통으로 유지한다.
		• 가격전략 시장도전자와는 차별화된 가격을 추구한다. 모방은 하지만 시장도전자보다 가격은 저렴하게 책정한다.
		• 유통전략 기존의 시장도전자의 유통채널을 적극 활용하되 유통업자에게 자사제품의 유통에 대한 인센티브를 주는 정책을 활용한다.
		• 촉진전략 시장도전자를 모방함으로써 제품개발에 사용되는 비용이 저렴함으로 적절한 프로모션을 수행하여 자사제품의 시장점유율 유지에 능동적으로 대처한다.

(3) 모방기업(imitator)

모방기업은 시장선도기업으로부터 어떤 부분을 모방하나 포장, 광고, 가격, 입지 측면에서 차별화를 유지한다. 시장선도기업은 이 모방기업이 시장선도기업을 공격하지 않는 한 모방기업에 별 관심을 기울이지 않는다.

(4) 적응기업(adapter)

적응기업은 시장선도기업의 제품을 선택하여 그 제품을 그대로 채택하거나 개선하기도 한다. 적응기업은 서로 다른 시장에서 판매하기도 한다. 그러나 흔히 적응기업은 장차 시장도전기업으로 성장하기도 하는데 일례로 다수의 일본기업들이 세계 곳곳에서 개발된 제품을 선택한 후 그 제품을 개선함으로써 시장도전기업이 되고 있다.

2. 핵심전략 및 마케팅믹스

(1) 핵심전략

시장추종기업은 시장선도기업을 비롯한 경쟁사의 모방을 저가격으로 실현하는 것이다. 다만 압도적으로 원가우위에 있는 상위기업에 대해서는 저가격으로 대응하는 것이 어려우므로 결국, 시장선도기업이나 경쟁사들이 전력을 쏟지 않는 수익성이 낮은 저가격시장에 진입하는 것이 중요한 전략이 된다. 오히려 시장추종기업은 모방과 동시에 자원축적과 연구개발에 노력함으로써, 시장점유율이 어느 정도 되는 기업은 시장도전기업을 시장점유율이 적은 기업은 틈새시장기업을 지향하는 것이 좋은 전략이다.

(2) 마케팅믹스

제품전략은 시장선도기업이나 시장도전기업의 공격목표가 되지 않도록 생산원가는 낮게 품질과 서비스는 보통으로 유지한다.

가격전략은 시장선도기업이나 시장도전기업의 차별화된 가격을 추구한다. 모방은 하지만 시장도전자보다 가격은 저렴하게 책정한다.

유통전략은 기존의 시장선도기업이나 시장도전기업의 유통채널을 적극 활용하되 유통업자에게 자사제품의 유통에 대한 인센티브를 주는 정책을 활용한다.

촉진전략은 시장선도기업이나 시장도전기업을 모방함으로써 제품개발에 사용되는 비용이 저렴함으로 적절한 프로모션을 수행하여 자사제품의 시장점유율 유지에 능동적으로 대처한다.

제 4 절 시장틈새기업전략

1. 마케팅목표

시장틈새기업은 특정시장 내에서 미니 리더(mini-leader)전략을 수행한다. 이는 대규모 시장에서 소규모 또는 틈새시장에서 리더가 되는 것을 말한다. 일반적으로 중소기업들은 대기업이 전혀 또는 거의 관심을 기울이지 않는 소규모시장을 표적으로 대기업과 경쟁을 피하고 있다.

대규모회사 조차도 틈새시장을 공략하기 위해 자사 사업부나 회사를 설립하기도 한다. 전체시장에서 시장점유율이 작은 기업들도 훌륭한 틈새전략을 통해 매우 높은 수익성을 가질 수 있다.

시장틈새기업들은 3가지 마케팅목표, 즉 틈새시장 창조, 틈새시장 확장 및 틈새시장보호 과업을 수행한다. 틈새화는 그 시장틈새시장이 고갈되거나 공격받는다는 점

〈표 3-4〉 시장틈새기업의 마케팅전략

시장추종자 (Matket Follower)	마케팅 목표	• 틈새시장의 창조 • 틈새시장의 확대 • 틈새시장의 보호
	마케팅 초점	• 경쟁자보다 고객 • 매출보다 이익
	핵심 전략	• 집중화전략(틈새시장전략) 자사의 강점을 최대한 발휘할 수 있는 공략시장에 철저한 집중화전략을 펴, 모든 마케팅자원을 집중시킨다. 공략시장의 시장선도기업이 곧바로 대응하기에는 매우 좁은 포지션을 겨냥한다. • 전문화전략 시장선도기업이나 시장도전기업이 생각하지도 못하는 전문적인 기술이 필요한 전문화전략을 수립한다.
	마케팅 믹스	• 제품전략 시장도전자의 공격에 대처할 수 있는 탁월한 특화제품을 개발함으로써 틈새시장의 진입을 원천적으로 봉쇄한다. 하나의 제품 계열이나 특정제품 만을 생산한다. • 가격전략 가격의 전문화를 추구한다. 즉, 틈새시장에서의 특화된 제품에 걸맞은 고가격을 추구한다. • 촉진전략 자사의 강점을 최대한 발휘하기 위해 촉진전략 중 한두 가지를 집중적으로 프로모션한다. • 유통전략 유통경로별로 전문화를 추구한다. 즉, 온라인채널만을 전문적으로 이용한다거나 대형할인점만을 활용하는 정책을 추구한다.

에서 결정적인 위험을 감수해야 한다. 시장틈새기업은 높은 가치가 있으며 대안적인 용도를 확보하지 못하는 고도의 전문화된 자원을 가진 기업에 의해 타격을 받는다〈표 3-4 참조〉.

틈새기업의 핵심 아이디어는 전문화이다. 시장틈새기업이 이용할 수 있는 몇 가지 전문가적인 방법은 〈표 3-5〉과 같이 설명할 수 있다.

2. 핵심전략 및 마케팅믹스

(1) 핵심전략

시장틈새기업은 틈새시장전략으로 적은 마케팅 자원을 특정한 세분시장에 집중함으로써 해당 시장에서 독점적인 위치를 차지하는 것이다. 틈새시장전략은 무엇보다도 표적시장선정이 중요하다. 제품 개발력이나 유통채널 등 자사의 강점이나 자사 상표 및 서비스에 인지를 얻고 있는 핵심 목표를 충분히 검토한 후 진입시장이나 해당시장에서의 집중화를 꾀하는 것이다.

너무 시장규모가 크든지, 이후 성장이 기대되는 시장으로 집중화는 선발기업의 시장진입을 초래하여 시장을 잠식당하므로 선발기업이 진입해 오지 않는 규모의 시장을 집중하는 것이다. 이러한 전략은 자금력이나 기술력이 낮은 기업에서 가장 효율적으로 발휘할 수 있는 전략이다.

(2) 마케팅믹스

제품전략은 시장선도기업이나 시장도전기업의 공격에 대처할 수 있는 탁월한 특화제품을 개발함으로써 틈새시장의 진입을 원천적으로 봉쇄한다. 하나의 제품 계열이나 특정제품만을 생산한다.

가격전략은 가격의 전문화를 추구한다. 즉, 틈새시장에서의 특화된 제품에 걸맞은 고가격을 추구한다.

유통전략은 유통경로별로 전문화를 추구한다. 즉, 온라인채널만을 전문적으로 이용한다거나 대형마트만을 활용하는 정책을 추구한다.

촉진전략은 자사의 강점을 최대한 발휘하기 위해 촉진전략 중 인적 판매 또는 광고 등의 촉진 믹스 중 한 가지 또는 두 가지 만을 집중적으로 프로모션한다.

〈표 3-5〉 틈새기업의 가치를 높이는 방법

· 최종사용자 전문가(end-user specialist)
기업은 최종사용 고객유형 중 한 유형을 서브하는 데 전문화한다.
· 수직적 수준 전문가(vertical-lever specialist)
기업은 생산과 분배 가치 연결에서 수직적 관계로 전문화한다.
· 고객 규모 전문가(customer-size specialist)
기업은 소규모, 중간 규모, 대규모 고객 중 하나에 판매를 집중한다.
· 특정고객 전문가(specific-customer specialist)
기업은 하나 또는 소수의 고객에게만 판매를 제한한다.
· 지리적 전문가(geographic specialist)
기업은 어떤 지역, 특정지역에만 판매한다.
· 제품 혹은 제품라인 전문가(product or product line specialist)
기업은 하나의 제품라인 혹은 제품만을 생산한다.
· 제품 특성 전문화(product-feature specialist)
기업은 특정 종류의 제품이나 제품 특성만을 전문적으로 생산한다.
· 소량 생산 전문가(job-shop specialist)
기업은 개개인의 고객을 위한 제품만을 생산한다.
· 품질/가격 전문가(quality/price specialist)
기업은 시장에서 저품질이나 고품질의 양극단에서 수행한다.
· 서비스 전문가(service specialist)
기업은 다른 기업이 제공하지 않는 하나 또는 그 이상의 서비스를 제공한다.
· 채널 전문가(channel specialist)
기업은 하나의 유통경로를 서브하는 데 전문화한다.

제 2 부

후발기업 캐치업 (catch-up)전략의 실증연구 및 연구제안

제 4 장

후발기업 캐치업(catch-up) 전략의 실증연구

후발기업 캐치업(catch-up) 전략의 실증연구

제 1 절 문제제기 및 연구목적

“과연 시장에서 기업들의 진입순서(order of entry)에 따라 사업성과가 결정되는가?”라는 흥미로운 의문은 1980년대 중반 이후 마케팅연구자들의 관심을 끌고 있다. 미국에서 500개 이상의 성숙사업을 대상으로 PIMS 데이터베이스를 이용한 연구에 따르면, 각 사업의 선발기업들(first-entrant firms)의 경우 평균 시장점유율은 29%였고, 조기후발기업들(early followers)은 21%, 그리고 후기후발기업들(late entrants)은 15%였다. 또한 18개 소비재시장을 대상으로 한 연구에서도 선발기업들이 후발기업들에 비해 시장점유율이 6~13%가량 상회하는 것으로 나타나고 있는데, 시장에 진입한 기업이 7개인 경우에는 6%, 2개 기업인 경우에는 13% 높은 것으로 나타났다(Urban and Kalyanaram 1991).

하지만, 시장에서 생존하지 못한 경우까지 포함시킨 모든 ‘진정한(true)’ 선발기업을 고려할 때 선발이점은 줄어든다. Golder and Tellis(1993)는 진정한 선발기업을 파악하기 위해 역사적 방법(historical method)을 이용했다. 연구결과, 전체 최초진입기업들 중에서 단지 50%만이 생존하였으며, 이들 생존기업의 평균 시장점유율이 19%에 불과하여 선발기업을 최초진입기업 중 생존기업으로 정의한 PIMS연구와 비교하여 2/3로 줄어들었다. 반면, Golder and Tellis(1996)는 50개 사업의 데이터베이스를 분석한 결과 후발기업이 시장리더가 될 확률이 선발기업이 시장리더가 될 확률에 비해 거의 3배에 이른다고 하여 선발기업의 위험을 지적하였다.

이에 본 연구자는 우리나라에서도 이러한 관계가 존재하는지를 확인하기 위하여 사전조사를 실시하였다. 50개 제품범주(식품 11, 음료 8, 생활용품 10, 제약 12, 기타 13)에서 150개 상표를 선정하여, 특히 주목을 끄는 20개 신제품범주(식품 4, 음료 4,

생활용품 4, 제약 3, 기타 5)에서 60개 상표를 대상으로 진입순서와 시장점유율(순위) 간의 관계를 조사한 결과, 13개 범주가 正(+)의 관계를, 4개 범주가 부분적 正(+)의 관계를, 그리고 3개 범주가 負(−)의 관계를 갖는 것으로 나타났다. 전체적으로 20개 신제품 범주 중 17개에서 正(+)의 관계가 나타나 우리나라 시장에서도 선발이점의 존재가 확인된 셈이다. 하지만 사전조사에서는 시장의 폭넓은 사례들이 충분히 반영되지 못하였기 때문에 보다 심층적인 분석이 요구되어진다.

선발기업의 이점은 경제적 관점과 행동적 관점으로 나누어 볼 수 있다. Aaker(1997)는 선발기업이 공급시스템, 제품규격, 생산시스템, 고객, 유통 및 서비스 시스템 등을 선점할 수 있기 때문에 경쟁우위를 누린다고 하여 경제−분석적 관점을 대변하고 있다. 한편, Carpenter and Nakamoto (1989, 1990)는 선발기업의 이점을 소비자 선호 형성에 있어서 학습의 역할 측면, 즉 행동적 관점에서 설명하고 있다. 이들은 선발상표에 대한 소비자의 선호가 형성됨으로써 전환비용(switching cost)을 최소화하는 신규 상표가 출시되더라도 선발기업의 이점이 창출된다고 한다. 또한 선발상표가 제품범주의 원형(prototype)이 된다고 한다.

이처럼 선발이점에도 불구하고 후발로 시장에 진입하는 경우가 존재하지 않을까, 만약 존재한다면 그 이유는 무엇일까, 신제품개발 능력이나 아이디어가 없어서인가, 어쩔 수 없이 선발의 기회를 놓쳤는가, 혹은 새로운 제품범주로의 진입이 가치가 없어서인가 아니면, 역량이 있음에도 불구하고 기업의 전략에 따른 의도적 지연인가 전자의 경우에 해당하는 수동적 후발기업은 선발기업 추월을 그다지 강조하지 않지만, 후자의 경우에 해당하는 능동적 후발기업은 선발기업의 추월을 상대적으로 더욱 강조할 것이다.

따라서 본 연구에서는 먼저 캐치업(catch−up)을 입장에 따라 어떻게 다르게 정의하는지 살펴보고, 후발기업이 선발기업을 캐치업하기 위해 사용하는 마케팅전략을 밝히는 것을 연구목적으로 한다. 그리고 선발이점의 경제적 관점이 그 분석단위가 산업차원일 때 적합하다고 판단되기 때문에 본 연구에서는 행동적 관점으로 연구문제를 접근한다. 특히 최근 들어 후발기업이 선발이점을 극복하는 데 초점을 둔 연구가 많이 나오고 있어 그 의미는 크다고 볼 수 있다(Zhang and Markman 1998; Shankar, Carpenter, and Krishnamurithi 1998).

제 2 절 연구방법 및 연구의 구성

1. 연구방법

국내에서 후발기업이 선발기업을 캐치업하는 전략을 행동적 관점으로 연구한 선행연구가 부족하기 때문에 본 연구에서는 탐색적 접근방법(exploratory approach)을 채택하고 있다. 그러므로 본 연구도 탐색적 연구가 갖는 한계에서 자유스러울 수가 없다. 하지만 기존의 연구를 바탕으로 가설을 설정하려 노력하였으며 탐색적 연구임을 감안하여 서베이법(survey method)으로 자료를 수집하였다. 개념을 측정하는 문항도 기존에 만들어진 것이 없기 때문에 모두 새로 만들어 파일럿 테스트(pilot test)를 거쳐 우선 신뢰성과 개념타당성을 확인하여 개선시킨 후, 가능한 한 완전한 설문문항을 만들려고 노력했다.

우리나라 포장소비재(consumer−packaged goods) 업체를 연구대상으로 하였고 분석단위(unit of analysis)는 제품범주이다. 요컨대 요거트의 경우 액상, 호상, 드링크류 등 세 가지의 제품범주로 구성된다. 맥주의 경우 보통 맥주와 프리미엄 맥주로, 라면의 경우 매운맛 라면과 콩라면으로 나누어질 수 있다. 그러므로 한 회사 내에서도 제품범주가 있기 때문에 여러 응답자가 있을 수 있다. 예컨대, LG생활건강의 경우 카테고리매니저, 상표매니저, 제품매니저 등으로 구성되기 때문에 상표매니저만 하더라도 매우 많다. 다만 이 경우 마케팅 의사결정을 할 수 있는 매니저만이 의미 있는 응답을 할 수가 있기 때문에 조직구조에 따라 본 연구의 핵심응답자(key informant)는 회사마다 약간씩 다를 수 있음을 미리 지적해 둔다.

2. 연구의 구성

본 연구는 모두 7개의 절으로 구성되어 있다. 제1절은 문제제기 및 연구목적, 그리고 제2절에서는 연구방법 및 연구의 구성을 설명하였다. 제3절에서는 이론적 배경으로서 선발이점에 있어서 선발자의 정의, 선발이점의 실증적 증거 및 존재이유를 제시하였고, 또한 선발이점의 매개변수와 조정변수에 관한 연구, 캐치업전략에 관한 연구, 그리고 연구모형 설정과 관련된 전략변수를 소개하였다. 제4절에서는 기존의 이론과 선행연구를 근거로 연구모형의 도출과 가설을 설정하였다. 제5절은 연구방법으로서 표본설계, 변수의 작업정의 및 설문지 구성, 그리고 통계분석 방법을 제시하였다. 제6절에서는 수집된 자료를 바탕으로 표본의 일반적 특성, 신뢰성, 타당성 및 변수 간 관계성 검증을 실시한 후, 가설검증과 추가분석을 하였다. 끝으로 제7절은 결론으로서 연구결과의 요약, 실무적 시사점, 그리고 연구의 한계점과 미래연구 방향을 제시하였다.

제 3 절 이론적 배경

1. 선발이점

(1) 선발자의 정의

선발이점(pioneering advantage) 혹은 진입순서효과(order of entry effect)란 선발로 인해 갖는 경쟁상 이점을 말한다. 그렇다면 선발자란 무엇인가? 시장에 처음으로 출시한 제품인가 아니면 소비자의 기억을 선점한 제품을 말하는가? 비록 분석단위가 기업이기는 하지만 Miller, Gartner, and Wilson(1989)은 선발기업의 위치를 확보하기 위해서는 선점전략(preemption strategy)을 구사해야 한다고 하여 선발을 선점으로 정의한다.

한편 Lieberman and Montgomery(1990)는 선발기업의 위치를 달성하기 위하여 ①신제품 생산, ②신공정 사용 혹은 ③신시장 창출 등을 수행해야 한다고 주장하여 선발을 보다 확대, 해석한다. 또한 Aaker(1990)는 선발을 선점(preemptive move)으로 보고 어떤 사업에서 새로운 전략을 구사하는 것으로 정의하고, 경쟁사가 모방하거나 대응책을 강구하기 어렵거나 못하게 하는 자산이나 역량에 의하여 선점이 창출된다고 한다.

이렇게 볼 때 선발자란 넓게는 혁신을 먼저 하는 기업(first mover)으로 정의되고, 좁게는 시장에서 고객의 기억을 선점하는 시장선수자(market pioneer)로 정의된다.

(2) 선발이점의 실증적 증거

앞선 문제제기에서 제시한 것처럼 여러 연구에서 선발이점이 존재함이 입증되었다. 우리나라의 경우, 본 연구자의 사전조사를 통해 선발이점이 존재함을 확인하였고, 미국의 경우 PIMS 데이터를 이용하여 많은 연구자들이 선발이점이 존재함을 확인하였다.

Robinson and Fornell(1985)은 소비재 산업을 대상으로 한 연구에서 선발기업이 후발기업보다 높은 시장점유율을 확보하였고, 후발기업을 조기후발기업과 후기후발기업으로 나누어, 특히 조기후발기업(2위)과 후기후발기업(3위 이하)의 시장점유율 차이보다 선발기업과 조기후발기업의 시장점유율 차이가 더욱 큰 것을 발견하였다. Robinson(1988)은 산업재에서도 선발기업은 후발기업보다 높은 시장점유율을 가지며, 선발기업은 높은 제품 품질, 넓은 제품라인 및 넓은 시장을 확보한다는 것을 발견하였다. 그러나 이러한 선발기업도 관련시장에서 인적, 물적, 기술적 자원이 풍부한 기업의 도전을 받을 때에는 선발기업의 이점이 적용되지 않는다(Mitchell 1991; Robinson 1988).

Srinivasan(1988)은 진입순서, 마케팅 및 연구개발비 지출, 제품 품질과 시장점유율 및 투자수익률 간의 관계를 분석하였는데 조기후발기업들은 선발기업보다 마케팅 및 연구개발 지출비가 적고 낮은 제품 품질과 시장점유율을 가진다. 또한 제품-시장 수명주기상 초기단계에 있는 조기후발기업들은 높은 시장점유율과 낮은 마케팅 및 연구개발 지출을 할 경우 선발기업보다 수익성이 높다고 주장한다. Miller, Gartner and Wilson(1989)은 119개 소비재 및 산업재 부문의 새로운 혁신 제품을 분석한 결과 선발기업들은 후발기업보다 높은 품질, 더 좋은 서비스, 그리고 더욱 차별화된 제품을 가진다고 주장하였다.

위의 연구들 이외에 일부 연구들은 표본조사와 기록연구로 실증분석을 하였다. Bond and Lean(1977)은 제약산업에서 11개의 혁신 제품의 도입기와 이후의 시장점유율을 조사하였는데, 새로운 형태의 제품을 제공하고 촉진하는 선발기업은 상당한, 그리고 지속적인 우위를 확보하는 것으로 나타났고, 반면 후발기업은 선발기업을 추월하기 위해 새로운 편익을 제공해야 하는 것으로 나타났다.

Whitten(1979)은 7가지의 담배종류 중에서 시장에 선발진입한 6가지가 지속적 판매우위를 확보한다는 것을 발견하였다. Spital(1983)은 반도체산업의 혁신 제품을 조사하였는데, 22개 혁신 제품 중 17개에서 선발기업이 가장 높은 시장점유율을 가진다는 것을 발견하였다.

Urban, Carter, Gaskin, and Mucha(1986)은 34개의 제품범주에 걸쳐 129개 소비재 상표를 분석하였는데 조사된 4개 독립변수(효과적인 마케팅 포지셔닝, 광고비, 진입순서, 시장 진입 시점) 중 효과적인 마케팅 포지셔닝과 광고비 지출이 진입순서보다 시장점유율에 중요한 변수로 나타났다.

Lilian and Yoon(1990)은 7개 프랑스 산업부분에서 112개 산업제품 분석을 통하여 세 번째와 네 번째 진입 기업이 첫 번째와 두 번째 기업보다 더욱 성공적이었다는 것을 발견하였다. Mitchell(1991)은 진입순서와 시장점유율 관계에서 중요한 '생존자 편견(survivor bias)' 이 존재한다는 사실을 발견하였다. 그러나 PIMS 데이터를 사용한 연구들과 표본조사 및 기록연구에는 다음과 같은 몇 가지 문제점이 따른다(Golder and Tellis 1993; Kerin, Mahajan, and Varadarajan 1992).

첫째, PIMS 데이터 사용상 '제품 또는 서비스를 처음 개발하는 선발자 중의 하나'로 선발기업을 정의하는데 이는 너무 광범위하다(Buzzel and Gale 1987; Srinivasan 1988).

둘째, PIMS 데이터 사업단위를 정의함에 있어 상당한 오차가 있다. 즉 PIMS 데이터의 사업단위는 여러 제품라인, 단일 제품라인, 단일 제품라인 내의 하나의 상표 또는 다른 이익센터를 포함하는 사업부일 수 있다.

셋째, PIMS 데이터는 다양한 제품과 다양한 시장의 표본으로부터 얻어지는 횡단적 데이터를 이용하기 때문에 발생하는 표본의 이질성은 진입순서와 시장점유율과의 관계에 타당성 문제가 발생될 수 있다(Parry and Bass 1990).

넷째, 생존하는 기업을 대상으로 연구하였기 때문에 '생존자 편견'이 존재한다(Glazer 1985; Mitchell 1991).

다섯째, PIMS 데이터상에서는 선발기업, 조기후발기업, 후기후발기업 중에 하나로 구분하는데 이러한 자기 보고식 데이터는 측정상의 오류가 발생할 수 있다.

여섯째, 다수의 연구가 특정 산업을 연구대상으로 조사하였기 때문에 전산업에 일반화하는 데 어려움이 있다.

또한 시장진입 이점 또는 진입순서효과에 관한 많은 연구들이 선발이점을 주장하고 있음에도 불구하고 선발기업이 본질적으로 후발기업을 능가한다는 이론이 정당화되기가 어렵다. 왜냐하면 능동적 후발기업이 있기 때문이다. 전형적인 후발진입전략으로서 능동적 후발기업은 의도적 또는 전략적으로 시장에 늦게 진입하는 경우를 말하며, 수동적 후발기업은 선발 내지 선도기업이 되기를 원하지만 기술이나 능력이 부족해서 후발기업인 경우를 말한다. 전자는 기업이 보유한 자원이나 역량의 차이가 없고, 단지 전략적으로 진입순서를 택함으로써 후발기업이 된 경우이며, 후자는 스스로 조정하거나 선택할 수 없는 어쩔 수 없는 이유 때문에 후발기업이 되었으며, 기업이 보유한 자원이나 역량 면에서도 선발기업과 차이가 있는 경우이다(Carpenter and Nakamoto 1990; Schnaars 1994).

(3) 선발이점의 존재이유

1) 경제–분석적 관점

경제–분석적 관점은 제품의 공급 측면에서 발생하는 편익(benefit)을 말하며, 이는 진입장벽 개념에 근거한 것으로서 생산자에 근거한 이점(producer–based advantages)과 관련된 관점이다.

산업조직론에서는 선발이점과 관련된 이론–분석적 연구가 많다. 이 분야의 경제학자들은 이런 현상을 기업 혹은 사업단위의 순차적 시장진입(sequential market entry) 관점에서 접근하였다(Lane 1980; Nti and Shubik 1981). 이들은 선발기업이 시장에 먼저 진입하여 진입장벽을 구축하고 이로 인하여 후발기업에 비해 경쟁우위를 확보한다고 보았다. 이러한 진입장벽에 의한 선발기업의 이점으로는 규모효과(scale effect), 경험효과(experience effect), 제품 품질에 대한 비대칭정보와 위험회피, 한계적 광고효과 차이, 명성효과, 기술우위(technological leadership), 희소자원의 선점(preemption of scarce resources), 전환장벽(switching barrier) 등이 있다.

또한 von Hippel(1984)은 진입장벽을 통한 선발기업의 이점을 두 가지로 제시하였다. 첫째는 경쟁자가 없는 동안 선발기업은 시장에서 독점자로서 높은 이익을 얻고 그 지위를 이용하여 전체적인 시장 규모를 증대시킬 수가 있다는 것이고, 둘째는 경쟁자의 진입 후에도 선발기업은 모방기업보다 우월한 시장점유율과 높은 마진을 가짐으로써 확고한 시장지위를 확보할 수 있다는 것이다. 그러나 이러한 주장은 선발이점의 원천을 조정하는 제품－시장 상황(product－market contingencies)을 고려하지 않은 것이다.

반면에, 게임 이론가들은 선발기업이 자동적으로 경쟁우위를 갖는다는 주장에 반론을 제기하였다. Gal－Or(1985, 1987)는 기업이 의도적으로 선발기업 또는 후발기업이 되려는 상황을 분석적으로 밝혔는데, 기업의 반응곡선이 상향적일 경우 선발전략을, 하향적일 경우 후발전략을 선택할 것이라고 주장하였다. 이 주장은 다른 연구들에서도 확인되었다(Chatterjee and Sugita 1990; Ghosh and Buchanan 1988).

2) 행동적 관점

행동적 관점은 소비자가 제품을 처음 선택하고 재구매하는 방식에서 발생하는 편익을 말하며 소비자 인지, 지각, 선호 등 소비자에 근거한 이점(consumer－based advantages)과 관련된 관점이다.

행동이론가들은 제품군 수준(product class level) 혹은 상표수준(brand level)에서 선발이점을 설명하였다. 이 분야의 초기 연구자인 Peterson (1982)은 선발기업의 경우 후발기업에 비해 특히 신제품의 조기 수용자들과 혁신 수용자들에 해당하는 잠재고객들로부터 제품에 대한 저항을 적게 받는다는 것을 발견하였다. 또한 선발기업은 조기수용자들을 독점할 수 있기 때문에 후발기업보다 경쟁우위를 가진다고 하였다.

일부 연구자들은 인지도와 시용과 같은 학습의 측면에서 접근하였다. 즉 Schmalensee(1982)는 시장에 처음 진입한 상표의 경우 소비자의 인지도가 높고, 시용(trial)비율이 높으며, 일단 소비자들이 긍정적인 시용경험을 갖게 되면 지각된 위험과 정보비용을 최소화하기 위해서 이 상표를 재구매하게 된다고 주장하였다. 이러한 형태가 구축되면 소비자가 다른 상표로의 전환을 회피하게 된다(Hoch and Deighton 1989).

또한 Carpenter and Nakamoto(1989, 1990)도 선발기업의 이점을 소비자 선호 형성에 있어서 학습의 역할 측면에서 설명하고 있다. 이들은 소비자들이 선발상표를 지각하여 선호를 형성하기 때문에 그 과정 속에서 상표가 재구축되고 전환비용(switching cost)이 최소화되더라도 선발기업 이점이 창출된다고 하였다. 또한 선발기업은 제품범주의 원형이 된다고 주장한다. 한편, Alpert(1987)와 Howard(1989)는 선발기업은 마케팅 노력을 통해 자사에 유리하게 지각적 구조를 구축할 수 있고, 또한 제품범주를 전체적으로 정의할 수 있고, 따라서 모든 후발기업의 판단에 대하여 원형이 될 수 있다고 하였다. 또 다른 연구자들은 인지심리학 측면에서 접근하였다. Kardes and Kalyanaram(1992)는 선발상표에 대한 속성 정보는 소비자들에 의해 새롭고 재미있는 것으로 지각되므로 이러한 정보는 소비자의 주의를 끌기 쉽고, 기억하기 쉬울 것이라고 하였다. 또한 선발상표는 특유성과 독특성으로 인하여 후발상표에 비해 먼저 인출되고, 고려상표군(consideration set)에 포함되며, 잘 선택된다고 하였다.

Alpert and Kamins(1995)는 선발상표는 후발상표에 비해 먼저 인출되고, 회상되며, 더 호의적인 태도를 형성하고 또한 선발상표 이미지와 개인의 이상적 자아 이미지의 유사성이 크다고 주장하였다.

Nedungadi(1990)는 기억의 접근성(accessibility) 관점에서 상표평가와는 독립적으로 시장선발자는 후발진입자보다 더욱 잘 인출되고, 고려상표군(consideration set)에 잘 포함된다고 하였다. Mutukrishnan(1995)은 기존 진입자와 새로운 진입자에 대한 의사결정 상황이 애매모호할 경우에는 후발진입자가 우수하더라도 기존진입자에게 유리한 결정이 내려진다고 하였다. Lane(1980)은 먼저 진입하고 시장의 중심에 위치하는 기업이 높은 이익을 얻으며 또한 후발기업의 진입을 방해한다고 설명하였다.

지금까지 검토한 다수의 연구들은 선발이점을 선발기업이 높은 제품 품질을 제공하고, 올바른 포지셔닝을 하고, 올바른 경쟁전략을 추구하는 것으로 가정하였으나,

일부 연구들은 선발기업이 이러한 가정을 충족하지 못할 경우에 발생할 수 있는 불리점 측면에 대해서 접근하였다. 이러한 절대적 선발이점에 관한 가정은 후발기업도 선발기업에 비해 우월한 자산과 역량을 보유하여 탁월한 가치를 지닌 제품을 제공할 수 있다는 사실을 고려하지 않고 있다.

Hauser and Shugan(1983)은 선발기업이 올바른 시장포지셔닝을 하지 못하면 후발기업과 관련하여 경쟁상 불이익을 볼 것이고, 후발기업은 선발기업의 부정확한 포지셔닝을 통하여 소비자선호를 미리 알게 되므로 보다 나은 포지셔닝을 할 수 있다고 주장하였다. 또한 Urban, Carter, Gaskin, and Mucha(1986)는 비록 진입순서가 시장점유율의 결정요인이라 할지라도 후발기업은 강한 제품 포지셔닝과 엄청난 촉진 노력으로 경쟁열위를 극복할 수 있다고 주장하였다.

Carpenter and Nakamoto(1989, 1990)는 선발기업이 비대칭적 경쟁우위를 가지지 못한다면 후발기업은 엄청난 광고와 높은 가격으로 우월한 상표를 효과적으로 추월할 것이고, 또한 후발기업은 선발기업의 독특성을 감소시킬 수 있으며 더욱 바람직한 위치를 개발하고 구축할 수 있다고 주장하였다. 따라서 후발기업은 더욱 차별화된 포지셔닝으로 진입할 수 있다(Foster 1982).

3) 요약정리

이상에서 살펴본 선발기업의 수요 측면에서의 이점은 고객을 선점하여 다른 경쟁제품으로 전환을 어렵게 하는 것이다. 그 이유는 먼저 나온 것을 가장 먼저 알며, 따라서 시용구매가 높고 사용경험이 괜찮을 때는 계속적 재구매로 이어져 타상표로 전환하려 하지 않기 때문이다(Schmalensee 1982; Hoch and Deighton 1989; Kardes and Kalyanaram 1992). 또한 먼저 출시된 제품이 소비자 선호를 형성케 하여 후발제품을 평가하는 기준이 되는데, 이로 인해 후발제품은 불리한 입장이 된다(Carpenter and Nakamoto 1989, 1990). 이를 또한 선발효과(head start effect)라고 한다.

공급 측면의 이점은 선발자가 경쟁력의 원천을 선점함으로써 후발자를 따라잡기 어렵게 하는 것이다. 그 원천으로는 규모의 경제, 경험효과, 기술우위, 희소자원의 선점, 명성효과 등이 있다(Liberman and Montgomery 1988; Porter 1985). 지금까지 검토한 연구문헌을 토대로 선발기업과 후발기업의 이점을 요약하면 〈표 4-1〉과 같다.

〈표 4-1〉 선발기업과 후발기업의 이점

구분 / 연구자	선발기업의 이점	후발기업의 이점
Porter(1985)	· 명성: 기업특유의 이미지 구축 및 구매자 애호도 형성 · 선점: 유리한 포지셔닝 및 경영자원 선점 · 전환비용: 구매자와 판매자의 지속적 관계 · 경로선택: 유리한 유통경로 획득 · 독점적 학습곡선: 원가우위 및 차별화 우위 확보 · 설비, 원자재 및 희소자원에 대한 접근 용의성 · 표준의 설정: 기술 또는 활동 사항에 대한 표준 설정 · 제도적 장벽: 특허권 획득 · 초기 이익: 높은 가격으로 구매자와 계약 체결 가능	· 개척비용: 정부규제로부터 탈피하여 허가 획득, 관계법령의 협력획득, 구매자 교육, 서비스 시설 및 훈련 등과 같은 분야에서 하부조직 개발, 보완제품의 개발에 대한 투자, 공급의 희소성이나 소규모 주문에 따른 초기 원자재의 높은 가격 · 상황변화에 따른 위험: 수요의 불확실성, 구매자 욕구의 변화, 초기 기술에 대한 투자의 고착화, 기술의 단절, 낮은 모방 비용
Lieberman and Montgomery (1988)	· 기술우위: 학습곡선, 경험 곡선 효과, R&D 및 특허 우위 · 희소 자산의 선점: 원료, 지리적 입지, 제품공간 선점, 공장 및 설비 투자선점 · 전환비용: 초기거래비용, 공급자 특유의 학습, 거래적 전환비용, 불확실성의 구매자 선택, 제품 품질에 대한 불확실한 정보, 상표 애호도	· 조직의 타성(incumbent inertia): 특정 자산의 고착화, 기존 제품의 자기잠식에 대한 무관심, 조직의 경직성 · 기술 또는 고객욕구의 변화 · 무임승차 효과(free-rider effects): R&D, 구매자 교육, 사업기반 구축 · 기술 또는 시장 불확실성 제거
Kerin, Varadarajan, and Peterson (1992)	· 경제적 요인(economic factor): 규모의 경제, 경험곡선 효과, 마케팅 비용의 비대칭성 · 선점요인(preemption factor): 투입 요소에 대한 원가의 비대칭성, 지리적 입지, 제품인 지도, 유통경로, 세분시장에 대한 선점 · 기술요인(technological factor): 제품 및 공정 혁신, 조직혁신 · 행동적 요인(behavioral factor): 전환비용, 명성(reputation)의 이점, 커뮤니케이션 효과, 정보와 소비 경험의 비대칭성	· 모방비용(imitation costs) · 무임승차효과(free-rider effects) · 범위의 경제(scope economies) · 선발기업의 실수에서 배움

〈표 4-1〉 선발기업과 후발기업의 이점(계속)

연구자 \ 구분	선발기업의 이점	후발기업의 이점
Schnaars (1994)	· 이미지와 평판(reputation) · 상표애호도 (brand loyalty) · 시장 선점의 기회 · 기술우위 · 제품 표준을 만드는 기회 · 유통경로에의 접근 · 경험곡선 효과 · 진입장벽으로서의 특허 · 진입장벽으로서의 전환비용	· 무임승차효과(free-rider effects): 선발 진출에 따른 위험과 비용 회피 가능 · 적은 R&D 비용 · 집중적인 마케팅 투자 기회 · 구매자 교육에 적은 비용 · 기술적 도약(leapfrog) · 시장 변화에 대한 이점 향유 · 경험의 공유

2. 선발이점의 매개변수와 조정변수

여러 이유로 인하여 선발이점이 존재함을 여러 연구에서 살펴보았다. 문제는 '언제나 그런 효과가 존재하는가?' 이다. 시장에 먼저 진입했다고 해서 가만히 있어도 사업성과가 좋아지지는 않을 것이다. 곧이어 후발자가 진입하고 위험도 그만큼 높기 때문이다. 이하에서는 선발이점을 발생하게 하는 매개변수와 선발이점을 높이거나 낮추는 조정변수에 대하여 살펴본다.

(1) 선발이점의 매개변수

1) Robinson and Fornell(1985)의 연구

Robinson and Fornell(1985)은 문헌연구를 통하여 소비재시장에 있어서 진입순서와 시장점유율과의 관계에 대해 어떠한 요인들이 진입장벽의 원천인지를 조사하였다. 이들은 이와 관련하여 〈그림 4-1〉과 같은 시장선발 우위의 3가지 원천(sources)을 나타내주는 모델을 제시하였다. 이러한 시장선발기업과 3가지 원천과의 관계에 대한 연구를 위하여 PIMS 데이터상의 사업단위 수준의 분석을 이용하였

〈그림 4-1〉 소비재산업에서의 시장선발과 시장점유율과의 관계

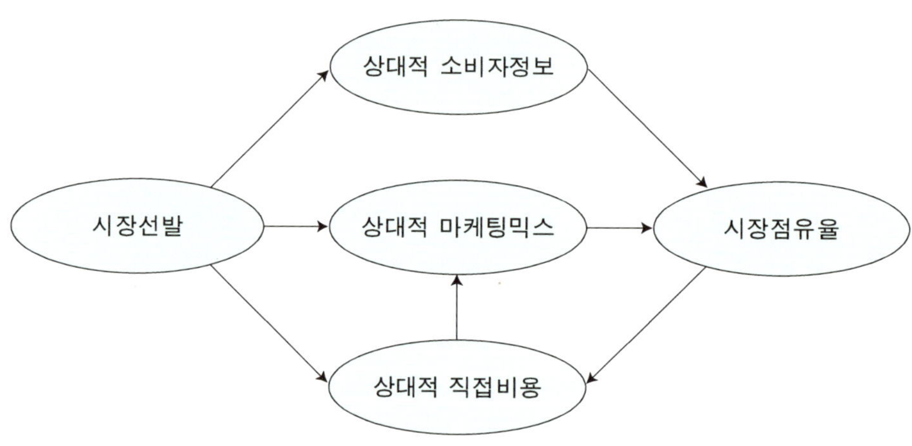

자료원: William T. Robinson and Claes Fornell(1985), "Sources of Market Pioneer Advantages in Consumer Goods Industries", *Journal of Marketing Research*, 22(August), 306.

다. 이들은 이러한 실증분석을 통하여 선발기업은 선발로 인해 높은 제품 품질과 넓은 제품라인을 가지게 되며, 높은 제품 품질과 넓은 제품라인으로 인해 시장점유율을 증대된다는 사실을 발견하였다. 선발기업은 유통우위로 인하여 낮은 제품가격, 높은 구매빈도 및 고객 서비스가 중요하지 않은 산업에서 특히 높은 시장점유율을 가진다. 선발기업은 집중적 광고를 하는 제품에서는 높은 시장점유율을 확보하지 못하고 진입장벽을 구축하지 못하는 것으로 나타났다.

선발기업은 원가우위를 가질 수 있어 낮은 가격을 부과하며 낮은 가격은 시장점유율을 증대시킨다. 즉 선발기업과 상대적 마케팅믹스 간에는 대체적으로 正(+)의 관계가 있는 것으로 나타났다. 반면, 절대적 비용우위와 규모의 경제가 발생하지 않아 선발기업은 낮은 직접비용을 가져오지 않았으며 강한 마케팅믹스와 높은 시장점유율을 가져오지 않는 것으로 나타났다.

선발기업은 소비자 정보우위로 인해 제품가격이 낮고 빈번하지 않게 구매되는 산업에서는 높은 시장점유율을 가지며, 제품이 계절별로, 연도별로 또는 주기별로 변화하는 산업에서는 낮은 시장점유율을 가지는 것으로 나타났다. 시간이 지남에 따라 선발기업의 제품 품질, 제품라인 폭, 가격, 절대적 비용에 대한 우위는 약화되어 낮은 시장점유율을 가지는 것으로 나타났다.

2) Robinson(1988)의 연구

Robinson(1988)은 산업재산업의 연구에서 선발상표는 장기적인 시장점유율 우위를 가진다고 주장하였다. 앞선 Robinson and Fornell(1985)의 연구와 다른 점은 전환비용(switching cost)을 강조했다는 점이다.

Biggadike(1979)은 산업재산업에서의 후발기업의 불리성(disadvantages)을 발견하였다. PIMS 데이터상에서 선발기업이 후발기업보다 높은 시장점유율을 유지하는 것으로 나타났다. 산업재산업에 있어서 이전에 연구한 소비재산업의 경제적 원천 중 하나인 소비자 정보우위를 전환비용으로 대체하였는데, 이러한 전환비용은 Williamson(1975, 1985)이 말하는 자산특유성(asset specificity) 때문에 발생한다고 볼 수 있으며, 이는 물적 특유성(physical asset specificity), 인적 특유성(human asset specificity), 그리고 장소특유성(site specificity)으로 분류된다. Robinson(1985)은 이를 근거로 〈그림 4－2〉와 같이 선발이점의 3가지 원천을 나타내는 모델을 제시하였다.

PIMS 데이터상에서의 산업재 제조사업 단위를 표본으로 조사한 결과 선발기업과 상대적 마케팅믹스 간의 관계는 Robinson and Fornell(1985)의 소비재산업 연구와 동일한 것으로 나타났다. 선발기업과 상대적 직접비용과의 관계에서 선발기업의 절대적 비용절감은 강한 마케팅믹스와 낮은 시장점유율을 가져오지 않으며, 선발기업

〈그림 4-2〉 산업재산업에서의 시장선발과 시장점유율과의 관계

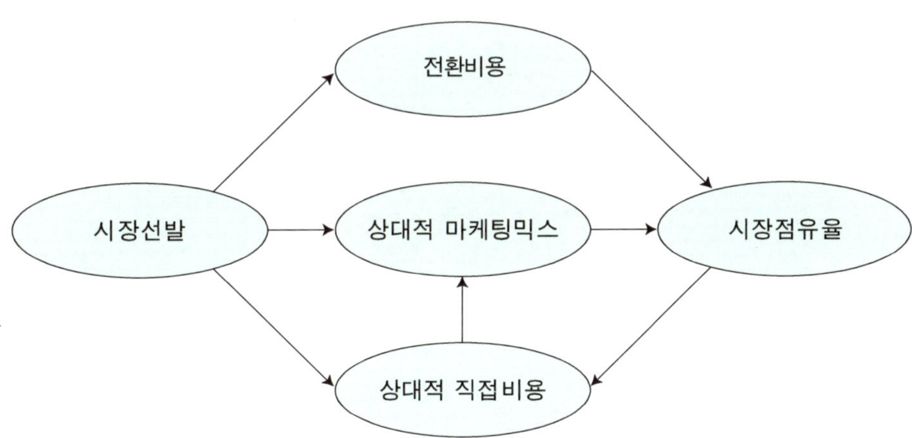

자료원: William T. Robinson(1988), "Sources of Market Pioneer Advantages: The Case of Industrial Goods Industries", *Journal of Marketing Research*, 25(February), 88.

의 규모의 경제에 의한 강한 마케팅믹스는 높은 시장점유율을 가져오지 못하였다. 선발기업, 전환비용 및 시장점유율 간의 상관관계는 유의적으로 나타나지 않았다.

이러한 결과는 선발기업은 높은 제품 품질과 넓은 제품라인을 갖는 경향이 있음을 보여준다. 전환비용은 높은 시장점유율을 가져오는 변수는 아닌 것으로 나타났지만 반도체, 자동차 부품, 그리고 컴퓨터 산업만을 대상으로 조사하였기 때문에 표본의 대표성에 문제가 있을 수 있다(Flaherty 1983; McAdams 1982; Monterede and Teece 1982).

(2) 선발이점의 조정변수

지금까지 이론적, 분석적 및 실증적 관점에서 진입순서와 시장점유율 간의 강한 상관관계를 보여 왔으나, 이 두 관계를 강화하는 조정적 역할에 대한 체계적이고 실증적 연구가 부족하였다(Szymanski 1995).

선행연구들에서는 진입순서효과는 주효과라기보다는 조건적 효과로 모형화되어야 한다고 주장되어 왔다(Fershtman, Mahajan, and Muller 1990; Kalyanaram and Urban 1992; Kerin, Varadarajan, and Peterson 1992; Moore, Boulding, and Goodstein 1991; Vanhonacker and Day 1987). 진입순서와 시장점유율 간의 관계는 산업유형, 거래규모, 시장의 폭이 결정적인 역할을 하며(Mitchell 1991; Robinson 1988), 시장점유율 영향의 측면에서 조직구조와 전략이 진입순서와 동일하거나 능가할 것이다(Lambkin 1988). 한편, Moore, Boulding, and Goodstein(1991)과 Vanhonacker and Day(1987)는 탁월한 경영능력과 자원이 있으면 진입순서와 시장점유율 간의 관계가 거의 사라진다는 사실을 발견하였다. Flaherty(1983)는 10개의 반도체 산업을 대상으로 한 실증연구에서는 시장 진입순서와 선발기술의 시장점유율 사이에 약간의 負(−)의 상관관계가 존재하는 것으로 나타났는데 이는 제품 품질과 응용공학 기술이 조정적 역할을 하는 것이라고 주장하였다. 그리고 Parry and Bass(1990)는 선발기업이 시장점유율 우위를 가지는 정도는 산업형태 및 최종 사용자 구매량에 달려 있다고 주장하였다.

이하에서는 이러한 조정변수에 대한 대표적인 연구를 살펴본다.

1) Kerin, Varadarajan, and Peterson(1992)의 연구

Kerin, Varadarajan, and Peterson(1992)은 "선발기업의 이점"이라는 연구에서 제품, 상표, 사업부 수준에서 진입순서와 시장점유율 간의 체계적이고 직접적인 관계

〈그림 4-3〉 선발이점에 관한 개념적 틀

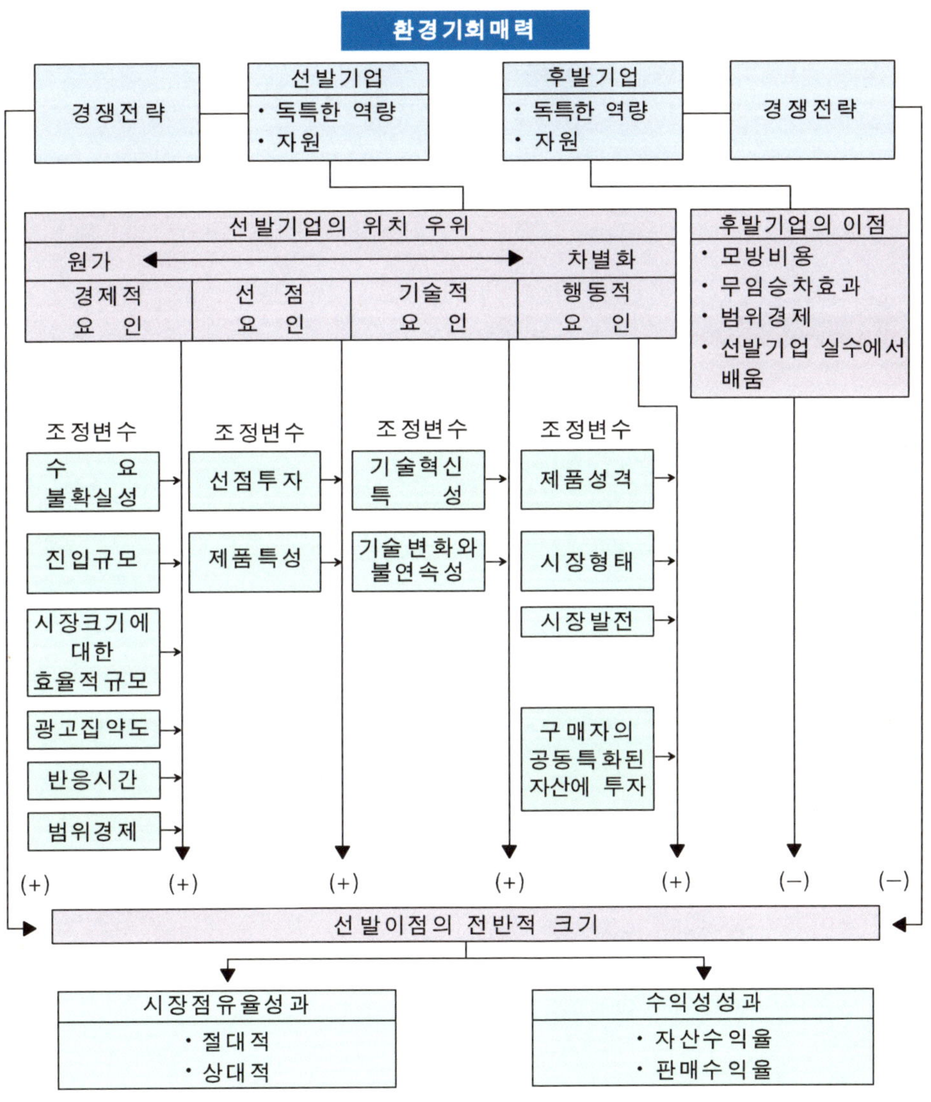

자료원: Roger A. Kerin, P. Rajan Varadarajan, and Robert A. Peterson(1992), "First−Mover Advantage: A Synthesis, Conceptual Framework, and Research Propositions", *Journal of Marketing*, 56(October), 39.

를 조사하였다. 이를 위하여 선발이점에 기초가 되는 요인들과 진입－경쟁우위관계를 조정하는 변수들을 〈그림 4－3〉과 같이 제시하였다.

이 변수들은 네 가지 카테고리로 분류되는데, 첫째, 경제적 요인으로서 수요 불확실성, 진입규모, 시장 크기에 대한 효율적 규모, 광고 집약도, 반응시간 및 범위경제, 둘째, 선점 요인으로서 선점투자와 제품특성, 셋째, 기술요인으로서 기술혁신 특성, 기술변화 및 불연속성, 넷째, 행동적 요인으로서 제품성격, 시장형태, 시장발전 단계, 구매자의 공동특화된 자산의 투자 등이다.

또한 후발기업에 대한 이점으로서 낮은 모방비용, 무임승차효과, 범위의 경제, 그리고 선발기업의 실수에서 배움 등을 고려하였다.

2) Szymanski, Troy, and Bharadwaj(1995)의 연구

이전에 연구된 진입순서와 사업성과 간의 조정변수로는 시장 성장률, 제품라인 폭, 제품규격화, 제품 및 서비스 품질, 상대적 비용, 마케팅 지출, 판매원 지출, 수직적 통합, R&D 지출, 자본집약도, 소비재 대 산업재 시장 등이 있다(Capon, Farley, and Hoening 1990; Szymanski, Bharadwaj, and Varadarajan 1993a).

Szymanski, Troy, and Bharadwaj(1995)는 진입순서와 시장점유율 간의 관계를 이해하는 데 있어서 조정변수가 타당한 시각을 제공하며 설명력(explanatoy power)을 높여준다고 주장하였고, 진입순서와 사업성과 간에 전략변수와 시장변수가 조정적 역할을 한다고 한다. 이러한 변수들을 〈그림 4－4〉와 같이 제시하고 변수들 간의 상호관계가 어떻게 나타나고 있는지를 분석하였다. 그 결과 전략변수 중 제품라인 폭, 제품 및 서비스 품질, 시설이용률, 신제품 개발시간 변수들은 正(+)의 관계를 보여주고, 제품규격화, 제품 및 공정 특허 변수들은 負(－)의 관계를 보여주며, 나머지 변수들은 양쪽의 관계를 모두 가지고 있는 것으로 나타났다.

시장변수들 중 소비재 대 산업재 시장변수가 正(+)의 관계를 보이고, 시장 성장률, 소비자 구매빈도, 시장 불안전성 그리고 기술변화율 변수들이 負(－)의 관계를 보이고 있다.

〈그림 4-4〉 진입순서와 전략변수 및 시장변수의 상호작용에 관한 개념적 틀

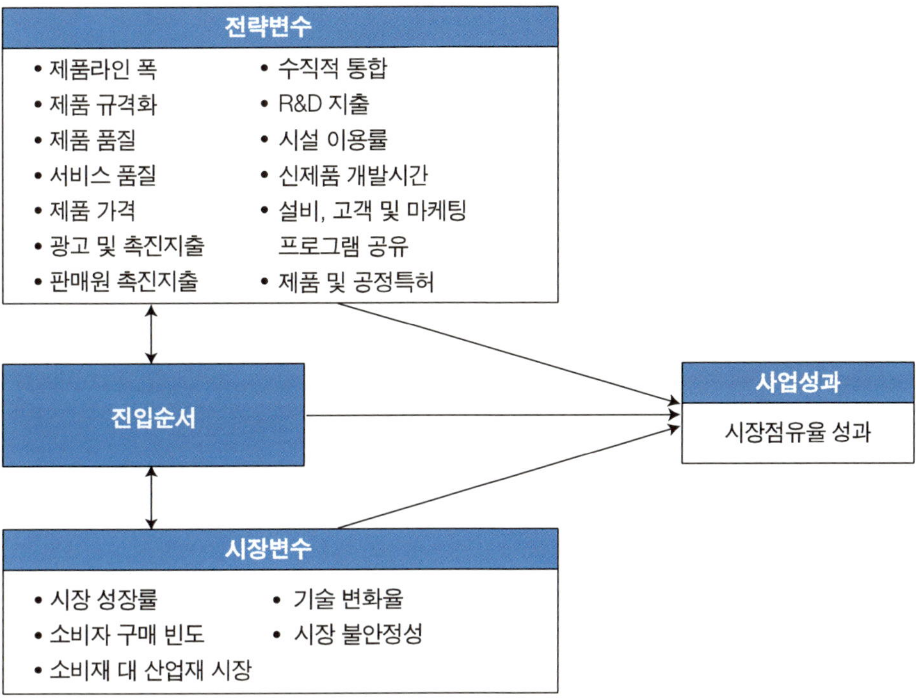

자료원: David M. Szymanski, Lisa C. Troy, and Sundar Bharadwaj(1995), "Order of Entry and Business Performance: An Empirical Synthesis and Reexamination" *Journal of Marketing*, 59(October), 25.

3. 진입순서효과 극복에 관한 연구

(1) Schnaars(1994)의 연구

Schnaars(1994)는 모방기업이나 후발기업들이 세 가지 전략을 사용하여 성공한다고 하였다. 즉 (1)낮은 가격을 제시하거나, (2)모방 후 제품 개량을 제공하거나 혹은 (3)시장력을 사용하여 선발기업을 따라잡는다고 주장하였다.

1) 낮은 가격

가장 성공적인 모방전략의 하나가 낮은 가격으로 판매하는 것이다. 이 전략을 추구하는 데는 ①선발기업의 정확한 복제품을 판매 방법, ②축약판을 훨씬 더 싸게 판매하는 방법 두 가지가 있다. 두 방법의 공통점은 선발기업이 요구하는 높은 가격에는 응하지 아니하고 소비자들을 끌어들임으로써 시장의 주류를 확대하는 것이다. 저가 모방의 핵심은 생산원가를 낮추어 그 절약분을 소비자들에게 넘겨주는 것이다. 저가의 모방기업들은 판매촉진 비용에서도 절약할 수 있다. 모방기업들은 선발기업들의 광고와 제품확충에 편승할 수 있다. 모방기업들은 선발기업들과 똑같은 제품이나 서비스를 더 낮은 가격으로 판매한다는 인상을 심어주어야 한다.

가격에 의한 모방전략의 성공 여부는 시기선택이 중요한 핵심적인 요인이다. 성공적인 모방은 고의든 우연이든 간에 시장이 커지고 가격이 민감해졌을 때 진입하는 것이 중요하다. 가격에 대한 모방이 성공을 거두는 이유는 최고급 모델에 대한 열의가 떨어졌을 때 선발자가 요구하는 높은 가격을 지불하려 하지 않는 확대된 대량시장의 욕구를 염가제품으로 만족시켜주기 때문이다.

2) 모방 후 제품 개량

어떤 모방기업은 모방 후 제품 개량으로 성공한다. 후발기업은 단순히 복제하는 것이 아니라 선발기업의 제품을 조사하고 소비자들이 원하는 디자인을 연구하여 소비자 선호를 이끄는 것이다. 이러한 모방 후 제품 개량은 기술제품인 경우의 진입전략으로 가장 우수하다. 어떠한 경우에는 선발기업의 제품을 능가하는 제2의 기술혁신을 이룩할 수도 있다.

모방 후 제품 개량의 이면은 후발기업이 선발기업의 최초 움직임에 재빨리 대응해야 한다는 것이다. 사람들은 시간이 핵심적이라고 한다. 선발기업이 정한 표준을 바꾸는 것이 아니라, 선발기업이 그 표준을 시장에 적응시킬 기회가 오기 전에 재빨리 시장에 진입하여 시장지분을 차지해야 한다. 모방 후 제품 개량의 성공에서 또 하나의 중요한 요인은 계속적인 연구개발프로그램을 실행하는 것이다.

3) 시장력

이론적으로 선발기업들은 모방기업이 넘지 못하는 진입장벽을 구축한다. 그러나 실제로는 선발기업의 혁신적인 제품에 의해 자사의 기존 제품이 위협받게 되는 타 기업들의 시장력이 막강할 때는 이 장벽이 약하게 되거나 존재하지 않게 된다. 이러한 시장력은 모방기업이 선발기업을 능가하려 할 때 가장 흔히 쓰는 전략이다.

업계의 주도기업들은 선발기업을 반격할 수 있는 세 가지의 강력한 힘을 갖고 있는데, 첫째, 업계주도기업은 모방제품의 촉진수단으로 강력한 마케팅기술, 강한 브랜드 파워, 그리고 기존고객이 있다. 둘째, 강력한 유통망을 보유하고 있으며, 셋째, 사업성장을 할 수 있는 재무적인 자원을 지니고 있다.

결국은 더 나은 제품과 더 나은 마케팅의 결합이 후발기업에게는 가장 강력한 진입전략이다(Reinhard Angelman 1990).

이러한 시장력을 이끄는 힘은 다음과 같다. 첫째, 대규모의 업계 후발기업은 모방전략의 판매촉진에 관한 마케팅 기술을 가지고 있다. 그들은 또 유명상표명, 명성, 그리고 기존고객을 확보하고 있어 제품의 시장점유율을 올릴 수 있다. 둘째, 후발기업들은 모방제품을 유통시킬 유통경로를 이미 확보하고 있다. 셋째, 후발기업들은 사업성장에 필요한 재무적 자원을 가지고 있는데, 소규모의 선발기업은 이를 따라갈 수 없다.

(2) Zhang and Markman(1998)의 연구

Zhang and Markman(1998)은 선발이점의 극복을 위하여 새로운 상표에 대한 학습은 후발상표의 속성과 선발상표의 속성을 비교하는 방법에 의해 영향을 받는다고 주장하였다. 이들은 3가지 실험에서 후발기업과 선발기업을 차별화하는 속성들이 서로 다른 속성들을 비교하는 경우보다 공통된 속성들을 비교하는 경우에 판단 형성에 있어 더 잘 기억되고 더 흔히 선택된다는 사실을 발견하였다. 이러한 사실은 제품 진입 전략, 차별화 전략 및 포지셔닝 전략에 중요한 시사점을 제시하고 있다.

또한 이들은 후발기업을 선발기업과 차별화하는 2가지 속성, 즉 일치하는 속성의 차이점(동일한 차원으로 비교할 수 있는 특성)과 일치하지 않는 속성의 차이점(독특한 특성)을 제시하였다. 뿐만 아니라 일치하는 속성의 차이점으로 차별화하는 후발기업은 선발기업의 이점을 극복할 수 있다고 주장하였다. 연구결과는 소비자들은 후발기업이 선발기업과 일치하는 속성의 차이점을 가지고 있을 때 선발기업에 비해 객관적으로 우월한 후발기업을 선호한다는 사실을 보여주고 있다.

새로운 상표의 일치하지 않는 특성(독특한 특성)은 선발상표의 어떠한 속성과도 비교될 수 없고 비교과정에 의해 덜 촉진되기 때문에 덜 정교화된다. 반면, 새로운 상표와 선발상표 간에 일치하는 속성의 차이는 새로운 상표와 선발상표를 차별화하는 비교할 수 있는 속성이기 때문에 중요한 정보처리과정과 정교화 과정을 거치며 더욱 중요한 것으로 지각된다.

후발상표는 일반적으로 2가지 유형으로 시장에 진입한다. 하나는 제품범주를 새로 형성하는 것이고, 다른 하나는 기존제품에 단순히 새로운 특징을 추가하는 것이다. 전자는 혁신적이고 일치하지 않는 속성으로 소비자선호를 재형성하여 소비자학습에 영향을 미칠 수 있으며, 후자는 기존의 속성, 편익 및 특성을 더욱 강조하여 소비자 학습에 영향을 미친다.

후발상표의 일치하지 않는 속성의 차이점은 일치하는 속성의 차이점에 비해 잘 기억되지 않는다. 선발제품의 이점은 후발제품을 선발제품에 비하여 독특하게 함으로써 극복될 수 있다. 또한 독특하고 우월한 선발제품을 창조하는 것은 새로운 제품의 주요 속성이 선발제품의 속성과 일치하는 속성이며 그 속성에서 차이점이 존재한다는 사실을 확인함으로써 달성될 수 있다. 이들은 후발기업도 제품진입시기의 조정, 선발기업과의 제품의 차별성, 그리고 기업의 기존 이미지를 이용한 포지셔닝전략을 이용할 경우 후발기업도 선발기업의 이점을 따라잡을 수 있다고 주장한다.

(3) Shankar, Carpenter, and Krishnamurthi(1998)의 연구

Shankar, Carpenter, and Krishnamurthi(1998)은 혁신적 후발기업은 선발기업과 비혁신적 후발기업에 비해 경쟁우위를 창출한다는 사실을 발견했다. 이들은 2개 제약 범주의 13개 상표를 대상으로 분석한 결과 혁신적 후발기업이 선발기업 및 비혁신적 후발기업에 비해 높은 시장잠재력과 높은 반복구매를 가져오며, 선발기업보다 더 빨리 성장하며 선발기업의 확산을 늦추고 선발기업의 마케팅비용 효과성을 낮춘다고 하였다. 혁신적 후발기업의 확산이 경쟁상표의 매출을 감소시킨다는 점에서 혁신적 후발기업은 불균형적인 이점을 가지게 되며, 혁신적 후발기업의 매출은 경쟁기업의 확산에 의해 영향을 받지 않는다. 이와 반대로 비혁신적 후발기업은 선발기업과 비교해 볼 때 작은 잠재시장, 낮은 반복구매율 및 낮은 마케팅 효과성을 가지며 후발기업은 적어도 2가지 방법으로 선발기업을 캐치업할 수 있다고 한다. 첫째로, 후발기업은 선발기업에 편승하여 선발기업을 능가할 수 있다. 선발기업은 범주 컨셉(category concept)과 범주에 대한 구매자 선호를 규정하는데 핵심적 역할을 한다(Carpenter and Nakamoto 1989). 이러한 선호를 이해함으로써 후발기업은 우월하고 간과된 제품 포지션을 파악할 수 있고, 가격을 내릴 수 있고, 광고와 유통에서 앞설 수 있음으로써 선발기업을 추월한다. 둘째로, 후발기업은 혁신을 통하여 선발기업을 따라잡을 수 있다. 제품 또는 전략에서의 혁신은 또 다른 제품범주로 포지셔닝을 할 수 있고, 선발기업과 후발기업의 경쟁적 게임은 후발기업이 선발기업을 따라잡을 수 있게 한다(Berndt et al. 1995; Carpenter et al. 1997; Carpenter and Sawhney 1996; Yip 1982). 특히, 혁신의 역할은 소위 첨단 기술 시장에서 중요시된다(Carpenter and Sawhney 1996; Golder and Tellis 1993). 연구결과, 혁신성은 상표의 상대적 시장 잠재력을 증가시키는 반면 후발진입은 상표의 잠재력을 감소시킨다. 더 큰 혁신성을 가진 상표는 다른 상표에 비해 더 높은 시장잠재력과 더 큰 구매율을 가지는 반면, 조기진입은 후발기업에 비해 높은 시장잠재력으로만 이익을 얻는다. 결과적으로 혁신과 진입시차 간에는 상쇄관계(trade－off)가 존재함을 알 수 있다

(4) Golder and Tellis(1996)의 연구

앞항에서 논의한 바에 따르면 후발자는 선발자의 진입순서효과를 극복하기 위해 매개변수와 조정변수를 잘 활용하는 것으로 나타나 있는데, Golder and Tellis(1996)는 이들을 종합하여 후발자로서 현재 시장점유율 1위를 달리고 있는 기업을 후발시장리더(early market leader)라고 정의하고 이들이 캐치업할 수 있었던 요인을 다섯 가지로 요약하고 있다.

첫째, 대중시장에 먼저 진출하는 것이다. 일반적으로 신제품이 처음으로 출시되었을 때에는 가격이 높고 용도가 전문화되어 있어 소규모 시장만이 표적이 되므로 대중시장을 선점하는 것은 캐치업에 매우 효과적이다.

둘째, 경영자의 집념이다. 많은 후발 시장리더의 성공은 큰 어려움과 불확실성에도 불구하고 오랜 시간을 쏟아 붓는 기술과 노력에서 나온다.

셋째, 경영자의 몰입이 중요한 것만큼이나 재무적 몰입, 즉 투자도 중요하다. 하지만 수익이 멀리 있고 단기성과에 대한 압력이 강할 때 특히 쉽지 않다.

넷째, 장기적으로 시장리더십을 가지려면 지속적인 혁신이 요구된다.

다섯째, 자산 레버리지이다. 후발시장리더는 관련 범주에서 지배적인 위치를 점하는 유통력과 상표명성을 활용하여 선발기업을 캐치업하는 데 사용할 수 있다.

(5) 이윤철과 이동현(1997, 1998)의 연구

이윤철과 이동현(1997)은 "첨단기술산업에서 후발기업의 캐치업전략에 관한 연구"에서 한국과 일본 기업들의 반도체 산업을 대상으로 한 사례 연구를 통해 후발기업의 캐치업모델을 제시하였는데, 이 연구는 후발기업의 이점을 1982년대 후반부터 전략경영 분야에서 관심이 되어온 자원준거이론(A Resource-Based View of the Firm)을 통해 접근하였다.

자원준거이론은 기업이 보유한 자원에 의하여 기업의 전략이나 경쟁력이 결정된다는 관점이다(Penrose 1959; Wernerfelt 1984; Prahalad and Hamel 1990; Barney 1986, 1991; Grant 1991; Corner 1991; Mahoney and Pandian 1992; Peteraf 1993).

자원준거이론에서 기업의 성과를 결정하는 것은 자원이고, 이러한 자원을 창출하는 것이 핵심역량이며, 이러한 핵심역량은 조직의 학습을 기본 전제로 하고 있다(Prahalad and Hamel 1990). 기업의 흡수능력은 환경적인 기회를 성과로 실현시키는 기업의 학습능력을 개념화하여 외부정보나 지식을 습득하는 측면을 강조한 것인 반면, 결합능력은 기업이 보유한 내부 정보나 지식을 활용한다는 측면이 강조된 것이다. 또한 흡수능력과 결합능력으로 대표되는 조직의 학습능력에 영향을 미치는 요인으로 조직요인과 외부요인을 들 수 있다. 조직요인은 조직구조, 최고 경영자의 성향, 기업문화와 같은 조직 내부 변수로서 조직의 학습능력에 영향을 미치는 요인이며, 외부요인은 정부정책, 경쟁관계, 국가의 역사와 전통, 경제시스템, 순수 기회와 같은 외부변수로서 조직의 학습능력에 영향을 미치는 요인을 말한다.

이러한 개념적 틀을 근거로 한국과 일본의 반도체 산업과 평판 디스플레이 산업을 대상으로 후발기업이 선발기업을 캐치업하는 과정을 조직학습 관점에서 접근하여 다음과 같은 연구 가설을 제시하였다.

첫째, 후발기업은 자신이 보유한 관련지식이 많을수록 선발기업을 빨리 캐치업할 수 있다.

둘째, 후발기업은 자신이 보유한 관련지식이 적을수록, 노력의 강도를 높여야만 선발기업을 캐치업할 수 있다.

셋째, 후발기업이 보유한 관련지식이 동질적일수록 후발기업 간의 공동학습(collective learning)이 더 효율적으로 일어난다.

넷째, 후발기업이 보유한 관련지식이 적을수록 후발기업이 지식을 습득하는 경로가 더욱 다양해진다.

또한 후발기업의 전략에 관한 개념적 모델(이윤철과 이동현 1998)에서 기술이 표준화되고 산업이 성숙기에 접어든 시장(market pull)에서의 진입순서(order of entry) 선택모델과 신기술이 개발되면서 산업이 발달하는 시장(technological push)에서의 능력축적(capability building)모델을 〈그림 4−5〉로 제시하고 있다.

〈그림 4-5〉 후발기업의 전략에 관한 개념적 모델

	선발기업	후발기업
성숙시장	I 선점모델	II 모방모델
기술중심시장	III 개척모델	IV 추월모델

자료원: 이윤철과 이동현(1998), "후발기업의 전략에 관한 개념적 모델", 한국경영학회, 『춘계학술연구 발표논문집』, 405.

기업입장에서 볼 때 성숙시장 상황에서 선발기업으로 시장에 먼저 진입해서 기회를 선점할 것인가(선점모델) 또는 후발기업으로 위험을 최소화하면서 진입할 것인가(모방모델)를 결정하는 것은 전략적 의사결정의 문제이다. 이는 후발기업이 보유한 자원이나 능력상의 차이가 없고, 단지 전략적으로 진입순서를 선택하는 것을 말한다. 한편, 기술중심시장 상황은 선발기업으로서 시장에서 개척자 이점을 갖거나(개척모델) 또는 어쩔 수 없이 후발기업이 되어 개척자 이점을 극복하려 하는 것(추월모델)에 관한 것인데, 이는 후발기업이 보유한 자원이나 능력 면에서 선발기업과 현격한 차이가 있어 후발기업이 된 경우를 말한다.

(6) Shankar, Carpenter, and Krishnamurthi(1999)의 연구

Shankar, Carpenter, and Krishnamurthi(1999)는 상표가 진입하는 제품수명주기에 따라 어떻게 그 판매에 영향을 미치는지를 진입순서효과와 타이밍(timiing) 조절을 통해 성장과 시장 반응을 알아보았다.

이 연구는 상표의 성장과 제품수명주기 단계(도입기, 성장기, 성숙기)에 따른 시장 반응 파라미터를 통해 다이나믹한 상표판매 모델을 개발하여 성장단계에서의 진입과 관련하여 이점이 나타남을 보여준다. 성장기 진입자는 그들의 판매 접근선을 도입기나 성숙기 진입자들보다 더욱 빠르게 높일 수 있으며 다른 경쟁자에게 위협받지 않고 잘 인식된 제품의 품질에 대한 높은 반응을 즐길 수 있다.

선발자에게 유리한 점을 말하자면, 구매자들은 선발자의 마케팅 소비에 가장 잘 반응한다는 것 정도이며, 성숙기 진입자들은 가장 불리하다. 그들은 성장기 진입자들보다 더디게 성장하며 소비자들의 반응 역시도 느리며 마케팅 소비에 있어서도 가장 낮은 반응을 나타낸다.

연속적인 상표 진입 시차에 따른 경험적 분석은 진입순서, 진입 타이밍, 상표시장 간의 고리에 따라 증명할 수 있다. 이들은 선발자들이 가지는 이점은 진입순서의 직접적인 효과와 마케팅믹스효과에 따른 간접적 효과와 관련하여 설명하였다. 후발진입자들은 기존과 같은 반응을 얻기 위해서는 더욱더 고품질의 제품을 제공해야만 한다는 것이다. 이러한 효과를 증명하는 연구들은 암묵적으로 상표의 성장률과 마케팅믹스 효과가 상표의 진입시 제품수명주기 단계로부터 독립적이라는 것을 가정한다.

그러나 상표가 진입하는 제품수명주기는 시장 반응, 성장률 및 궁극적으로 판매량에까지 크게 영향을 미친다. 고전적인 수명주기 컨셉은 시장의 수명에 따른 성장과 상표 판매의 상이함을 제시한다. 연속적인 상표 진입에 따른 연구는 제품수명주기가 상표 성장에 영향을 미치는 요소로서의 역할을 제시하는 것이다.

결과적으로, 진입순서 및 타이밍 조절, 제품수명주기 단계는 브랜드 판매 및 시장 반응에 큰 영향을 미치고, 성장기 진입자의 세 가지 이점 요소를 알려준다.

첫째, 성장기 진입자는 다른 어떤 주기상 진입자들보다 빠르게 성장한다.

둘째, 구입자들의 제품 품질에 대한 반응은 성장기 동안 최대로 나타난다.

셋째, 경쟁자들의 공격은 제품수명주기에 따라 다르게 나타남을 밝혔다.

(7) 하영원, 서찬주(1999)의 연구

시장을 먼저 개척한 상표는 많은 경우 그 뒤에 진입하는 상표들보다 인지도, 유통, 포지셔닝 등의 여러 가지 면에서 이점을 갖게 된다(Urban, Carter, Gaskin and Mucha 1986). 일반적으로 시장을 개척하는 데 성공한 상표들은 그 시장에서 진입장벽을 형성함으로써 장기간에 걸쳐 높은 시장점유율과 함께 많은 이윤을 향유하게 된다(Robinson 1988; Robinson and Formell 1985). 이 같은 시장개척이점에 대한 설명으로는 시장개척상표가 시장에서 유리한 위치를 선점할 수 있다는 점(Lane 1980), 후발진입상표의 품질에 대해 소비자들이 지각하는 위험이나 시장개척 제품과 관련하여 사용자가 습득한 상표특유의 기술에 의해 발생되는 상표전환비용(Schmalensee 1987; Stigler and Becker 1977), 새로운 상품군에서의 전형성(prototypicality) 획득에 따르는 소비자들의 선호 형성(Carpenter and Nakamoto 1989; 한민희, 이상혁, 황인석 1996) 등이 제시되었다.

후발진입자가 시장개척자를 앞지르는 방법을 비교적 구체적으로 제시한 연구로는 Shankar et al.(1998)의 연구를 들 수 있다. 그들은 후발진입자가 시장개척자 자신의 게임(pioneer' s own game)에서 이기거나, 제품 또는 전략상의 혁신에 의해 시장개척자를 능가할 수 있다고 주장하였다. Shankar et al.(1998)은 시장개척자 자신의 게임에서 후발진입자가 이기는 방법으로서 (1)시장에서 간과되어 왔지만 시장개척자보다 우월한 제품 포지션을 발견하거나 (2)저가전략에 의해 시장개척자를 압도하거나 (3)광고나 유통 면에서 시장개척자보다 더 많은 예산을 투입함으로써 후발진입자가 시장개척자를 매출 면에서 앞지르는 방법을 들고 있다. 이에 비해 후발진입자가 혁신을 통해 시장개척자를 앞지르는 경우는 후발진입자가 제품이나 전략상의 혁신에 의해 제품 범주를 재정의하는 것을 말한다. 그렇게 함으로써 후발진입자는 시장개척자보다 더 큰 잠재시장과 더 높은 반복구매율을 갖게 되면서 시장개척자보다 더 빠른 속도로 성장하며, 동시에 시장개척자의 확산 속도를 늦추고 마케팅 비용의 효과를 감소시킨다.

위와 같은 Shankar et al.(1998)의 개념적인 틀을 받아들인다면 후발진입상표가 시장개척상표를 앞지르는 데 있어 광고의 역할은 다음과 같이 정리될 수 있다.

첫째, 후발진입상표의 광고는 시장개척상표보다 더 우월한 포지션을 찾아내어 이를 후발진입상표의 것으로 만드는 데 결정적인 기여를 할 수 있을 것이다(Urban et al, 1986).

둘째, 후발진입상표는 시장개척상표를 압도하는 광고노출을 통해 시장개척상표를 앞지를 수 있다. 이 경우 후발진입상표는 시장개척상표보다 우월한 포지션을 가질 수도 있고 그렇지 않을 수도 있다.

셋째, 후발진입상표는 혁신적인 광고전략을 통해 시장을 재정의함으로써 선두주자를 앞지를 수 있다. 물론 어떤 상표의 혁신성은 제품의 품질이나, 유통 및 가격전략의 혁신에 의해 좌우되는 것이 보통이다. 그러나 경우에 따라서는 광고를 포함한 촉진전략의 혁신에 의해서 상표의 혁신성이 좌우되는 사례도 생각해 볼 수 있다. 이 과정에서 광고의 역할은 단순히 새로운 포지션을 찾아내는 것을 뛰어넘어 소비자들이 시장을 지각할 때 적용하는 새로운 기준을 창출했다고 보는 것이 옳을 것이다. 이 경우 혁신적인 광고/촉진전략과 우월한 포지션을 구축하는 데 도움을 주는 광고/촉진전략 사이의 구분이 모호할 수도 있지만, 광고를 통해 소비자들이 제품에 관한 새로운 판단/선택기준을 갖게 되었는가 하는 것과 새롭게 형성된 소비자들의 제품에 관한 판단/선택기준이 시장개척자나 선두주자를 진부화 시킬 수 있었는가의 두 가지 기준을 모두 만족시키는 경우에만 광고전략의 혁신성을 인정한다면 두 가지 부류의 광고를 구분하는 것이 가능할 것이다.

넷째, 후발진입상표가 시장개척상표를 앞지르는 데 있어 광고가 주된 역할을 담당하는 것은 아니지만 제품, 유통 또는 가격 전략의 효과를 증폭시켜주는 보조적인 역할을 수행할 수 있다. 이 경우의 광고는 후발진입상표의 마케팅믹스 중 광고 이외의 강점(들)을 소비자들에게 충실하게 전달하는 정보형 광고(informational advertising)일 가능성이 크다(Puto and Wells 1984). 이 같은 광고들은 후발진입상표의 상표명을 소비자들에게 알림과 아울러 제품상 새로운 속성이나 새로운 유통 또는 가격전략의 결과로 소비자들이 얻을 수 있는 편익을 강조하는 유형의 광고가 될 것이다.

하영원, 서찬주(1999)는 이러한 연구를 바탕으로 탐색적 방법을 가지고 국내·외 13개의 사례분석을 통해 후발진입상표가 시장개척상표를 앞지르는 데 있어 광고가 어떤 역할을 하는지에 대해 살펴보았다. 광고는 소비자들이 사용하는 새로운 제품지각의 기준을 제시하여 시장에서의 혁신을 수행하는 데 결정적인 역할을 하는 경우도 있고, 시장개척상표가 소홀히 했던 시장에서 유리한 위치를 찾아내어 이를 차지하는 데 도움을 줄 수도 있다. 또한 경우에 따라서 후발진입상표는 시장개척상표를 압도하는 광고예산의 집행을 통해 시장에서 시장개척상표를 추월하기도 한다. 한편 광고는 후발진입상표가 마케팅믹스 중 광고 이외의 변수를 주무기로 시장개척상표를 앞지르려 할 때 이를 촉진시키는 촉매제 역할을 하기도 하는 것으로 나타났다.

(8) 하영원, 이동훈(2004)의 연구

하영원, 이동훈(2004)은 후발상표 차별화를 위해 3개 변수, 즉 속성의 정렬성(alignability), 가치 관련성(relevance) 및 선발상표 대비 후발상표의 상대가격(relative price) 차이가 소비자 선호에 어떤 영향을 끼치는지 알아보았다.

속성의 정렬성이란 후발상표의 차별속성을 선발상표가 지니고 있어 일대일로 정렬이 가능한 속성(alignable attribute)인지, 아니면 기존 상표가 지니고 있지 않은 전혀 다른 차원의 속성(nonalignable attribute)인지를 실험적으로 구분하는 개념으로 사용하였다(Zhang and Markman 1998). Zhang, Kardes, and Gentner(2002)에서도 카메라와 캠코더를 예를 들면서, 카메라의 사진과 캠코더의 동영상 사진을 정렬가능 속성으로 캠코더의 음성녹음기능은 비정렬가능 속성으로 구분하였다.

소비자는 제품의 속성이 편익과 가치를 제공할 것이라고 판단한다. 따라서 성공적인 제품차별화는 일반적으로 제품의 속성이 의미 있고 가치 관련성이 높을 때 가능하다(Mukherjee and Hoyer 2001). 반면에 사소한 속성이나 관련성이 낮은 속성을 통한 제품차별화도 가능하다는 주장도 제기되었다(Brown and Carpenter 2000).

속성의 정렬성과 제품의 편익이나 가치와의 관련성이 후발상표의 효과적인 차별화에 어떤 영향을 끼치는지 살펴보기 위해 두 변수를 다음과 같이 정리하고 가설을 설정하였다.

첫째, 정렬가능 차별점(alignable differences) 상황에서 후발상표의 차별적 우위점이 선발상표와 일대일 정렬가능한 차별점일 경우 그 속성의 가치와 관련정도와 무관하게 후발상표는 선발상표에 비해 선호될 것이다.

둘째, 비정렬가능 차별점(nonalignable differences) 상황에서 후발상표의 차별적 우위점이 선발상표와 다른 차원에서 비교되는 속성일 경우 그 속성의 가치와의 관련정도가 높을 때에도 후발상표가 선호되지만 속성의 가치와의 관련정도가 낮을 때에는 후발상표는 선호되지 않을 것이다.

연구결과 소비자는 후발상표의 차별점이 선발상표가 지니고 있는 관련정도에 큰 영향을 받지 않고 매력적인 속성을 지닌 강화된 후발상표를 선호한다. 그러나 후발상표의 차별점이 다른 속성차원에서 비교되면 소비자는 속성 차원의 관련성 정도가 높을 때 후발상표를 선호하는 것으로 나타났다. 즉 가치 관련성을 고려하지 않은 기존 연구에서는 후발상표가 비정렬가능 차별점을 지닐 경우 효과가 없다는 결론을 내렸었다. 그러나 본 연구에서는 가치 관련성을 고려한다면 비정렬가능 차별점이라 하더라도 그 차별점이 가치 관련성이 높을 경우에는 후발상표 차별화에 효과가 있음을 보여준다.

즉 이러한 결과는 후발상표 입장에서 선발상표가 지니는 속성차원에서 비교차별점을 가지고 있을 경우를 상정해 보자. 이때 후발상표는 강화된 속성을 차별화 포인트로 채택하여 적절한 마케팅 커뮤니케이션을 활용한다면 선발상표 이점을 감소시키고 시장에서 상당한 성과를 거둘 수 있을 것이다. 뿐만 아니라 비록 선발상표가 지니고 있지 않아 속성 비교가 힘든 경우라 할지라도 소비자들이 느끼는 가치와의 관련

정도가 높은 속성이 비교차별점이라면 자신의 강점을 최대한 소비자들에게 소구해야 한다고 결론을 내릴 수 있다.

셋째, 관련성이 높은 상황에서 선발상표가 지닌 정렬가능 차별점을 지닌 후발상표는 그 차별점의 가치 관련성이 높은 경우, 합리적 가격 내에서 선발상표보다 선호될 것이다.

넷째, 관련성이 낮은 상황에선 선발상표가 지닌 정렬가능 차별점을 지닌 강화된 후발상표는 그 차별점이 가치 관련성이 낮은 경우, 고가격이 제시될 때 선발상표보다 선호되지만, 같은 가격이나 저가격이 제시될 때는 선호되지 않을 것이다.

또 다른 연구결과 소비자들은 후발상표가 정렬가능 차별점을 지닐 경우도 가격전략을 적절히 펼치지 못했을 때 반드시 유리한 것만은 아니라는 결론이 도출되었다. 후발상표가 정렬가능 차이점을 지닌 경우, 그 속성을 강조하여 선발상표를 극복하는 것이 올바른 전략적 판단이지만, 보다 정교한 전략구사를 위해 차별속성의 가치 관련성과 경쟁상표와의 상대가격을 고려하는 것이 바람직하다. 첫째, 차별점의 가치 관련성이 높은 경우 상대가격이 선호에 영향을 미치지 않기 때문에 강화된 후발상표는 객관적으로 매력적이라고 생각한다면 가격을 낮게 책정하지 않아도 된다. 둘째, 가치 관련성이 낮은 속성을 차별점으로 지니고 있을 경우 구매의사가 있는 합리적인 가격범위 내에서 다른 경쟁상표와 비교해서 상대적으로 높은 가격을 책정하는 것이 효과적일 것이다.

본 연구는 후발상표 차별화를 위해 3가지 변수, 속성의 정렬성, 가치 관련성 및 선발상표 대비 후발상표의 상대 가격 차이가 소비자 선호에 어떤 영향을 끼치는지 알아보았다. 선발상표가 지니고 있는 속성을 강화한 정렬가능 차별점을 후발상표가 지니고 있을 때 소비자는 그 속성에 대해 인지하는 가치 관련정도가 높거나 낮을 경우 후발상표를 선호한다. 그러나 선발상표가 지니고 있지 않아 비교가 용이하지 않은 비정렬가능 차별점을 후발상표가 선호되지만, 관련성이 낮으면 선호되지 않는다. 후발상표가 선발상표 속성을 강화한 정렬가능 차별점을 지니고 있을 경우에도 가치 관련성이 높은 상황에서는 합리적인 가격범위 내에서 상대적으로 가격이 높거나, 낮든지, 동일하든지, 관련 없이 선호된다. 하지만 관련성이 낮은 상황에서는 경쟁상표보다 가격이 상대적으로 낮을 때 후발상표는 선호되지 않았으며, 상대가격이 높을 때 선호되었다.

본 연구는 속성의 정렬성과 가치와의 관련성을 보다 깊이 다룬 것으로 다음과 같은 시사점을 제공한다.

첫째, 일반적으로 후발상표는 선발상표가 지니고 있는 속성을 강화하는 정렬가능 차이점을 갖는 것이 손쉬운 차별화 전략이다. 하지만 독특한 속성(비정렬가능 차별점)으로 차별화할 경우 소비자가 느끼는 가치 관련성을 따져 관련정도가 높을 때에만 공략해야 할 것이다. 그리고 가격책정 시 후발상표 상대가격의 조절효과를 통해 정렬가능 차이점을 지니고 있는 후발상표는 가치 관련성이 높은 속성으로 차별화한다면 이익제고를 위해 고가격을 책정하고 매출증대를 위해 저가격을 책정하는 것이 바람직하다. 그러나 가치 관련성이 낮은 속성이 차별점일 경우에는 경쟁상표보다 가격이 높을 때만 선호된다는 것을 알아야 한다.

둘째, 비교를 통해 판단하는 소비자는 비교과정의 용의성으로 선발상표가 지닌 공통속성을 강화하는 방법인 정렬가능 차별점을 갖는 것이 후발상표로서 매력적인 전략이다. 반면에 비교가능성이 어려울 경우 비정렬가능 차이점을 후발상표가 지닌 경우에는 소비자가 가치 있는 속성으로 지각할 수 있는 커뮤니케이션전략이 필요하다.

셋째, 소비자는 자신이 추구하는 편익이나 가치와의 관련성 여부를 선택의 기준으로 삼는 경향이 있다. 따라서 후발상표 입장에서 단순히 선발상표가 지니고 있지 않아 발생하는 진기함이나 독특함을 차별점으로 활용하는 것은 위험한 전략이다.

(9) 이문성, 최이규(2001)의 연구

이문성, 최이규(2002)는 후발기업의 모방전략과 환경특성이 경영성과에 미치는 영향을 분석해 보고자 다음과 같은 가설을 설정하여 분석을 시도하였다.

첫째, 모방전략과 후발기업의 경쟁역량 사이에는 높은 상호관련성이 존재한다. 선발기업은 후발기업에 비하여 다수의 경쟁우위 요소를 가지고 있다(Porter 1985; Urban et al. 1986; Lieberman and Montgomery 1988; Kerin et al. 1992). 그러나 후발기업 입장에서도 선발로 시장에 진입하기 위하여 부담해야 할 시장개척 위험과 비용을 회피하면서 선발기업의 수고와 노력에 무임승차할 수 있기 때문에 경쟁에서 유리한 위치를 확보할 수 있는 가능성을 가진다(Porter 1985; Lieberman and Montgomery 1988; Kerin et al. 1992; Golder and Tellies 1993; Schnaars 1994).

Schnaars(1994)의 사례연구나 모방의 귀재 마이크로 소프트사가 컴퓨터 소프트웨어 산업분야에서 보여주는 눈부신 성공은 모방전략이 제품혁신 전략에 못지않게 경영성과에 크게 공헌할 수 있음을 강력히 보여주고 있다.

캐치업(catch-up)은 후발기업이 모방전략을 활용하여 자사의 경쟁역량을 강화함으로써 선발기업과의 경쟁에서 승리하게 되고 그 결과로 시장이 확대되어 높은 경영성과가 획득될 때에 가능해진다. 이러한 모방전략의 후발기업 경쟁력 강화효과와 관련하여 모방전략이 선발기업의 경쟁우위 요인을 약화하고 후발기업의 경쟁이점을 강화하는 데 효과적으로 활용될 수 있다.

둘째, 후발기업의 경쟁역량 강화와 경영성과 향상에는 높은 상호관련성이 존재한다.

선발기업과의 경쟁에서 겨우 살아남아 고객유지에 필요한 경쟁력을 갖추고 있는 기업을 시장생존자격자(qualifier) 기업이라 칭하고 선발기업과 정면으로 대결 및 승리하여 새로운 고객을 창조하고 시장점유율을 높여 기업의 경영성과를 향상시킬 수 있는 정도의 경쟁력을 갖춘 기업을 주문획득자(order-winners) 기업이라고 부를 수 있다(Hill 1994). 시장생존자격자를 유지할 수 있을 정도의 경쟁력조차 갖추지 못한 후발기업은 계속하여 고객을 상실하여 결국에는 시장에서 사라지게 될 것이다. 그러나 후발기업이 자사의 경쟁력을 더욱 강화하여 강력한 주문획득자 위치에 올려놓고 한편으로는 선발기업을 방어에 급급한 시장생존자격자 기업의 처지에 놓일 수 있게 만들 수 있다면, 후발기업의 경영성과는 향상될 것이다. 후발기업의 경쟁역량이 강화되면 선발기업과의 경쟁에서 승리하게 되고 경쟁의 승리는 매출증대로 이어져 높은 경영성과가 달성된다.

셋째, 후발기업의 모방전략과 경영성과에는 높은 상호관련성이 존재한다. 소프트웨어 시장에서 마이크로 소프트사나 전자레인지 시장에서 우리나라 삼성전자의 사례에서 볼 수 있는 바와 같이, 후발기업이 선발기업을 추월한 경우가 다수 존재하기 때문에 모방전략은 유효한 경쟁전략 대안으로써 고려될 수 있다. 저가격에 바탕을 둔 모방전략을 실행하고 있는 후발기업은 대부분의 경우에 선발기업이 정해놓은 경쟁의 패러다임 아래에서 경쟁우위를 확보하려고 노력한다. 반면에 차별화 지향적 모방전략을 추구하고 있는 후발기업은 제품혁신을 통하여 자기에게 유리한 경쟁환경을 조성해 선발기업과의 경쟁에서 승리하려고 한다(Shankar et al. 1998). 저가격이나 차별화 중에서 어느 방향을 지향하든 간에 모방이 과연 유효한 전략이 될 수 있는가를 평가해 보기 위해서는 모방전략의 실행이 후발기업의 경영성과 향상에 충분할 정도로 영향을 미칠 수 있다.

넷째, 환경특성 변수는 모방전략과 경영성과와의 관계를 조절한다. 선발 또는 후발의 시장진입시점 결정에 따라 선발기업뿐만 아니라 후발기업도 나름대로의 경쟁우위 요소를 가지며, 그러한 진입시점 결정이 경영성과에 미치는 영향은 환경특성 변수에 의해 조절되기 때문이다(Porter 1985; Lilien and Yoon 1990; Schnaars 1994).

이 연구의 시사점은 첫째, 모방전략은 후발기업이 선발기업에 대한 자사의 경쟁우위 요소는 강화하고 또한 자사의 경쟁상의 약점을 보완하여 선발기업에 대한 경쟁력을 강화하는 데 유효한 전략임이 밝혀졌다. 둘째, 후발기업의 경쟁력은 성과향상과 상호관련성이 높은 것으로 나타났다. 셋째, 모방전략은 후발기업의 경영성과에 유의할 정도로 큰 영향을 미치는 것으로 밝혀졌다. 이로써 모방은 후발기업의 성과향상을 위한 가치 있는 전략대안이 될 수 있음이 밝혀졌다. 넷째, 후발기업이 처해 있는 시장, 제품, 보유자원 및 선발기업의 대응특성 등의 환경여건의 차이에 따라서 모방전략과 경쟁력, 그리고 모방전략과 성과의 관계의 정도가 변한다는 사실이 발견되었다. 이러한 결과는 모방전략을 실행할 때 환경특성과의 적합성을 유지하지 못하면 모방을 통하여 후발기업이 추구하는 경쟁력강화와 성과향상의 목적을 달성할 수 없음을 시사한다. 다섯째, 군집분석을 통해 유의할 정도의 집단 간 차이를 가지는 전략군이 도출되었다. 그리고 전략집단 내의 높은 성과 집단과 낮은 성과 집단의 전략 프로필에 유의할 정도의 차이가 존재하는 것으로 나타났다. 이는 각각의 전략유형마다 모방전략변수와 환경 특성변수의 적합성이 가장 높은 수준으로 이루어진 이상적인 모방전략의 프로필이 존재할 수 있음을 시사한다.

이 연구는 여러 유형의 모방전략이 가지는 특징적 내용을 정태적으로 분석하는 데 초점을 두었다. 따라서 후발기업이 어떠한 과정을 거쳐서 선발기업을 캐치업할 수 있게 되는가는 모방전략을 과정적 관점에서 이해하는 데 한계점을 가질 수 있다. 한편, 후발기업의 선발기업 캐치업과정을 기술과 지식의 흡수과정과 결합과정으로 양분한 후 후발기업이 단순모방으로부터 시작하여 창조적 모방 또는 제품혁신의 단계에 이르러 선발기업을 캐치업하게 되는 과정을 설명하고자 시도했던 연구가 있다(이윤철, 이동현, 1999). 그러나 이들 연구는 이론 및 사례연구에 그치고 있어서 후발기업의 모방전략과 관련하여 과정적 이해를 위한 체계적인 실증연구의 필요성을 충분히 만족시켜 주지는 못하고 있다. 이런 점을 고려하여 우리나라 후발기업들의 모방전략을 과정적 관점에서 접근할 수 있는 실증적 연구를 향후과제로 제안하고자 한다.

(10) 손용석, 김용준, 임영환(2001)의 연구

손용석, 김용준, 임영환(2001)은 지금까지 진입순서효과나 후발진입자의 전략에 관한 연구들이 유형의 제품들을 대상으로 한 것에 비해 이들은 무형의 서비스인 인터넷을 대상으로 후발진입 인터넷 검색 포탈 사이트가 차별화를 통해 선발진입 사이트에 비해 경쟁우위를 가질 수 있는 전략적 영역을 도출하고자 하였다. 또한 기존의 연구의 결과에서는 후발진입자가 선발진입의 이점을 극복하기 위해 차별화된 전략을 취하더라도 선발진입자가 소비자의 학습, 지식, 선호형성, 이상점, 범주화 차원에서 갖는 이점을 극복하는 데 제한적이었다.

그러나 인터넷 서비스의 경우 계속적으로 제품 범주를 넓히면서 진화하고 있어서 비스의 범주를 새롭게 재정립하여 경쟁할 기회가 주어지기 때문에 비교 불가능 차이에 의한 차별화 전략의 성공 가능성을 재검증할 필요가 있다.

첫째, 후발진입 인터넷 사이트가 비교가능한 차이속성에 의해 차별화되면 선발진입 인터넷 사이트보다 높은 선호도를 나타낼 것이다.

둘째, 후발진입 인터넷 사이트가 비교 불가능한 차이속성에 의해 차별화되면 선발진입 인터넷 사이트보다 높은 선호도를 나타낼 것이다.

셋째, 후발진입 인터넷 사이트가 비교가능한 차이속성에 의해 차별화되면 비교 불가능한 차이속성보다 높은 선호도를 나타낼 것이다.

후발진입 사이트가 비교가능 차이에 의한 차별화 전략을 수행하면 선발진입 사이트보다 높은 선호도를 나타내었고 호감도만 높은 속성으로 비교 불가능한 차이에 의해 차별화 전략을 수행하면 선발진입 사이트에 비해 유의하게 높은 선호도를 나타내지 못하였다. 그러나 속성의 호감도뿐만 아니라 중요도도 높은 속성으로 비교 불가능한 차이에 의한 차별화 전략을 수행하면 선발진입 사이트에 비해 유의하게 높은 선호도를 나타내었다. 이는 Zhang and Markman(1998)의 연구결과와 같다. 후발진입 사이트들을 비교한 결과는 비교가능 차이에 의한 차별화가 호감도만 높은 속성에 의한 비교 불가능 차이 차별화보다 유의하게 높은 선호도를 나타내었지만 호감도와 중요도가 높은 속성에 의한 비교 불가능 차이 차별화보다는 선호도가 유의하게 높지 않았다.

이들은 후발진입 사이트는 비교가능 차이에 의해 차별화하면 높은 선호도를 가져올 수 있으나 비교가능 차이에 의해 차별화 전략을 실시하는 것이 현실적으로 어려울 수도 있기 때문에 인터넷을 활용하여 비교 불가능한 차이에 의한 차별화 전략을 실시해도 자극의 강도를 강하게 하면 인터넷 이용자의 선호도를 바꿀 수 있다.

또한 소비자들은 속성을 일일이 생각하여 판단하는 정보통합관점(Kardes and Kalyanaram 1992; Zhang and Markman 1998)뿐만 아니라 특정 속성이나 사이트 자체의 이미지에 의해 판단하도록 하는 개념 주도적인 처리도 하기 때문에 후발진입 사이트는 개념 주도적 처리방식을 적극 활용하도록 하여야 한다.

이 실험의 한계로서는 먼저 실제 인터넷 사용 상황에 비해 매우 제한적인 실험이었다. 예를 들면 사이트의 반응 속도나 디자인과 같은 요소의 반영도 필요하며 소비자 행동에 영향을 미칠 수 있는 마케팅 요소를 반영해야 실무적으로 도움을 줄 수 있을 것이다. 또한 이 실험에서는 차이속성에 초점을 두었으나 공통속성도 호감도와 중요도가 있고 이용자들의 선호도에 영향을 미칠 것이다. 마지막으로 실제 경쟁 상황과 달리 하나의 후발진입 사이트만 진입하는 조건의 실험을 하여 현실의 경쟁 상황에 비해 지나치게 단순화한 측면이 있다.

(11) 김경진, 나준희(2005)의 연구

김경진, 나준희(2005)는 일반적으로 소비자는 제품선택 시, 대안적 속성비교의 어려움을 줄이기 위해 선발상표에 유리한 방향으로 제품정보를 왜곡시켜 지각하는 편향이 있다. 이러한 편향으로 인해 후발상표의 차별화 전략은 실패하는 경우가 많다. 이에 대한 본 연구는 후발상표가 선발상표를 상대하여 시장에 진출할 때에 소비자에게 어떻게 소구해야 후발상표에게 불리한 소비자의 정보왜곡성향을 극복할 수 있는지를 알아본다.

선발상표에게 유리한 방향으로 나타나는 소비자의 정보왜곡 정도는 인지적 속성비교의 어려움 상황에서도 감성적 속성비교의 어려움 상황에서 더 작을 것이다.

후발상표는 선발상표에 대해 본질적으로 불리함을 안고 경쟁한다. 즉 후발상표는 규모의 경제, 경험효과, 선전효과 등 경제적 관점뿐만 아니라 소비자행동 관점에서도 후발상표는 선발상표에 열세이다. 특히, 소비자는 선발상표에게 유리한 방향으로 제품정보를 왜곡시켜 받아들인다. 이러한 소비자의 제품정보 왜곡편향은 후발상표의 차별화에 치명적이다. 이러한 제품 정보의 왜곡편향을 완화하기 위해 감성적 부담감을 주는 속성을 강조하는 후발상표의 전략이 제품선택 시 소비자가 지각하는 속성비교 상황에서 인지적 속성비교의 어려움을 지각하는 상황으로부터 감성적 속성비교의 어려움으로 전환시킬 수 있다. 왜냐하면 소비자는 인지적 부담감보다 감성적 부담감에 더욱 민감하기 때문이다. 즉 감성적 부담감을 야기한 속성을 강조한다는 비록 후발상표라 할지라도 소비자의 정보왜곡편향을 극복할 수 있다.

첫째, 소비자가 제품을 선택하면서 선발상표에 유리한 방향으로 제품특성을 왜곡하여 받아들였다. 이는 만약 상표가 없는 상태라면 선발상표의 특징들은 상표가 있을 때만큼이나 우호적으로 해석되지 않는다. 이를 검증하기 위해 상표를 제시한 조건과 상표를 제시하지 않은 조건하에서 동일한 제품정보를 제시할 경우 상표를 제시하지 않은 조건보다 상표를 제시한 조건에서 선발상표의 특징을 호의적으로 평가한다. 즉 소비자는 선발상표에 유리하게 제품정보를 왜곡시킨다. 이것은 선발상표 이점의 원천이자 소비자 제품선택 노력을 덜어준다는 측면에서 소비자의 인지적 효용이다. 이러한 측면에서 소비자의 정보왜곡편향이 발생한다.

둘째, 소비자의 제품정보 왜곡을 줄이기 위해 후발상표는 감성적 부담감을 주는 속성을 제시하는 것이 그렇지 않은 경우보다 효과적이다. 후발상표가 감성적 속성비교 어려움을 유발시키는 조건과 인지적 속성 비교 어려움을 유발시키는 조건에서 인지적 어려움하에서 보다 감성적 어려움하에서 보다 적은 정보왜곡을 한다. 이것은 인지적 어려움이 지각되는 상황하에서보다 감성적 어려움이 지각되는 상황하에서 후발상표에게 더욱 호의적으로 인식된다는 것이다.

실무적 시사점은 첫째, 후발상표는 선발상표와 경쟁하기 위해서 무조건적인 혁신이나 차별화를 지향하는 것을 지양해야 한다. 왜냐하면, 후발상표가 차별화된 속성을 제시한다고 하더라도 그것은 소비자의 정보왜곡편향으로 인해 과소평가되거나 간과되기 쉽기 때문이다. 이에 따라 후발상표는 혁신과 차별화와 동시에 그러한 혁신과 차별화가 소비자에게 제대로 인식되는지를 점검해야 한다.

둘째, 후발상표가 선발상표와 경쟁함에 있어 광고소구방향은 제품속성에 기반을 둔 인지적 측면을 강조한 소구보다는 감성적 부담감을 주는 속성을 기반으로 하는 것이 소비자의 제품정보 왜곡편향을 상대적으로 줄일 수 있다. 따라서 선발상표와 경쟁하는 후발상표는 감성적인 부담감을 주는 속성들이 어떠한지를 살펴보아야 한다.

4. 연구모형 설정과 관련된 전략변수

앞 절에서 논의한 바에 따르면 후발기업은 선발이점을 극복하기 위해 포지셔닝전략, 가치전략, 마케팅 커뮤니케이션전략 등을 사용하는 것으로 나타났으며 시장력과 진입시차도 조정변수로서 매우 중요함이 밝혀졌다. 이 변수들을 Aaker(1998)나 Walker, Jr. et al.(1992)의 마케팅전략의 기본 틀에 따라 다음과 같이 정리할 수 있다. 시장력과 진입시차는 상황전략변수에 해당하고, 포지셔닝이 마케팅전략변수에 해당하며, 품질, 가격, 마케팅 커뮤니케이션은 마케팅믹스변수에 속한다고 볼 수 있다.

(1) 상황전략변수

상황전략변수와 관련된 변수는 진입시차(time lag)와 시장력으로 나눌 수 있는데 먼저 진입시차부터 논의하기로 한다.

일부 연구들은 후발기업이 선발기업에 비해 더 큰 시장점유율을 가지기 위해 보다 많은 마케팅 자원을 지출할 필요가 있다고 결론짓는(Urban, Carter, Gaskin, and

Mucha 1986) 반면, 진입시차가 짧은 후발기업은 무임승차효과(free-rider effect)를 향유한다고 주장하였다(Parker and Gatignon 1996). 선발기업은 제품범주 수용과 인지도를 창출하는 데 자원을 사용해야 하며, 후발기업은 제품채택에 초점을 둘 필요가 있다. 예를 들어, 후발기업은 가격인하가 제품매출을 높이지 못한다는 이전의 연구결과(Bond and Lean 1977; Carpenter and Nakamoto 1989)와 달리 Parker and Gatignon(1996)은 진입시차가 짧은 후발상표가 낮은 가격을 제공한다면 커다란 시용(trial)을 가져올 수 있는 높은 탄력성을 지닐 것이라고 주장하였다. 하지만, 결국 가장 늦은 후발진입자는 가격과 광고를 효과적으로 사용하기가 어렵게 된다. 후발기업은 진입시차에 따라 상이한 마케팅전략을 사용하여야 할 것으로 추정된다. 그 이유는 소비자들이 거의 동시에 다른 상표에 대한 정보에 노출될 때, 즉 진입시차가 짧을 때 차별적 학습과 선발이점이 감소하기 때문이다(Kardes and Kalyanaram 1992).

다음으로 시장력이다. 후발기업의 시장력에 따라 선발이점 극복이 달라질 것이다. 왜냐하면, 영업력이나 상표자산과 같은 핵심역량은 새로운 제품에 확장하여 사용될 수 있기 때문이다. Silk and Urban(1978)은 강력한 상표가 소비자로 하여금 신제품에 대한 신뢰감을 준다고 하며, Aaker(1992)는 상표의 선호도와 선택의 가능성을 증대시킨다고 하였다.

(2) 마케팅전략변수: 포지셔닝

마케팅전략변수로 가장 중요한 것은 표적시장선정(targeting)과 포지셔닝(positioning)이다. 앞 절에서 선발이점을 극복하는 전략으로 포지셔닝이 많이 거론되었기 때문에 본 연구에서는 포지셔닝만을 논의하도록 한다.

포지셔닝이란 고객의 마음속에 차별화 포인트를 심어주는 것으로 정의된다. 차별화 포인트는 속성, 편익 및 특징 등이 꼽힌다. 후발기업은 선발기업과 무엇으로든 차이(difference)를 강조해야만 한다.

포지셔닝 차이성의 측면에서 독특하게 포지셔닝된 선발제품의 핵심속성이 선발제품에 비해 늦게 출시된 제품의 속성과 비교될 때 중요한 영향을 미친다고 할 수 있다. 그러나 포지셔닝 차이성이 너무 크면 범주 자체가 매우 이질적이 되어 후발제품의 핵심속성으로서 선발제품의 속성과 비교하기 어렵게 되어 하위범주로 지각될 가능성이 크다. 한편, 포지셔닝 방향성은 소비자의 기존 범주 내에 상표를 위치시키는 것으로서 선발제품이 강조하는 속성, 편익 및 특징을 더욱 강조하는 것을 말한다. 선발제품과 후발제품과의 방향성 측면에서 차이가 작을수록(즉 유사성이 클수록) 유혹효과(attraction effect)로 인해 선발제품의 선택가능성이 커질 수 있다(Kardes 1999).

(3) 마케팅믹스변수

마케팅믹스를 전략변수로 활용하여 캐치업(catch−up)할 수 있다. 선발기업이 누리는 이점을 극복하려면 선발자에 비해 고가치전략을 구사해야 할 것이다. 〈그림 4−6〉은 Zeithaml(1988)의 모델이다. 〈그림 4−6〉에서 보는 바와 같이 지각된 희생

〈그림 4-6〉 지각된 품질, 가격 및 가치 간의 관계

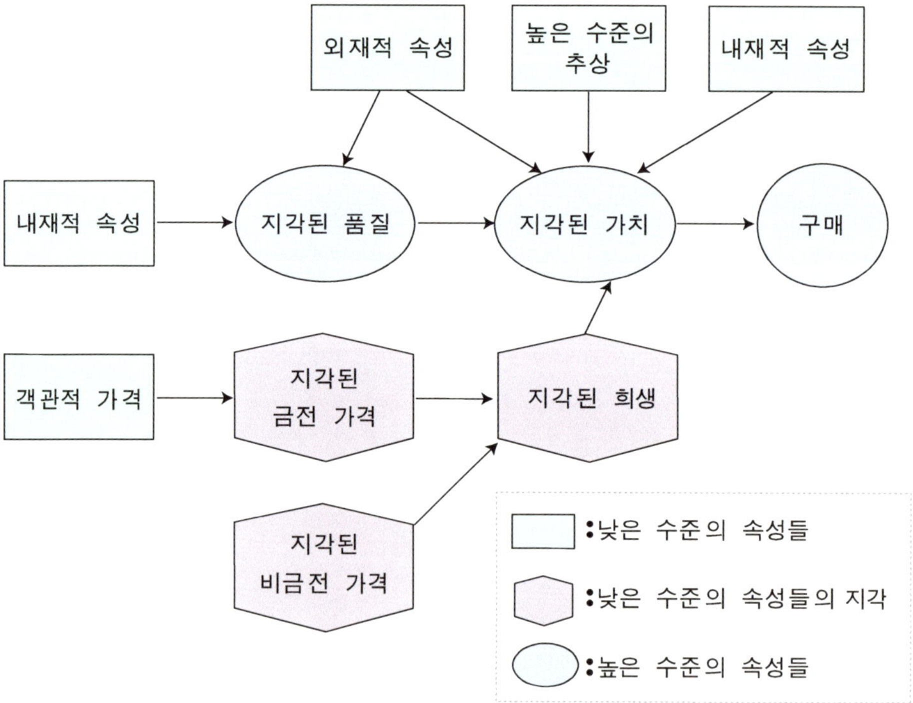

외재적 속성
높은 수준의 추상
내재적 속성
내재적 속성
지각된 품질
지각된 가치
구매
객관적 가격
지각된 금전 가격
지각된 희생
지각된 비금전 가격
:낮은 수준의 속성들
:낮은 수준의 속성들의 지각
:높은 수준의 속성들

자료원: Valavie A. Zeithaml(1988), "Consumer Perceptiom of Price, Quality, and Value: A Means−End Model and Synthesis of Evidence" *Journal of Marketing*, 52(July), 4.

을 줄여 지각된 가치를 높일 수 있고, 또한 광고를 비롯한 제품 품질의 유형화된 단서를 통해서도 지각된 가치를 높일 수 있다. 그러므로 품질의 유형화된 단서인 객관적 속성, 포장, 특징 등으로 지각된 품질의 수준을 높이고, 지각된 금전가격을 낮추어 지각된 희생을 줄여주며, 지각된 가치가 높아져 선발자가 누리는 선발이점을 극복할 수 있을 것이다. 더구나, 마케팅 커뮤니케이션은 지각된 품질을 높이는 데 매우 중요하다. 사실 어떠한 조직이든 간에 성공적으로 기능을 수행하기 위해서는 고객과의 효과적인 커뮤니케이션이 중요하다. 제품, 서비스 및 판매조건을 알리고, 고객과의 특정제품과 상표의 선택, 이벤트 참가, 및 기타 다양한 활동의 수행을 설득하고, 마케터의 활동에 맞추어 지체 없이 행동이 취해지도록 고객의 행동을 유도하는 목적을 달성하기 위해서는 고객과의 끊임없는 마케팅 커뮤니케이션이 중요하다. 이러한 여러 목적은 광고, 홍보, POP광고, 쿠폰 등과 같은 여러 가지 커뮤니케이션 수단을 통해서 달성된다(오창호 외 공역 1999).

제 4 절 연구모형 및 가설설정

1. 연구모형

앞서 살펴본 바와 같이 선발기업이 후발기업에 비해 분명(이론적, 실증적) 우수한 성과를 보이고 있는데, 이를 두고 본 연구에서는 선발이점이라고 정의한다. 선발이점에 대한 연구는 상당히 많다. 하지만, 대부분의 제품이 운명적으로 속할 수밖에 없는 후발자의 입장에서 선발이점을 극복하는 방안에 대한 연구는 소수이다(Schnaars 1988; Zhang and Markman 1998; Shanker, Carpenter, and Krishnamurthi 1998; Golder and Tellis 1996; 이윤철과 이동현 1997, 1998). 하지만 이들 연구들조차 혁신성, 차이성, 시장력 등을 따로 고려하여 진입순서효과를 논의하고 있다. 뿐만 아니라 진입시차에 대한 논의도 없다. 실제로 선발자가 시장진입에 따른 비용을 치르고 난

〈그림 4-7〉 후발기업의 캐치업전략에 관한 모형

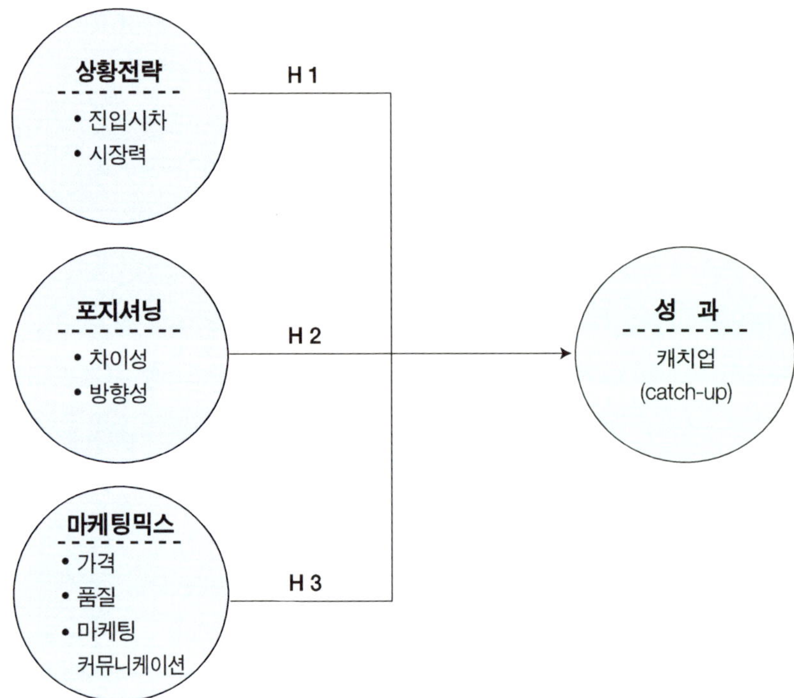

후, 후발로 진입하여 성공한 예가 많다. 마케팅부서에서는 마케팅믹스를 통해 선발 이점을 극복하려 한다. 또한 선발진입의 효과를 알고 있기 때문에 후발기업들이 굳이 1위를 달성하려 하지 않을 수도 있다. 이론과 실무의 이러한 현실을 감안하여 본 연구에서는 〈그림 4—7〉과 같은 연구모형을 제시한다. 본 연구모형이 기존연구와 다른 점은 다음과 같다.

첫째, 캐치업을 나름대로 다르게 정의했다. 시장점유율 1위만이 캐치업이 아니라 각 후발기업들이 나름대로 정한 기준을 달성한 경우에도 캐치업이라고 하여 그 의미를 확대 해석했다.

둘째, Aaker(1998)와 Walker, Jr. et al.(1992)이 제시하는 마케팅전략의 기본 틀에 의해 상황전략, 포지셔닝, 마케팅믹스 등을 같이 고려하여 실증적으로 분석하였다.

셋째, 포지셔닝을 차이성과 방향성으로 양분하여 정의한 것이 기존의 연구와 다른 점이다.

2. 가설설정

(1) 상황전략과 관련된 가설

Kardes(1999)는 선발자가 누리는 효과를 다음과 같이 제시하고 있다.

먼저, 소비자들이 선발상표와 후발상표를 비교할 때, 선발상표가 지닌 속성을 기준으로 비교한다고 하며, 이를 비교방향성효과(direction of comparison effect)라고 하였다. 둘째로, 후발상표가 많아질수록 소비자가 고려하는 대안은 오히려 선발상표 위주로 축소된다고 하여 부분 리스트 단서화(part－list cuing)가 생긴다고 하였다. 셋째로, 선발상표가 여러 상표들의 이상점을 만드는 형성효과(framing effect)도 생긴다고 하였다. 이러한 현상은 진입시차가 긴 경우에 더 선명하게 나타나기 때문에 진입시차가 짧을 경우, 후발상표는 무임승차효과(free－rider effects)를 향유할 수 있다고 하였다.

Kardes and Kalyanaram(1992)는 또한 우월한 후발기업이 첫째, 선발기업과의 많은 유사한 특징을 공유하고 둘째, 일련의 상표에 대한 정보가 상표들 간에 상대적으로 긴 시차가 존재할 때 선발이점을 극복할 수 없다고 하였다. 한편, 특정기업이 가진 상표자산, 이미지, 영업력, 유통망과 같은 마케팅역량이 선발자가 선점하고 있는 소비자의 기억을 바꿀 수는 없지만, 보다 많은 구매로 연결될 수 있게 하여 선발이점을 극복할 수 있을 것이다(Carpenter and Nakamoto 1990).

예컨대, 해태음료에서 봉봉이란 주스를 시장에 먼저 출시했으나, 막강한 영업력을 가진 롯데음료에서 쌕쌕이란 주스를 시판하여 1위가 된 것에서 마케팅역량의 예를 볼 수 있다. 보령장업에서 판매하고 있는 누크(Nuk)란 젖꼭지의 상표를 확장하여 뉴베이비 파우더를 시판한 결과 존슨 앤드 존슨이 장악하고 있던 유아용 파우더 시장에서 1위가 된 것도 그 예이다. 따라서 다음과 같은 가설을 설정한다.

H1: 후발제품의 상황전략에 따라 캐치업(catch－up)이 달라질 것이다.

▶H1－1: 후발제품의 진입시차가 짧을수록 캐치업이 쉬울 것이다.
▶H1－2: 후발제품의 시장력이 클수록 캐치업이 쉬울 것이다.

(2) 포지셔닝과 관련된 가설

Carpenter and Nakamoto(1989, 1990)는 후발기업이 포지셔닝을 어떻게 하느냐에 따라 선발기업의 독특성을 감소시킬 수 있으며, 더욱 바람직한 위치를 개발하고 구축할 수 있다고 주장한다.

Foster(1982)나 Urban, Carter, Gaskin, and Mucha(1986) 또한 후발기업이 차별화된 포지셔닝으로 진입하면 나름대로의 위치가 구축된다고 한다. 특히, 선발기업이 올바른 시장포지셔닝을 하지 못하면, 후발기업은 선발기업의 부정확한 포지셔닝으로부터 소비자 선호를 미리 알게 되어 보다 나은 포지셔닝을 할 수 있다고 한다(Hauser and Shugan 1983).

이와 관련한 우리나라 기업의 예들을 살펴보면 다음과 같다.

농심은 삼양에 비해 면보다는 스프를 강조함으로써 시장을 역전시켰고, 더 나아가 매운 맛을 제품컨셉으로 하는 신라면을 내놓아 라면시장 점유율 70%를 육박하고 있다. 신라면을 공격하기 위해 오뚜기에서 보다 더 매운 열라면을 내놓았으나 역부족인 상태이다. 이러한 현상을 보고 빙그레에서 차별적인 속성을 강조하여 매운콩라면을 내놓아 시장을 주도하고 있다. 화장지 업계에서 뽀삐가 올록볼록을 제품컨셉으로 하여 유한킴벌리의 화장지를 공격했고, 최근에는 쌍용제지에서 더 올롤볼록이란 제품컨셉으로 코디란 상표의 신제품을 내놓고 있다. 드링크류 요거트 시장의 후발주자인 빙그레에서는 장까지 유산균을 살아서 가게 하는 캡슐을 개발하여 단번에 2위 자리에 올랐다. 참이슬이나 참나무통 맑은 소주와 같이 소주의 제조과정에서 중요하지도 않은 것을 강조하여 공전의 히트를 치고 있는 예도 있으며, 애경에서 내놓은 동의생금치약은 죽염치약과 오복치약이 선전하고 있던 전통치약에서 양자의 장점을 결합하여 포지셔닝함으로써 성공을 거두고 있다. 현실의 여러 예를 고려해 볼 때, 포지셔닝은 차이성을 강조하는 것과 방향성을 강조하는 것으로 나눌 수 있다.

차이성이란 후발이 선발의 제품컨셉과 다르다는 것을 소구 포인트로 삼는 것으로 신라면, 뽀삐, 콩라면 등이 좋은 예이다. 이 경우, 차이가 커야 하는가 아니면, 작아도 되느냐가 문제인데, 참나무통 맑은 소주나 참이슬처럼 작은, 어쩌면 소주의 제조공정과는 관계가 없는 것으로도 가능하다. 사소한 차이도 차이성을 부각시키는 데 도움이 된다는 것은 이론적으로 뒷받침되고 있다(Carpenter, Glazer, and Nakamoto 1992). 한편, 방향성이란 열라면, 닥터캡슐, 코디, 동의생금치약 등에서 볼 수 있는 예로써, 마케팅에서 변함없는 진리라고 믿고 있는 "다다익선(More is better)" (Kardes 1999)이라는 규칙에 의해 좋은 포지셔닝으로 지지를 받고 있다.

하지만, 차이성과 방향성 모두 한계는 있다. 포지셔닝 차이성이 너무 크면 범주 자체가 매우 이질적이 되어 후발제품의 핵심속성으로 선발제품과 비교하기 어렵게 되어 하위범주로 지각될 가능성이 크다. 한편, 포지셔닝 방향성은 소비자의 기존 범주 내에 상표를 위치시키는 것으로서 선발제품이 강조하는 속성, 편익 및 특징을 더욱 강조하는 것을 말한다. 방향성 측면에서 선발제품과 후발제품 간의 차이가 작을수록(즉 유사성이 클수록) 유혹효과(attraction effect)로 인해 선발제품의 선택가능성이 커질 수 있다.

이러한 현실과 이론을 고려하여 다음과 같은 가설을 설정한다.

H2: 후발제품의 포지셔닝에 따라 캐치업(catch-up)이 달라질 것이다.

▶H2-1: 후발제품이 차이성에 소구하는 포지셔닝전략을 사용할수록 캐치업이 쉬울 것이다.

▶H2-2: 후발제품이 방향성에 소구하는 포지셔닝전략을 사용할수록 캐치업이 쉬울 것이다.

(3) 마케팅믹스와 관련된 가설

소비자는 고려상표군 내의 여러 대안 중 지각된 가치가 높은 대안일수록 보다 많이 구입할 것이다. Zeithaml(1998)의 논리에 의하면 지각된 품질과 지각된 희생으로 지각된 가치를 높일 수 있다고 한다. 품질은 유형단서(tangible cues)를 통해 지각되기 때문에 디자인, 스타일, 특징, 포장 등을 후발기업이 새롭게 한다면, 고품질로 지각되게 할 수 있을 것이다. 한편, 가격은 지각된 희생을 나타내기 때문에 가격이 낮을수록 지각된 가치를 높게 지각할 것이다. 하지만, 이 논리에 문제가 있다. 가격은 지각된 품질을 높이는 데 正(+)의 영향을 미칠 수가 있어 지나치게 낮은 가격은 오히려 負(−)의 영향을 가져올 수 있다. 저가격이 선발기업의 이점을 극복하는 데 효과적일 수 있다고 Schnaars(1994)는 주장하였다. 그는 소비자가 가격에 민감할 때 저가격이 특히 중요하다고 하였다. 저가격은 최고급 모델에 대한 열의가 떨어졌을 때, 선발자가 요구하는 높은 가격을 지불하게 하지 않는 확대된 대량시장에서 성공을 거두게 한다. 한편, Schnaars(1994)는 품질에 대한 유형단서뿐만 아니라 기술혁신을 위한 객관적 품질의 제고가 선발이점을 극복하는 데 유리하다고 하는데, LG의 평면TV X-캠버스에서 그 예를 볼 수 있다. Kardes(1999)는 선발기업이 여러 가지로 후발에 비해 유리한 점이 있으나, 특히 기억망을 형성케 하여 이상점과 비교기준이 되게 하기 때문에 더 강한 정보제공이 필요하다고 하였다. 정보의 제공이란 마케팅 커뮤니케이션인데, Kardes(1999)는 판단중심과 선택중심으로 마케팅 커뮤니케이션을 나누고, 후발기업의 경우 선택중심 마케팅 커뮤니케이션이 유리하다고 하였다. Carpenter and Nakamoto(1989, 1990)는 후발기업은 엄청난 광고와 높은 가격으로 우월한 상표를 효과적으로 추월할 것이고, 후발기업은 선발기업의 독특성을 감소시킬 수 있으며 더욱 바람직한 위치를 개발하고 구축할 수 있다고 주장하였다. 한편, Urban, Carter, Gaskin and Mucha(1986)는 비록 진입순서가 시장점유율의 결정요인이라 할지라도 후발기업은 엄청난 촉진 노력으로 경쟁열위를 극복할 수 있다고 주장하였다. 따라서 다음과 같은 가설을 설정한다.

H3: 후발제품의 마케팅믹스에 따라 캐치업(catch－up)이 달라질 것이다.

▶H3－1: 후발제품의 가격이 낮을수록 캐치업이 쉬울 것이다.

▶H3－2: 후발제품의 품질이 높을수록 캐치업이 쉬울 것이다.

▶H3－3: 후발제품의 마케팅 커뮤니케이션 노력이 클수록 캐치업이 쉬울 것이다.

제 5 절 연구방법

1. 표본설계

본 연구에서는 서울지역에 소재한 포장 소비재 업체를 연구대상으로 삼았고, 분석단위(unit of analysis)는 제품 범주(product category)로, 한 회사 내에서도 여러 응답자가 있을 수 있도록 하였다. 1차로 조사된 50개 제품범주, 150개 상표(식품 11, 음료 8, 생활용품 10, 제약 12, 기타 13)를 기초로 하여 100개 기업(식품 30, 음료 20, 생활용품 20, 제약 30)을 선정하여 이 중 후발로 시장에 진입한 제품을 대상으로 250부의 설문지를 배포하였다. 응답부서로는 마케팅 부서, 전략 부서 및 이와 관련 부서의 마케팅 매니저, 제품 매니저, 상표 매니저 등이다. 면접자로는 홍익대학교 경영학과 대학원생 8명을 교육시킨 후 1인당 30부씩, 그리고 연구자가 10부를 개인면접을 통해 자료를 수집하였다. 기간은 5월 6일부터 5월 12일까지 7일간 실시하였다.

2. 변수의 작업정의 및 설문지 구성

(1) 변수의 작업정의

1) 진입시차

진입시차란 선발제품이 출시된 후 경과한 시간을 말하고, 늦거나 빠른 것은 업계의 통상적인 예에 비추어 주관적으로 판단하게 했으며, 7점 리커트척도(Likert scale)로 측정하였다(예: 우리제품과 선발진입제품과의 진입시차가 크다). 한편, 주관적인 판단이 갖는 한계를 다소나마 줄이기 위해 객관적인 질문도 동시에 했다.

2) 시장력

시장력이란 마케팅 역량을 말하는 것으로 기업규모, 기술수준, 기업이미지, 명성, 경쟁위치 등으로 작업정의하고, 7점 리커트척도로 측정하였다(예: 우리회사는 선발진입자에 비해 명성이 높다).

3) 포지셔닝

포지셔닝은 차이성에 소구하는 것과 방향성에 소구하는 것으로 양분할 수 있는데, 전자는 후발제품이 선발제품에 비해 차별적인 속성, 편익 및 특징으로 포지셔닝했는지로 작업정의 한다. 또한 후자는 후발제품이 선발제품과 동일한 속성, 편익 및 특징을 더욱 강조하는지 작업정의 하여 7점 리커트척도로 측정하였다(예: 우리제품은 선발진입제품에 비해 차별적인 속성을 이용하여 포지셔닝한다. 우리제품은 선발진입제품과 동일한 속성을 더 강조하여 포지셔닝한다).

4) 품질

본 연구에서는 품질을 지각된 품질로 정의하고, 이를 나타내는 유형화된 단서로서 지각된 품질을 측정한다. 구체적으로 디자인/스타일, 포장, 특징, 및 객관적 품질 등을 7점 리커트척도로 측정하였다(예: 우리제품은 디자인/스타일 측면에서 선발진입제품에 비해 우수하다).

5) 가격

가격은 지각된 희생으로 작업정의하며, 고객의 지각된 가치와 연결되는 것으로 본다. 지각된 희생을 7점 리커트척도로 측정하였다(예: 우리제품은 선발진입제품에 비해 가격이 저렴하다).

6) 마케팅 커뮤니케이션

마케팅 커뮤니케이션은 마케터가 소비자와 접점에서 제공하는 각종 정보로 정의하며, 판단중심 마케팅 커뮤니케이션과 선택중심 마케팅 커뮤니케이션으로 나눈다. 하지만, 본 연구에서는 양자의 구분이 뚜렷하지 않은 관계로 마케팅 커뮤니케이션으로 통합하여 7점 리커트척도로 측정하였다(예: 우리제품은 선발진입제품에 비해 광고비 지출을 더 많이 한다).

7) 성과: 캐치업

본 연구에서는 캐치업을 단순히 선발기업을 추월하는 것으로 정의하지 않고, 선발추월, 선발견제, 목표만족 등으로 나누어 작업정의 한다. 선발기업을 추월하는 것, 선발기업의 독주를 막는 것, 그리고 자사가 정한 목표를 달성하는 것으로 나눌 수 있을 것으로 보고 7점 리커트척도로 측정하였다(예: 우리제품의 매출액이 선발진입제품을 앞질렀다).

(2) 설문지의 구성

본 연구에서는 위와 같은 변수의 작업정의에 근거하여 작성된 설문문항은 총 45개 문항으로 구성되어 있으며, 진입시차 1문항, 진입목표 3문항 및 일반사항 5문항을 제외하고는 모두 7점 리커트척도로 이루어져 있다. 포지셔닝 차이성 3문항, 포지셔닝 방향성 3문항, 품질 5문항, 가격 3문항, 마케팅 커뮤니케이션 7문항, 진입시차 2문항, 시장력 5문항, 세 가지 성과목표에 따라 각각 3문항씩 총 9문항, 그리고 일반사항 5문항 등 〈표 4-2〉와 같이 구성되어 있다.

〈표 4-2〉 설문지의 구성

변 수	문항번호
포지셔닝 차이성	문 1, 2, 3
포지셔닝 방향성	문 4, 5, 6
품질	문 1, 2, 3, 4, 5
가격	문 1, 2, 3
마케팅 커뮤니케이션	문 1, 2, 3, 4, 5, 6, 7
진입시차	문 1, 2
시장력	문 1, 2, 3, 4, 5
성과목표(각 목표)	문 A(1, 2, 3) B(1, 2, 3) C(1, 2, 3)
일반사항	문 1, 2, 3, 4, 5

3. 통계분석 방법

본 연구의 통계분석 절차는 다음과 같다.

첫째, 다항목으로 측정된 변수들의 신뢰성을 알파계수(Cronbach' s α)로 확인하였고, 이들 변수들의 판별타당성을 판단하기 위하여 직각회전(varimax rotation)에 의한 요인분석(factor analysis)을 실시하였다. 추가적으로 변수들 간의 관계를 상관관계분석으로 확인하였다.

둘째, 가설검증을 위하여 다중회귀분석(multiple regression analysis)을 사용하였다.

셋째, 실증분석 결과에 대한 추가적 논의에서는 변수 간 비교분석을 위하여 평균에 의한 분산분석(ANOVA) 및 Anderson−Rubin factor score에 의한 분산분석을 실시하였다. Anderson−Rubin factor score를 이용한 이유는 척도(scale)가 다른 변수를 비교, 분석하기 위하여 분포를 표준화(stadardization; mean=0, std. deviation=1)하기 위함이다. 또한 진입순서와 시장점유율 및 추구하는 성과목표 간의 관계를 조사하기 위하여 χ2 검정을 실시하였다.

제 6 절 가설검증 및 추가분석

1. 표본의 일반적 특성

본 연구에서는 우리나라 포장 소비재 산업을 대상으로 후발로 진입한 제품(상표)에 대하여 기업의 마케팅 부서, 전략 부서 및 이와 관련부서의 마케팅 매니저, 제품 매니저, 상표 매니저 등을 핵심응답자(key informant)로 선정하여 면접조사를 실시하였다. 이들 중 면접에 응한 236명 중 불성실한 설문 16부를 제외한 220부를 분석에 사용하였다(유효율: 93.2%). 응답자의 일반적 특성을 살펴보면 〈표 4-3〉과 같다.

첫째, 조사대상 산업은 생활용품(34.1%), 식품(30.9%), 제약(20.9%), 그리고 음료(14.1%) 순이었다.

둘째, 기업 내 응답자가 속한 부서의 경우는 본 연구와 밀접한 관련이 있는 마케팅(61.9%), 제품/제품범주/상표 관리자(9.5%), 전략/기획(8.2%), 그리고 홍보(8.2%) 부서가 전체 응답자의 87.8%로 조사대상의 중심이 되었다.

셋째, 응답자의 직위는 임원(1.9%), 부장(5.9%), 차장(6.8%), 과장(15.0%), 대리(42.3%), 그리고 실무 담당자(28.2%)였으며, 대부분(70.9%)이 3년 이상의 근무경력을 가지고 있는 것으로 나타났다. 따라서 전반적인 표본의 일반적 특성은 Phillips(1982)가 제시한 핵심응답자 기준에 적합하다고 볼 수 있다.

넷째, 조사된 응답자가 속한 기업의 초기 시장진입순서의 경우, 2위 40.9%, 3위 20.3%, 그리고 4위 이하가 36.8%로 나타났다. 본 연구는 후발기업을 대상으로 하기 때문에 시장선발진입자(1위)는 제외되었다.

다섯째, 후발주자로서 각 기업의 성과목표를 조사한 결과, 선발기업을 추월하는 것을 목표로 한 기업이 24.5%, 선발기업의 시장독주를 견제하는 것을 목표로 하는 기업이 13.2%, 그리고 자사의 상황에 맞게 목표를 설정하고 있는 기업이 53.6%인 것으로 나타났다.

여섯째, 조사된 후발기업의 현재 시장점유율이 1위인 경우가 24.5%, 2위인 경우가

〈표 4-3〉 표본의 일반적 특성

항목	값	빈도수(명)	구성비(%)
해당산업	생활용품	75	34.1
	식품	68	30.9
	제약	46	20.9
	음료	31	14.1
소속부서	마케팅	136	61.9
	제품/범주/상표 매니저	21	9.5
	전략/기획	18	8.2
	홍보	18	8.2
	영업	20	9.1
	경영지원	7	3.1
직위 (n=220)	임원	4	1.9
	부장	13	5.9
	차장	15	6.8
	과장	33	15.0
	대리	93	42.3
	실무담당자	62	28.2
근무년수	3년 이하	64	29.1
	3년 초과~6년 이하	70	31.8
	6년 초과~9년 이하	44	20.0
	9년 초과~12년 이하	19	8.6
	12년 초과~15년 이하	15	6.8
	15년 초과	8	3.6
해당기업 초기 시장진입순서 (n=220)	2위	90	40.9
	3위	49	22.3
	4위 이하	81	36.8
성과목표 (n=220)	선발기업 추월	73	33.2
	선발기업 견제	29	13.2
	자사목표 만족	118	53.6
해당기업 현재 시장점유율 (n=220)	1위	54	24.5
	2위	72	32.7
	3위 이하	94	42.8

32.7%, 그리고 3위 이하인 경우가 42.7%인 것으로 나타났다.

이와 같이 볼 때 표본의 구성이 본 연구상황에 적절한 것으로 판단된다.

2. 신뢰성, 타당성 및 변수 간 관련성 검증

(1) 신뢰성 검증

다항목으로 측정된 변수들의 신뢰성 분석결과는 〈표 4-4〉와 같다.

〈표 4-4〉 변수의 신뢰성

연구단위	항목수		최종항목		신뢰 계수
	최초	최종			
포지셔닝 방향성	3	3	동일한 속성을 더 강조하여 포지셔닝	IP1	.9458
			동일한 편익을 더 강조하여 포지셔닝	IP2	
			동일한 특징을 더 강조하여 포지셔닝	IP3	
포지셔닝 차이성	3	3	차별적인 속성을 이용하여 포지셔닝	DP1	.9375
			차별적인 편익을 이용하여 포지셔닝	DP2	
			차별적인 특징을 이용하여 포지셔닝	DP3	
저가격 전략	3	2	선발제품보다 가격이 저렴	LP1	.6790
			품질에 비해 가격이 저렴	LP2	
고품질 전략	5	5	선발제품보다 핵심편익에서 더욱 우수	HQ1	.8235
			선발제품보다 포장에서 더욱 우수	HQ2	
			선발제품보다 상표명에서 더욱 우수	HQ3	
			선발제품보다 다자인/스타일에서 더욱 우수	HQ4	
			선발제품보다 객관적 품질에서 더욱 우수	HQ5	
마케팅 커뮤니케이션	7	7	선발제품보다 더 많은 광고비 지출	MC1	.8631
			선발제품보다 더 많은 홍보활동 노력	MC2	
			선발제품보다 더 많은 소비자 판촉	MC3	
			선발제품보다 더 많은 직접마케팅	MC4	
			선발제품보다 더 많은 인적판매	MC5	
			선발제품보다 더 많은 중간상 판촉	MC6	
			선발제품보다 더 많은 POP 커뮤니케이션	MC7	
시장력	5	5	선발제품보다 더 큰 기업규모	MP1	.8672
			선발제품보다 더 큰 기술수준	MP2	
			선발제품보다 더 좋은 기업이미지	MP3	
			선발제품보다 더 높은 명성	MP4	
			선발제품보다 더 높은 경쟁위치	MP5	
성과	3	3	매출액(선발추월/선발견제/자사목표)	CP1	.8951
			시장점유율(선발추월/선발견제/자사목표)	CP2	
			수익성(선발추월/선발견제/자사목표)	CP3	

※ 삭제된 질문항목: 가격관련(문항3) 1문항

각 변수들에 대한 측정항목 중 신뢰성을 저해하는 1개 항목, 즉 가격과 관련된 설문문항 3이 분석에서 제외되었다.

결과적으로, 다항목으로 측정한 8개의 변수들 가운데 저가격 전략과 관련된 변수의 알파계수(Cronbach's α)값이 0.6790으로 나타났지만, 그 외의 6개의 변수의 α값이 0.8 이상으로 나타났으며 본 연구가 서베이법(survey method)임을 감안할 때 높은 내적일관성이 확보되었다고 판단할 수 있다. 그러므로 Nunnally(1967)가 말하는 기준(초기단계에서는 0.5 내지 0.6 정도면 족하고, 기존 연구는 0.8을 넘어야 함)을 모두 넘어섰다.

(2) 타당성 검증

가설검증을 위한 분석에 앞서, 다항목의 측정도구들의 판별타당성(discriminant validity)을 측정하기 위하여 요인분석을 실시하였다.

〈표 4-5〉에 나타난 바와 같이 7개 변수들의 측정항목들을 직각회전(varimax rotation)에 의한 요인분석을 실시한 결과 7개의 차원으로 항목들이 적재(loading)되었으며, 각 차원들은 본 연구에서 설정한 변수들의 측정항목들과 일관되게 일치하는 것으로 나타났다. 따라서 이 변수들에 대한 판별타당성이 확보되었다고 할 수 있으며, 이를 이용한 분석이 의미 있을 것으로 판단된다.

각 차원의 고유근(eigenvalue)은 후발기업의 마케팅 커뮤니케이션의 경우 7.770, 시장력의 경우 4.131, 포지셔닝 방향성의 경우 2.257, 고품질의 경우 1.828, 성과의 경우 1.713, 포지셔닝 차이성의 경우 1.393, 그리고 저가격의 경우 1.134로 나타났다.

〈표 4-5〉 다항목 변수들에 대한 요인분석(varimax rotation)

측정 항목	요인1 (커뮤니케이션)	요인2 (시장력)	요인3 (방향성)	요인4 (고품질)	요인5 (성과)	요인6 (차이성)	요인7 (저가격)
MC2	.792	.154	−.075	.145	.076	.137	−.144
MC3	.787	.711	.031	.182	.095	.152	−.040
MC7	.746	.103	−.052	.108	.084	.060	−.250
MC1	.742	.088	−.036	.193	.049	.028	−.204
MC4	.621	.236	−.030	.160	.178	.078	.201
MC5	.579	.289	−.084	.115	.279	.058	.163
MC6	.531	−.041	.043	.170	.230	.035	.244
MP4	.299	.855	.068	.094	.081	.004	.002
MP5	.226	.823	.019	.074	.220	.027	−.010
MP1	.101	.797	.165	.001	−.033	.061	.017
MP3	.165	.742	−.065	.242	.087	.010	−.076
MP2	−.009	.630	−.230	.418	.164	−.134	−.030
IP3	−.021	.028	.898	−.034	.029	−.281	.083
IP2	−.037	.049	.884	−.050	.069	−.237	.053
IP1	−.034	.035	.849	−.057	.087	−.281	.045
HQ4	.224	.069	.141	.733	.116	.322	−.100
HQ2	.248	.166	.083	.730	.037	.213	−.158
HQ3	.264	.076	−.028	.707	−.040	.194	−.061
HQ5	.182	.194	−.287	.706	.164	.003	.104
HQ1	.203	.268	−.334	.531	.132	−.005	.100
CP2	.199	.123	.011	.039	.901	.066	−.020
CP1	.202	.124	.102	.118	.883	.037	−.045
CP3	.165	.108	.037	.075	.809	.062	−.015
DP3	.166	.028	−.334	.184	.068	.827	−.057
DP1	.142	.014	−.344	.186	.118	.825	−.070
DP2	.137	−.013	−.325	.209	.032	.818	−.021
LP2	−.005	.060	−.046	.094	−.129	−.145	.865
LP1	.069	−.037	.251	−.284	.069	.034	.786
고유근	7.770	4.131	2.257	1.828	1.713	1.393	1.134
변량	14.057	12.143	10.908	10.710	9.454	9.094	5.884

주) 항목표시 기호에 해당하는 항목내용은 〈표 4−2〉에 나타나 있다.

(3) 변수 간 관련성 분석

분석에 이용될 다항목으로 측정된 8개의 변수의 평균과 단일항목으로 측정된 1개 변수(선발기업과의 진입시차)에 대한 상관관계분석 결과가 〈표 4-6〉에 나타나 있다.

먼저, 포지셔닝전략의 경우 포지셔닝 방향성과 포지셔닝 차이성의 상관계수가 −.541(p<.01), 그리고 저가격전략과 고품질전략의 상관계수가 −.154(p<.05)로 나타나고 있는데, 이는 각 기업들이 제한된 예산 및 능력 내에서 해당전략을 실행하는 데 상쇄효과(trade−off)가 있음을 반영하는 것으로 판단된다.

다음으로, 캐치업(성과)과 관련하여 차이성 포지셔닝(r=.149, p<.05), 고품질전략(r=.270, p<.01), 마케팅 커뮤니케이션전략(r=.413, p<.01), 그리고 후발기업의 시장력(r=.299, p<.01)이 正(+)의 상관관계가 있는 것으로 나타났으며, 선발기업과의 진입시차(r=.−154, p<.05)는 負(−)의 상관관계가 있는 것으로 나타나고 있다.

〈표 4-6〉 상관관계 분석결과

	성과	진입시차	시장력	차이성	방향성	고품질	저가격	커뮤니케이션
성과	4.0258[a] 1.5705[b]							
진입 시차	−.154*[c] .022[d]	4.5909 1.6178						
시장력	.299** .000	−.057 .398	4.6773 1.2347					
차이성	.149* .028	−.008 .908	.079 .245	5.0773 1.4554				
방향성	.072 .288	.020 .766	.023 .732	−.541** .000	3.5303 1.4537			
고품질	.270* .000	−.094 .167	.412** .000	.432** .000	−.198** .003	5.2909 .9658		
저가격	−.022 .745	−.112 .096	−.039 .566	−.187** .005	.172* .011	−.154* .023	4.2614 1.2289	
커뮤니 케이션	.413** .000	−.032 .636	.414** .000	.315** .000	−.077 .253	.530** .530**	.018 .791	4.2013 1.2818

1. 대각선상의 셀−a: 평균 그리고 b: 표준편차
2. 각 셀−c: 상관계수 d: 상관계수에 대한 유의성(*: p<.05, **: p<.01)

3. 가설검증

(1) 상황전략과 관련된 가설(가설 1)

캐치업효과에 대한 상황전략변수의 영향(H1)을 알아보기 위하여 다중회귀분석을 실시한 결과가 〈표 4-7〉에 나타나 있다. 각 회귀식별로 투입된 설명변수들은 요인분석으로부터 계산된 요인점수를 이용하였는데, 이는 변수들 간의 상관관계로 인한 다중공선성(multicollinearity)을 제거하기 위함이다. 그리고 결과변수인 캐치업효과는 평균을 이용하였다.

먼저, 진입시차에 따른 캐치업효과를 검증한 결과, 진입시차는 캐치업에 유의적인 負(−)의 영향을 미치는 것으로 나타났다(β=−.150, t=−2.425, $p<.05$). 그리고 후발기업의 시장력에 따른 캐치업효과 검증에서도 시장력이 유의적인 正(+)의 영향을 미치는 것으로 나타났다(β=.223, t=3.696, $p<.01$). 이는 선발기업과의 진입시차가 짧을수록, 그리고 후발기업의 시장력이 클수록 선발기업이 누리는 선발이점을 극복할 수 있다는 것을 의미한다. 따라서 상황전략변수와 관계된 가설 1−1과 가설 1−2는 모두 지지되었다.

(2) 포지셔닝과 관련된 가설(가설 2)

후발제품이 캐치업하는 데 포지셔닝 전략변수의 영향(H2)을 알아보기 위한 다중회귀분석의 결과는 〈표 4-7〉과 같다.

먼저, 차이성에 소구하는 포지셔닝전략과 관련된 가설(H2−1)을 검증한 결과, 차이성에 소구하는 포지셔닝전략은 후발기업의 캐치업에 한계적으로 유의적인 正(+)의 영향을 미치는 것으로 나타났다(β=.115, t=1.912, $p<.10$). 그리고 방향성에 소구하는 포지셔닝전략과 관련된 가설(H2−2)의 검증결과, 방향성에 소구하는 포지셔닝전략 또한 캐치업에 한계적으로 유의적인 正(+)의 영향을 미치는 것으로 나타났다(β=.111, t=1.835, $p<.10$).

이 결과는 후발기업이 포지셔닝전략을 사용하는 데 있어서, 해당 제품이 선발제품

〈표 4-7〉 전략변수들에 따른 캐치업효과

회귀식	결과변수	설명변수 (가설)	회귀계수	표준오차	표준화 된 회귀계수	t (sig.)
F=9.047 (p=.000) R2=.230	캐치업 효과	진입시차 (H1-1)	-.145	.060	-.150	-2.425 (.016)
		시장력 (H1-2)	.350	.095	.223	3.696 (.000)
		차이성 (H2-1)	.181	.095	.115	1.912 (.057)
		방향성 (H2-2)	.174	.095	.111	1.835 (.068)
		고품질 (H3-1)	.169	.095	.108	1.772 (.078)
		저가격 (H3-2)	-.027	.096	-.107	-.283 (.778)
		커뮤니케이션 (H3-3)	.542	.095	.345	5.728 (.000)

과는 다른 속성, 편익, 및 특징을 강조하는 차이성에 소구하는 포지셔닝전략을 사용하는 경우에 효과적으로 캐치업할 수 있음을 의미한다. 뿐만 아니라, 해당 제품의 속성, 편익 및 특징이 선발제품과 동일하더라도 그 속성, 편익, 및 특징을 더욱더 강조하는 방향성에 소구하는 포지셔닝전략을 사용하는 경우에도 캐치업할 수 있는 것으로 나타났다.

따라서 포지셔닝 전략변수와 관련된 가설 2-1과 2-2도 지지되었다.

(3) 마케팅믹스와 관련된 가설(가설 3)

캐치업에 대한 마케팅믹스 전략변수의 영향(H3)을 알아보기 위한 다중회귀분석의 결과도 〈표 4-7〉에 제시되어 있다.

먼저, 고품질전략과 관련된 가설 3-1을 검증한 결과, 고품질전략은 캐치업에 한계적으로 유의적인 正(+)의 영향을 미치고 있는 것으로 나타났다(β=.108, t=1.772, p ＜.10). 다음으로 저가격전략과 관련된 가설 3-2의 검증결과, 가설과는 달리 저가격전략이 캐치업에 미치는 영향은 유의적이지 못한 것으로 나타났다($\beta=-.107$, $t=-.283$, $p>.10$). 또한 후발제품의 마케팅 커뮤니케이션 전략과 관련된 가설 3−3의 검증결과, 마케팅 커뮤니케이션은 캐치업에 강한 正(+)의 영향을 미치는 것으로 나타났다($\beta=.345$, $t=5.728$, $p<.01$).

이 결과는 후발제품이 선발제품을 캐치업하기 위해서는 특히 광고, 홍보, 판촉, 인적판매 등의 마케팅 커뮤니케이션전략을 강화해야 할 것이며, 기본적으로는 후발제품이 선발제품에 비하여 품질 면에서 우수해야 함을 보여준다. 그러나 가격은 후발제품이 캐치업하는 데 있어서 그다지 중요하지 않은 변수로 나타났다. 이는 후발제품이 시장에 진입하는 시점에서 이미 선발제품은 기존에 확보된 시장점유율을 바탕으로 규모의 경제를 누릴 수 있는 여건이 마련된 상태라고 할 수 있기 때문에 현실적으로 저가격전략은 후발제품보다는 오히려 선발제품이 후발제품의 진입에 대응하여 취하는 전략으로 많이 쓰이기 때문인 것으로 판단된다.

따라서 마케팅믹스 전략변수에 관한 가설 중에서 고품질전략 및 마케팅 커뮤니케이션전략과 관련된 가설 3−1과 3−3은 지지되었으나, 저가격전략과 관련된 가설 3−2는 지지되지 않았다. 가설검증 결과를 요약하면 〈표 4−8〉과 같다.

〈표 4-8〉 가설검증 결과의 요약

가설	내용	지지여부
H1−1	진입시차가 짧을수록 캐치업 용이	○
H1−2	시장력이 클수록 캐치업 용이	○
H2−1	차이성에 소구하는 포지셔닝전략→캐치업 용이	○
H2−2	방향성에 소구하는 포지셔닝전략→캐치업 용이	○
H3−1	저가격전략→캐치업 용이	×
H3−2	고품질전략→캐치업 용이	○
H3−3	마케팅커뮤니케이션 노력 클수록 캐치업 용이	○

4. 추가분석

(1) 후발기업의 성과목표에 따른 마케팅전략

국내의 시장에서 후발기업들이 각기 자신들의 성과목표에 따라 어떤 마케팅전략을 어느 정도 수행하고 있는지 분석한 결과가 〈표 4－9〉에 나타나 있다.

먼저, 성과목표에 따라 각 전략변수들을 어느 정도 강조하고 있는지를 판단하기 위하여 변수들의 평균값에 대한 분산분석을 실시하였다.

첫째, 기업목표에 따라 각 포지셔닝 전략 강조 정도를 살펴보면 다음과 같다. 선발기업의 시장주도 견제($\overline{X}_{1.\text{선발견제}}$=4.218)를 목표로 하는 기업들이 선발추월($\overline{X}_{1.\text{선발추월}}$=3.416) 및 자사목표($\overline{X}_{1.\text{목표만족}}$=3.432) 만족을 추구하는 기업들에 비하여 방향성을 더욱 강조하는 것으로 나타났다(F=3.842, p＜.05). 또한 선발기업을 추월($\overline{X}_{2.\text{선발추월}}$=5.283)하거나 자사의 목표를 달성($\overline{X}_{2.\text{목표만족}}$=5.138)하고자 하는 기업들이 선발기업을 견제($\overline{X}_{2.\text{선발견제}}$=4.310)하려는 기업들에 비하여 차이성을 강조하고 있는 것으로 나타났다(F=5.040, p＜.01).

둘째, 기업목표에 따라 각 마케팅믹스전략의 강조 정도를 살펴보면 다음과 같다. 선발추월, 선발견제, 및 자사목표 추구 기업들 간의 저가격 전략에 대한 강조 정도에 있어서는 차이가 없는 것으로 나타났다(F=1.345, p＜.10). 그러나 선발추월($\overline{X}_{4.\text{선발추월}}$=5.619)을 추구하는 경우, 선발견제($\overline{X}_{4.\text{선발견제}}$=4.759) 및 자사목표($\overline{X}_{4.\text{목표만족}}$=5.219) 추구의 경우에 비하여 고품질 전략을 더욱 강조하고 있는 것으로 나타났다(F=9.660, p＜.01).

다음으로 성과목표에 따라 각 전략들 중 어떤 전략을 강조하고 있는지를 Anderson－Rubin factor score의 차이를 paired t－test를 이용하여 분석하였다.

첫째, 포지셔닝 전략에 있어서 선발견제를 추구하는 기업의 경우 차이성에 비하여 방향성을 상대적으로 더욱 강조하는 것으로 나타났다(t=2.817, p＜.01). 하지만 선발추월 혹은 자사목표를 추구하는 기업의 경우 방향성 및 차이성 포지셔닝에 대한 강조에 있어서 차이가 없는 것으로 나타났다(p＜.10).

〈표 4-9〉 성과목표에 따른 마케팅전략

결과변수	평균(표준편차)	설명변수(성과목표) 선발추월 추구(n=73)	선발견제 추구(n=29)	목표만족 추구(n=118)	구분	총합제곱	자유도	평균제곱	F값(sig.)
방향성	3.530[a]	3.416	4.218	3.432	집단 간	15.828	2	7.914	3.842
	(1.454)				집단 내	446.970	217	2.060	(.023)
	0[b]	−.042	**.360**	−.062					
	(1)								
차이성	5.077	5.283	4.310	5.138	집단 간	20.591	2	10.296	5.040
					집단 내	443.371	217	2.043	(.007)
	0	.135	−.444	.026					
	(1)								
방향성	평균차이	−.177	.804	.088	방향성과 차이성의 Anderson−Rubin factor score[N(0, 1)]를 이용한 paired t−test 결과				
−	t값	−1.153	2.817	−.689					
차이성	p값	.253	.009	.492					
저가격	4.261	4.301	4.569	4.161	집단 간	4.049	2	2.024	1.345
	(1.229)				집단 내	326.673	217	1.505	(.263)
	0	.102	−**.029**	−.056					
	(1)								
고품질	5.291	5.619	4.759	5.219	집단 간	16.699	2	8.350	9.660
	(.966)				집단 내	187.562	217	.864	(.000)
	0	.318	−.557	−.060					
	(1)								
저가격	평균차이	.216	.529	.004	저가격과 고품질의 Anderson−Rubin actor score[N(0, 1)]를 이용한 paired t−test 결과				
−	t값	−1.257	2.304	.028					
고품질	p값	.213	.029	.978					

a: 해당변수를 구성하는 다항목들의 평균분포상의 평균값
b: 요인분석 후 계산된 해당변수의 Anderson−Rubin factor score[N(0, 1)]

둘째, 마케팅믹스전략에 있어서 선발견제를 추구하는 기업의 경우, 고품질 전략에 비하여 저가격 전략을 상대적으로 더욱 강조하는 것으로 나타났다($t=2.304$, $p<.05$). 그러나 선발추월 혹은 자사목표를 추구하는 기업의 경우, 저가격 및 고품질 전략에 대한 강조에 있어서 차이가 없는 것으로 나타났다($p<.10$).

또한 성과목표에 따라 위에서 언급한 변수 이외의 전략변수들이 어떤 차이가 있는지를 분석한 결과, 〈표 4−10〉와 같이 나타났다.

〈표 4-10〉 성과목표에 따른 기타 마케팅전략

결과 변수	평균 (표준편차)	설명변수(성과목표)			구분	총합 제곱	자유도	평균 제곱	F값 (sig.)
		선발추월 추구(n=73)	선발견제 추구(n=29)	목표만족 추구(n=118)					
진입 시차	4.591 (1.618)	4.425 (1.632)	4.483 (1.724)	4.720 (1.585)	집단 간 집단 내	4.334 568.848	2 217	2.167 2.621	.827 (.439)
시장력	4.677 (1.235)	5.175 (1.230)	4.300 (1.318)	4.463 (1.127)	집단 간 집단 내	27.745 306.101	2 214	13.873 1.411	9.834 (.000)
마케팅 커뮤니 케이션	4.224 (1.198)	4.626 (1.041)	3.902 (1.156)	4.054 (1.243)	집단 간 집단 내	18.196 296.188	2 217	9.098 1.365	6.664 (.002)

먼저, 후발기업이 추구하는 성과목표에 따른 진입시차는 유의적인 차이가 없는 것으로 나타났다($\overline{X}_{5.선발추월}$=4.425, $\overline{X}_{5.선발견제추구}$=4.483, $\overline{X}_{5.목표만족추구}$=4.720; F=.827, $p>.10$). 이는 후발기업이 추구하는 성과목표와는 무관하게 진입시차를 짧게 할수록 그 성과를 잘 달성할 수 있다는 것을 의미한다. 다음으로 시장력과 관련하여 선발추월을 성과목표로 삼고 있는 기업들($\overline{X}_{6.선발추월}$=5.175)의 경우에 다른 두 집단에 속한 기업들($\overline{X}_{6.선발견제추구}$=4.300, $\overline{X}_{6.목표만족추구}$=4.463)에 비하여 시장력을 더욱 크게 강조하고 있는 것으로 나타났다(F=9.834, $p<.01$). 마케팅 커뮤니케이션과 관련해서는 선발추월을 성과목표로 삼고 있는 기업들($\overline{X}_{7.선발추월}$=4.626)의 경우에 다른 두 집단에 속한 기업들($\overline{X}_{7.선발견제추구}$=3.902, $\overline{X}_{7.목표만족추구}$=4.054)에 비하여 마케팅 커뮤니케이션 노력을 더욱 강조하고 있는 것으로 나타났다(F=6.664, $p<.01$). 이는 성과목표 중에서 선발견제나 목표만족추구보다는 공격적인 목표라고 할 수 있는 선발추월을 추구하고 있는 기업의 경우에 시장력과 마케팅 커뮤니케이션 노력을 더 중요하게 여기고 있음을 보여준다.

한편, 각 성과목표에 따른 포지셔닝전략(방향성, 차이성)과 마케팅믹스전략(저가격, 고품질)이 어떻게 달라지는가를 분석한 본 연구의 추가분석 내용은 현재 국내 기업들이 각 성과목표를 달성하기 위해 실제로 어떤 전략을 행하고 있는지를 보여주는 것이다. 이를 캐치업에 대한 전략변수들의 효과성을 검증한 결과와 비교해 볼 필요가 있다. 따라서 다시 세 가지 성과목표별로 구분하여 캐치업에 대한 전략변수들의 효과

<표 4-11> 캐치업에 대한 전략변수의 효과성

결과변수[a]	설명변수[b] (회귀식 I)		F (sig.)	R^2	설명변수 (회귀식 II)		F (sig.)	R^2
성과 목표별	방향성 (X_1)	차이성 (X_2)			저가격 (X_3)	고품질 (X_4)		
전체	.206[c]	.303	6.265	.055	−.003	.411	8.011	.069
캐치업	**.131**[d]	**.193**	(.002)		−.020	**.261**	(.000)	
효과	1.992[e]	2.926			−.304	3.991		
(Y)	.048[f]	.004			.761	.000		
선발	.425	.313	3.206	.084	.107	.327	1.066	.030
추월	**.234**	.169	(.047)		.061	.154	(.350)	
효과	2.049	1.477		.516	1.297			
(Y1)	.044	.144		.608	.199			
선발	−.005	.413	1.706	.116	−.191	.624	3.871	.229
견제	−.029	**.332**	(.201)		−.108	**.486**	(.034)	
효과	−.151	1.738			−.620	2.779		
(Y2)	.881	.094			.540	.010		
목표	.008	.314	3.181	.052	−.145	.417	6.503	.102
만족	.060	.216	(.045)		−.105	.293	(.002)	
효과	.656	2.364		−1.189	3.304			
(Y3)	.513	.020		.237	.001			

a: 다중항목들에 대한 평균값을 이용
b: 각 회귀식별로 투입된 설명변수들은 요인점수(varimax rotation)를 이용
c: 회귀계수(unstandardized coefficient)
d: 표준화된 회귀계수(standardized coefficient: beta)
e: 회귀계수에 대한 t값
f: t값에 대한 유의성(p값)

성에 대하여 다중회귀분석을 실시하였다. 그 결과는 <표 4−11> 에 제시되어 있다.

전술한 국내 기업이 성과목표에 따라 강조하고 있는 전략들과 추가분석에서 살펴본 전략변수들의 캐치업에 대한 효과성에 대한 비교분석을 실시하였다<표 4−12 참조>.

이를 구체적으로 살펴보면 다음과 같다.

첫째, 후발기업이 선발기업을 추월하는 데 목표를 둔 경우 포지셔닝 차이성에 비해 방향성이 캐치업 효과가 높은데도 불구하고 현재 국내 기업들은 두 전략을 비슷한 수준으로 강조하고 있다.

둘째, 후발기업이 선발기업을 견제하는 것이 목표일 경우 포지셔닝 방향성에 비해

〈표 4-12〉 캐치업에 대한 전략변수들의 효과성과 국내 기업이 강조하는 캐치업전략 비교

성과목표	캐치업에 대한 전략변수들의 효과성		현재 국내 기업이 강조하는 전략
선발추월	방향성>차이성 저가격≒고품질		방향성≒차이성 저가격≒고품질
선발견제	방향성<차이성 저가격<고품질		방향성>차이성 저가격>고품질
자사목표 달성	방향성<차이성 저가격<고품질		방향성≒차이성 저가격≒고품질
현재 시장 점유율 (n=220)	1위	54	24.5%
	2위	72	32.7%
	3위 이하	94	42.8%

차이성이 그리고 저가격에 비해 고품질전략이 캐치업 효과가 높은데도 불구하고, 현재 국내 기업들의 노력은 이와 상반되게 행하여지고 있다.

셋째, 후발기업이 나름대로의 목표를 달성하고자 할 경우에도 선발견제를 목표로 할 때와 동일하게 포지셔닝 방향성에 비해 차이성이 그리고 저가격에 비해 고품질전략이 선발기업을 캐치업하는 데 효과가 높았다. 하지만, 현재 국내 기업들은 포지셔닝 방향성 및 차이성, 그리고 저가격 및 고품질전략을 비슷한 수준으로 강조하고 있는 것으로 나타났다.

(2) 진입순서와 성과목표, 성과목표와 시장점유율, 그리고 진입순서와 시장점유율 간의 관계

1) 진입순서와 성과목표 간의 관계

후발기업의 진입순서와 성과목표에 대한 χ^2test 결과가 〈표 4-13〉에 나타나 있다.

분석결과에 따르면, 후발기업의 진입순서에 따라 성과목표는 차이가 없는 것으로 나타났다(χ^2=5.158, $p>.10$). 구체적으로 후발기업이 2위, 3위 혹은 4위 이하로 진입했는지의 여부에 따라 기업의 성과목표, 즉 선발추월, 선발견제 혹은 자사목표 만족 여부를 결정하지 못한다는 것이다. 이는 기업이 추구하는 전략이 진입순서와 무관

<표 4-13> 진입순서에 따른 성과목표

빈도 기대빈도 진입순서에 따른 비율 성과목표에 따른 비율 전체비율		성과목표			전체
		선발추월	선발견제	자사목표만족	
진입순서	2위	**35** **29.9** 38.9% 47.9% 15.9%	**10** **11.9** 11.1% 34.5% 4.5%	**45** **48.3** 50.0% 38.1% 20.5%	**90** **90.0** 100.0% 40.9% 40.9%
	3위	**17** **16.3** 34.7% 23.3% 7.7%	**9** **6.5** 18.4% 31.0% 4.1%	**23** **26.3** 46.9% 19.5% 10.5%	**49** **49.0** 100.0% 22.3% 22.3%
	4위 이하	**21** **26.9** 25.9% 28.8% 9.5%	**10** **10.7** 12.3% 34.5% 4.5%	**50** **43.4** 61.7% 42.4% 22.7%	**81** **81.0** 100.0% 36.8% 36.8%
전체		**73** **73.0** 33.2% 100.0% 33.2%	**29** **29.0** 13.2% 100.0% 13.2%	**118** **118.0** 53.6% 100.0% 53.6%	**220** **220.0** 100.0% 100.0% 100.0%

하게 결정된다는 것으로 판단된다.

2) 성과목표와 시장점유율 간의 관계

후발기업의 성과목표와 현재의 시장점유율의 관계에 대한 $\chi 2$ test 결과가 <표 4-14> 에 나타나 있다.

분석결과에 따르면, 후발기업의 시장진입 시 성과목표에 따라 현재의 시장점유율에 차이가 있는 것으로 나타났다(χ^2=31.908, p<.01). 구체적으로, 성과목표를 선발

〈표 4-14〉 후발기업 시장진입 시 성과목표에 따른 시장점유율

빈도 기대빈도 진입순서에 따른 비율 성과목표에 따른 비율 전체비율		현재 시장점유율			전체
		1위	2위	3위 이하	
성과목표	선발추월	**33** **17.9** 45.2% 61.1% 15.0%	**21** **23.9** 28.8% 29.2% 9.5%	**19** **31.2** 26.0% 20.2% 8.6%	**73** **73.0** 100.0% 33.2% 33.2%
	선발견제	**1** **7.1** 3.4% 1.9% 5%	**15** **9.5** 51.7% 20.8% 6.8%	**13** **12.4** 44.8% 13.8% 5.9%	**29** **29.0** 100.0% 13.2% 13.2%
	자사목표 추구	**20** **29.0** 16.9% 37.0% 9.1%	**36** **38.6** 30.5% 50.0% 16.4%	**62** **50.4** 52.5% 66.0% 28.2%	**118** **118.0** 100.0% 53.6% 53.6%
전체		**54** **54.0** 24.5% 100.0% 24.5%	**72** **72.0** 32.7% 100.0% 32.7%	**94** **94.0** 42.7% 100.0% 42.7%	**220** **220.0** 100.0% 100.0% 100.0%

추월로 설정한 경우 현재의 시장점유율이 1위인 기업의 빈도(33개 기업, 선발추월을 목표로 하는 73개 기업 중 45.2%)가 높았으며, 선발견제 혹은 자사목표로 선정한 경우에는 현재의 시장점유율이 2위 이하인 기업의 빈도가 높은 것으로 조사되었다. 이는 성과목표에 따른 기업의 노력이 반영된 것으로 판단된다.

3) 진입순서와 시장점유율 간의 관계

후발기업의 시장진입순서와 현재의 시장점유율의 관계에 대한 χ^2-test 결과가 〈표

4−15〉에 나타나 있다. 분석결과에 따르면, 후발기업의 시장진입 시 순서에 따라 현재의 시장점유율에 차이가 있는 것으로 나타났다(χ^2=43.346, p<.01). 구체적으로, 시장진입순서가 2위인 경우 현재의 시장점유율이 1위 혹은 2위인 기업의 빈도가 높았으며(75개 기업, 진입순서가 2위인 90개 기업 중 83.3%), 시장진입순서가 3위 혹은 4위 이하인 경우에는 현재의 시장점유율이 3위 이하인 기업의 빈도가 높은 것으로 조사되었다. 즉 선발기업과 진입시차가 짧을수록 선발이점을 극복한 기업이 많은 것으로 나타났다.

〈표 4-15〉 후발기업 진입순서에 따른 현재 시장점유율

빈도 기대빈도 진입순서에 따른 비율 성과목표에 따른 비율 전체비율		현재 시장점유율			전체
		1위	2위	3위 이하	
성과목표	2위	**31** **22.1** 34.4% 57.4% 14.1%	**44** **29.5** 48.9% 61.1% 20.0%	**15** **38.5** 16.7% 16.0% 6.8%	**90** **90.0** 100.0% 40.9% 40.9%
	3위	**8** **12.0** 16.3% 14.8% 3.6%	**13** **16.0** 26.5% 18.1% 5.9%	**28** **20.9** 57.1% 29.8% 12.7%	**49** **49.0** 100.0% 22.3% 22.3%
	4위 이하	**15** **19.9** 18.5% 27.8% 6.8%	**15** **26.5** 18.5% 20.8% 6.8%	**51** **34.6** 63.0% 54.3% 23.2%	**81** **81.0** 100.0% 36.8% 36.8%
전체		**54** **54.0** 24.5% 100.0% 24.5%	**72** **72.0** 32.7% 100.0% 32.7%	**94** **94.0** 42.7% 100.0% 42.7%	**220** **220.0** 100.0% 100.0% 100.0%

제 7절 결 론

1. 연구결과의 요약 및 실무적 시사점

본 연구의 목적은 후발기업이 선발기업을 캐치업하는 데 중요한 전략변수를 파악하고 각 변수의 영향력을 알아보는 데 있다.

첫째, 후발제품이 선발제품을 캐치업하는 데 진입시차, 시장력, 포지셔닝, 고품질단서, 마케팅 커뮤니케이션전략이 중요한 변수임이 확인되었다.

둘째, 후발제품이 선발제품을 캐치업하는 데 저가격전략은 중요한 변수가 아닌 것으로 파악되었다. 이는 후발제품이 시장에 진입하는 시점에서 이미 선발제품은 기존에 확보된 시장점유율을 바탕으로 규모의 경제를 누릴 수 있는 여건이 마련된 상태라고 할 수 있기 때문에 현실적으로 저가격전략은 후발제품보다는 오히려 선발제품이 후발제품의 진입에 대응하여 취하는 전략으로 많이 쓰이기 때문인 것으로 판단된다. 또한 가격이 지각된 품질의 지표가 될 수 있기 때문에 저가격전략은 피하는 것으로 생각된다.

셋째, 후발기업이 캐치업하는 데 각 변수의 영향력은 마케팅 커뮤니케이션(β=.345), 시장력(β=.223), 진입시차(β=−.150), 포지셔닝 차이성(β=.115), 포지셔닝 방향성(β=.111), 고품질(β=.108) 순으로 나타나 우리나라 기업들은 전략차원에서 중요한 변수인 포지셔닝보다 마케팅 커뮤니케이션이나 시장력에 의존하는 경향이 높은 것으로 파악되었다.

넷째, 후발제품이 설정하는 목표가 언제나 선발제품의 추월이 아니라는 사실이 밝혀졌다. 선발제품 추월을 목표로 한 경우는 24.5%로 상대적으로 소수이며, 나름대로의 목표만족이 53.6%로 다수를 차지하고 있다.

다섯째, 추가분석이기는 하나 캐치업 목표에 따라 유용한 전략변수가 다른 것이 확인되었다. 후발제품이 선발제품을 캐치업하는 데 있어서 그 목적이 선발추월일 경우 포지셔닝 차이성에 비해 포지셔닝 방향성이 효과적인 반면 선발견제 및 목표만족을 목적으로 할 경우 포지셔닝 방향성에 비해 포지셔닝 차이성이 효과적인 것으로 나타났다. 한편, 목표에 관계없이 저가격전략보다 고품질전략이 선발기업을 캐치업하는 데 효과적인 것으로 나타났다.

이론적 의미는 다음과 같다.

Urban et al.(1986)은 마케팅 포지셔닝과 광고비 지출이 진입순서보다 시장점유율에 중요한 변수라고 했고, Robinson and Fornell(1985)은 광고비가 많이 투입되는 산업에서 선발이점이 작다고 했다. 한편 Schnaars(1994)는 낮은 가격, 높은 품질, 그리고 시장력이 캐치업에 중요한 변수라고 했다. Zang and Markman(1998)은 포지셔닝 차이성보다는 포지셔닝 방향성이 캐치업에 유리하다고 하였다.

이들의 연구결과와 본 연구결과를 비교하면 다음과 같은 이론적 의미를 찾을 수 있다.

첫째, 후발기업의 마케팅 커뮤니케이션 노력과 시장력이 선발기업을 캐치업하는 데 중요하다는 것은 이론적 일치를 보인다.

둘째, 선행연구와의 가장 큰 차이점은 포지셔닝전략과 관련된 것이다. 우리나라 기업의 경우 다른 전략들에 비해 포지셔닝전략이 상대적으로 덜 중요한 것으로 나타났다. 또한 후발기업이 설정한 목표에 따라 포지셔닝 차이성과 방향성의 효과가 달라지는 것으로 나타났다. 이는 우리나라의 문제인지 아니면 기존 연구의 문제인지가 과제로 남는다.

셋째, 저가격전략은 중요한 변수가 아니었다.

넷째, 진입시차를 지금까지 연구에서는 고려하지 않았으나 매우 중요한 것으로 나타났다. 최근의 연구에서 Shankar et al.(1999)은 제품수명주기상 성장기에 후발로 진입하는 것이 유리하다고 하여 본 연구의 결과를 지지한다.

본 연구의 실무적 시사점은 다음과 같다.

첫째, 선발자보다는 후발자가 많을 수밖에 없는 것이 현실이다. 그렇기 때문에 후발자로 진입하는 경우, 마케팅 커뮤니케이션, 시장력, 진입시차 등이 중요함을 고려하여 마케팅 자원을 배분하도록 고려해야 할 것이다.

둘째, 히트상품의 특징에서 보면 포지셔닝이 뚜렷한데도 불구하고 본 연구에서는 캐치업전략에 그렇게 중요하지 않은 것으로 나타나 이에 대한 관심이 보다 높아져야 할 것이다. 다만, 후발기업의 목표에 따라 방향성과 차이성의 효과가 달라진다고 나타난 점이 시사하는 바는 크다.

셋째, 진입시차가 상대적으로 중요하다는 것은 신제품의 출시에 타이밍(timing)이 매우 중요하다는 것을 의미한다.

넷째, 자사의 성과목표에 따라 캐치업전략을 달리해야 할 것으로 본다. 즉 선발추월, 선발견제, 자사목표 달성에 따라 상이한 마케팅전략을 사용해야 할 것이다.

2. 연구의 한계점 및 미래연구방향

본 연구는 다음과 같은 한계점을 가지고 있다.

캐치업전략과 관련된 기존 연구가 모두 실험법을 사용하여 연구되었고 또한 여러 전략변수를 따로 취급하였다. 반면, 본 연구는 최초로 서베이법과 여러 전략변수를 동시에 고려하였으나, 처음인 만큼 많은 문제점이 있을 수 있다.

첫째, 거의 모든 전략변수를 새로 작업, 정의했고, 모두 7점 리커트척도(Likert scale)로 측정했기 때문에 정확성에 문제가 있을 수 있다.

둘째, 연구 대상을 포장소비재 산업으로 제한함으로써 연구결과를 전 산업에 일반화(generalization)하는 데 문제가 있을 수 있다.

셋째, 본 연구는 기업의 입장에서 마케터를 핵심응답자로 하였으나 일부문항(예컨대, 시장력, 품질)에 있어서 소비자들을 대상으로 한 객관적 질문으로 보완할 필요가 있겠다.

넷째, 성과목표에 따른 캐치업전략에 있어서 선발견제 목표로 하는 표본수가 29개이기 때문에 의미 있는 분석이 어려웠다.

미래연구에 있어서 캐치업전략에 대한 이해를 높이기 위해서는 이러한 한계점을 충분히 고려하여 다른 산업 및 동일산업을 대상으로 반복 연구(replication studies)를 할 필요가 있으며, 특히 이 분야의 연구에 있어서 다음과 같은 점들을 고려할 필요가 있다.

첫째, 선발이점 극복에 있어서 조정변수의 역할을 파악해 볼 필요가 있다. 조정적 역할을 하는 변수로서 관여도, 모호성, 혁신성 등 변수들을 고려할 수 있다.

둘째, 의도적 또는 전략적으로 시장에 늦게 진입하는 능동적 후발기업과 기술이나 능력이 부족하여 후발로 진입한 수동적 후발기업을 포괄적으로 연구하였으나 이 둘을 분리하여 연구하는 것도 의미가 있다고 하겠다.

셋째, 본 연구의 분석단위(UOA)를 제품범주로 하였는데 기업 수준 또는 사업부 수준에서도 연구할 필요가 있겠다.

넷째, 선발기업이 신제품을 출시할 때 선발이점을 누리기 위해 과연 어떤 전략변수를 특히 고려하는지 연구하여 비교해 볼 필요가 있다.

제 5 장

시장진입순서와 사업성과: 제품차별화, 소비자인지 및 비용우위의 매개적 역할

시장진입순서와 사업성과: 제품차별화, 소비자인지 및 비용우위의 매개적 역할

제 1절 연구모형과 연구제안

1. 연구모형

Robinson과 그의 동료들(Fornell; Sullivan)은 진입순서와 사업성과 간의 관계에 대한 변수들의 매개적 역할에 관해 연구하였다.

기존의 연구에서 입증되어진 진입순서와 사업성과의 관계에서 제품차별화, 소비자 인지 및 비용우위 변수가 매개적 역할을 할 것이라고 제안하고자 한다. 제 변수들 간의 인과관계는 〈그림 5−1〉에 도시된 바와 같다.

〈그림 5-1〉 시장진입순서와 사업성과: 제품차별화, 소비자 인지 및 비용

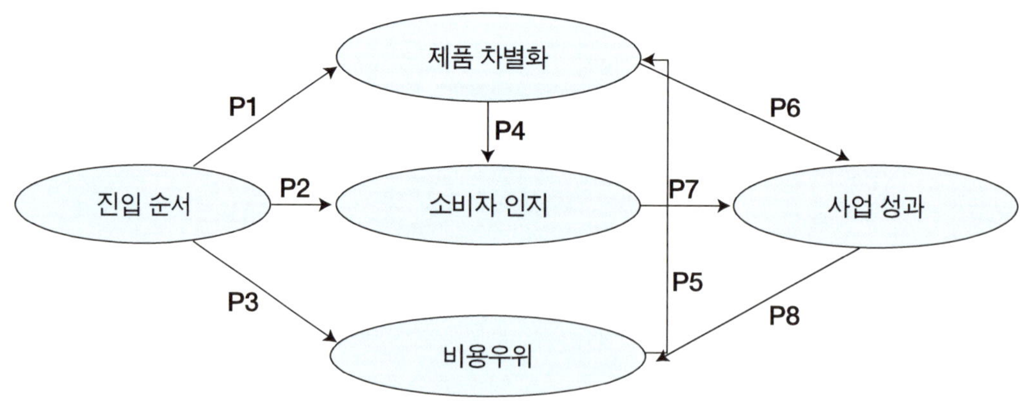

먼저 진입순서와 매개변수들 간의 관계에 관한 제안으로서 진입순서가 빠르면 진입장벽을 구축함으로써 사업성과를 제고시키게 되는데 진입순서가 빠르면 제품차별화 정도가 크고, 소비자 인지가 높으며 비용우위가 클 것이라고 제안한다(P1, P2, P3). 다음으로 매개변수들 간의 관계에 관한 명제로서 제품차별화 정도가 크면 소비자 인지가 높으며, 또한 비용우위가 크면 제품차별화 정도가 클 것으로 제안한다(P4, P5). 끝으로 매개변수들과 사업성과 간의 관계에 관한 제안으로서 제품차별화 정도, 소비자 인지가 클수록 사업성과는 커질 것이며(P6, P7), 사업성과가 크면 비용우위가 클 것이라고 제안한다(P8).

2. 연구제안

(1) 진입순서와 제품차별화의 관계에 관한 연구제안

Srinivasan(1988)은 선발기업은 후발기업보다 높은 제품 품질과 높은 시장점유율을 가진다고 주장하였다. Miller, Gartner, and Wilson(1990)은 119개 소비재 및 산업재 부문의 새로운 혁신 제품을 분석한 결과 선발기업은 후발기업보다 높은 제품 품질, 더 좋은 서비스 그리고 더욱 차별화된 제품을 가진다는 것을 발견하였다. Bain(1956)은 선발기업은 진입장벽을 구축하는데 이 진입장벽의 경제적 원천 중 하나를 제품차별화라고 하였다. Lieberman and Montgomery(1988), Porter(1985), 그리고 Rumelt(1987)는 선발 기업은 기술우위를 가지며 이 기술우위는 고품질 제품을 가져온다고 하였다. Kerin, Varadarajan, and Peterson(1992)은 선발기업에 있어서 제품성능을 높이고 전환비용을 창출하는 제품 및 공정 기술은 차별화 우위의 원천이라고 하였다. Porter(1980)는 선발기업이 되는 것만으로도 좋은 제품 이미지를 제공한다고 하였다.

선발기업은 가장 크고 수익성 있는 세분시장을 개발하고 포지셔닝할 수 있고 후발기업은 아주 작은 틈새시장만을 차지하게 된다(prescott and Visscher 1977; Schmalensee 1978).

이러한 선행연구와 이론적 배경을 근거로 다음과 같은 연구제안을 한다.

P1: 선발기업은 후발기업에 비해 제품차별화 정도가 크다.

(2) 시장진입순서와 소비자 인지의 관계에 관한 연구제안

Carpenter and Nakamoto(1989, 1990)는 선발기업의 이점을 소비자 선호 형성에서의 학습의 역할 측면에서 설명하였다. 그들은 소비자가 브랜드에 대해 지각하고 선호를 형성함으로써 그 과정 속에서 브랜드가 재구축되고 전환비용이 최소화된다고 주장하였다.

Schmalensee(1982)는 시장에 처음 진입한 브랜드는 소비자 인지도가 높고, 시용(trial)비율이 높으며 소비자들이 일단 긍정적인 시용경험을 갖게 된다면 위험과 정보비용을 최소화하게 되어 이 브랜드를 재구매하게 된다고 주장하였다. 또한 선발기업은 상대적인 소비자 정보우위로 인해 높은 시장점유율을 나타내며 이는 더 많은 브랜드 친근감을 반영한다고 보았다.

Kardes and Kalyanaram(1992)는 선발기업 브랜드의 속성 정보는 새롭고 재미있는 것으로 지각될 수 있으며 이러한 정보는 소비자의 주의를 끌기 쉽고, 기억하기 쉬운 경향이 있다고 주장하였다.

Lane and Wiggins(1981)와 Schmalensee(1980)는 진입순서 효과는 소비자 정보우위(consumer information advantages)로 인해 발생한다고 하였다.

Kerin, Varadarajan, and Peterson(1992)은 제품 발전의 초기 단계에서 소비자들은 제품 속성과 속성의 이상적 결합을 거의 인식하지 못한다. 선발기업은 준거 속성들을 형성하고, 이상적 속성 결합을 구성하며, 궁극적으로 소비자 선호에 영향을 미칠 수 있다.

또한 공간적 선점(spatial preemption)을 통해 매력적 틈새를 확보함으로써 차별화 우위를 가져와 제품 및 브랜드 인지를 높일 수 있다. 공간적 선점(spatial preemption)에는 ①지리적 공간(입지) ②지각적 공간(제품 특성 공간) ③유통 공간(마케팅

중간상 및 선반 외장) ④세분시장(가장 크고 수익성 있는 시장)이 있다. 후발기업은 상대적으로 덜 매력적인 위치를 확보하고 더 낮은 시장점유율을 가진다(Hauser and Shugan 1983; Lieberman and Montgomery 1988).

선발기업은 마케팅 노력을 통해 유리하게 지각적 구조를 구축할 수 있고 제품 전형성과 제품 특유 명성 우위로 인해 표준이 될 수도 있고(Carpenter and Nakamoto 1989; Howard 1989) 그 제품들은 산업표준으로 소비자에게 인식된다(Teece 1987).

장기적으로 정보 비대칭(information asymmetry)으로 인해 선발기업의 메시지에 노출되어온 소비자들은 후발기업의 제공물보다 선발기업의 제공물을 보다 잘 인지한다. 또한 소비 경험 비대칭(consumption experience asymmetry)으로 인해 소비자들은 후발기업의 제공물보다 선발기업의 제공물에 더 많은 경험을 한다(Kerin, Varadarajan, and Peterson 1992).

이러한 연구결과를 근거하여 선발기업과 소비자 인지의 관계에 대하여 다음과 같은 연구제안을 한다.

P2: 선발기업은 후발기업에 비해 소비자 인지가 높다.

(3) 진입순서와 비용우위의 관계에 관한 연구제안

선발기업 이점으로 규모 효과(Rao and Rutenberg 1979), 경험 효과(Smiley and Ravid 1983), 명성 효과(Bain 1956; Krouse 1984) 등이 있으며 이로 인해 비용우위를 달성할 수 있다.

Cormanor and Wilson(1974)은 마케팅 비용 비대칭(marketing cost asymmetries)으로 인해 선발기업은 제품 인지도가 높고 후발기업은 소비자 구매형태 변경 및 브랜드 인지 창출로 인해 많은 마케팅 비용이 든다고 주장하였다. 선발기업은 후발기업보다 선점설비투자를 하여 규모 의존적 비용우위를 확보할 수 있다. 후발기업은 선발기업과 비슷한 비용우위를 누리기 위해 부족한 용량의 설비를 확보할 때, 선발기업은 훨씬 낮은 비용우위를 달성하기 위해 생산 공정을 현대화(streamline)할 수 있다.

Buzzell and Farris(1977)는 PIMS 데이터를 이용한 실증분석을 한 결과 마케팅 비용 비대칭으로 인해 선발기업은 평균적으로 후발기업에 비해 광고 및 촉진 비용이 적게 든다는 사실을 발견하였다.

투입요소의 비용 비대칭(cost asymmetry)으로 인해 선발기업이 우수한 정보를 가지고 있다면 선발기업은 후발기업보다 낮은 가격으로 공장과 설비를 확보하고 공급자와 유리한 가격으로 계약설정이 가능하며 이는 절대적 비용우위를 가져온다(Lieberman and Montgomery 1988).

선발기업은 생산 기법, 경영기술, 생산 노-하우(know-how), 천연자원확보 및 낮은 자본비용을 통하여 절대적 비용우위를 줄일 수 있다(Bain 1956; Robinson and Fornell 1985).

선발기업은 낮은 상대적 직접 생산비용 및 유통비용으로 인하여 경쟁사에 비해 높은 마진을 창출한다. 또한 높은 마진은 비용우위를 유지하기 위해 새로운 생산 장비와 설비에 재투자된다(Phillips, Chang, and Buzzell 1983).

원가우위 요인으로서 자원과 생산 요인, 입지적 효과, 제품디자인, 공정기술, 규모의 경제, 원가 지향적 문화, 경험곡선 효과, 가치사슬의 변화 등을 들 수 있다(Porter 1985).

위의 연구들은 진입순서와 비용우위 간의 관계가 나타나지는 않았으나 이론적 토대와 실증적 연구를 근거로 다음과 같은 연구제안을 한다.

P3: 선발기업은 후발기업에 비해 비용우위가 크다.

(4) 제품차별화와 소비자 인지의 관계에 관한 연구제안

제품차별화란 기존 기업들이 고객들에게 브랜드를 인지시키고 제품 및 기업에 대한 신뢰를 확보함으로써 타제품과 차별화시키는 것을 말한다(조동성 1995). 제품차별화요인 중 품질 차별화는 고객에 의해 독특한 것으로 지각된다. 또한 넓은 제품라인은 공간적 선점, 즉 유리한 지리적, 지각적 공간을 확보함으로써 소비자 인지를 높인다. 선발기업에 있어서 차별화 우위의 원천은 제품 성능을 높이고 혹은 전환비용을 창출하는 제품 및 공정 기술이다.

차별화 우위는 선발기업에 의한 효과적인 시장 포지셔닝, 인지 및 성공적 시용을 통한 긍정적 소비자 태도를 창출하는 능력에 달려 있다(Brown and Lattin 1994; Hauser and Shugan 1983). 또한 선발기업은 제품범주를 규정할 수 있고 '원형(prototype)'이 될 수 있으며(Alpert 1987; Howard 1989) 원형성(prototypicality)과 제품 특유 명성 우위 및 정보와 소비경험 비대칭을 가져온다(Kerin, Varadarajan and Peterson 1992).

이러한 연구결과를 토대로 하여 제품차별화와 소비자 인지 간의 관계에 대하여 다음과 같은 연구제안을 한다.

P4: 제품차별화 정도가 클수록 소비자 인지가 높다.

(5) 비용우위와 제품차별화의 관계에 관한 연구제안

높은 품질은 높은 시장점유율을 가져오며 절대적 비용과 경험에 기초한 규모의 경제로 인해 직접비용을 낮춘다(Phillips, Chang, and Buzzell 1983). 후발브랜드의 제품 품질에 대한 불완전한 정보로 인한 합리적인 소비자행동은 선발브랜드에 장기적 우위를 확보한다(Schmalensee 1982).

제품 사용에 근거한 소비자 학습은 선발기업에게 후발기업보다 정보우위를 제공한다. 이런 정보우위는 광고 및 촉진 예산의 절감을 가져온다(Robinson and Fornell 1985).

선발기업은 전반적인 높은 제품 품질과 넓은 제품라인을 갖지만 후발기업과 비슷한 가격을 부가한다. 만약 경험 효과가 존재한다면, 선발기업은 조기 시장진입으로부터 이익을 얻을 수 있고 후발기업의 낮은 제품 품질에 부가하는 비용으로 우수한 제품을 제공할 수 있다(Abell and Hammond 1979; Yelle 1979).

원가동인(cost driver)은 차별화 유지 비용에 영향을 미칠 수 있으며 차별화 전략의 성공 여부에 중요한 역할을 한다(Porter 1985).

선발기업은 절대적 비용절감 및 규모의 경제에서 발생하는 비용우위를 높은 제품 품질 향상과 제품라인 확대에 재투자하여 이는 결국 사업성과를 크게 하는 것으로 추론된다.

이러한 논거에 기초하여 비용우위와 제품차별화 간의 관계에 대하여 다음과 같은 연구제안을 한다.

P5: 비용우위가 클수록 제품차별화 정도가 크다.

(6) 제품차별화와 사업성과의 관계에 관한 연구제안

여러 가지 제품차별화 방법 중 가장 대표적인 것은 우수한 품질에 의한 것이다(Kiechel 1981).

기업이 차별화로 인해 발생하는 추가적 비용을 상회하는 가격프리미엄을 얻을 수 있다면 평균 이상의 성과를 달성할 수 있을 것이다. 품질 전략의 추구는 기업에게 낮은 품질을 가진 경쟁사에 비해 우월한 이익마진을 누리게 한다(Buzzell, Gale, and Sultan 1975; Farris and Reibstein 1979; Gale and Branch 1982; Phillips, Chang, and Buzzell 1983). 전통적인 PIMS에 기초한 견해는 제품품질과 투자수익률(ROI: return of investment) 간에는 正(+)의 관계가 있는 것으로 밝혀졌다(Buzzell, Gale, and Sultan 1975; Phillips, Chang, and Buzzell 1983; Schoeffler, Buzzell, and Heany 1974). 높은 품질은 기업에게 프리미엄 가격을 부과하게 하여 큰 마진을 창출하며 또한 커다란 시장점유율을 확보하지 못할지라도 낮은 수익성을 가져오지는 않는다. 제품 품질은 고객 선호도를 유도하여 시장점유율을 증대시키는 주요한 속성이다(Buzzell and Wiersema 1981 a, 1981 b; Flaherty 1982). 높은 품질은 시장점유율에 正(+)의 영향을 미쳐 간접적으로 ROI를 증대시킨다(Phillips, Chang, and Buzzell 1983).

Gale and Swire(1977)와 Phillips, Chang, and Buzzell(1983)은 제품 품질과 사업성

과 간에는 상관관계가 존재한다는 사실을 발견하였다.

품질 차별화는 고객애호도를 창출하고 고객의 가격민감성을 낮추어 기업을 차별화한다(Porter 1980). 제품 품질은 가장 흔히 언급되는 지속적 경쟁우위요인이며 장기적 사업성과에 중요한 영향을 미치는 것으로 간주된다(Aaker 1991). 소비자들이 특정 제품에 대한 지각된 품질은 시장점유율이나 가격에 뿐만 아니라 수익성에 직접적인 영향을 미친다(Jacobson and Aaker 1987).

이러한 논거에 비추어 볼 때 제품차별화와 사업성과 간의 관계에 대하여 다음과 같은 연구제안을 한다.

P6: 제품차별화 정도가 클수록 사업성과가 높다.

(7) 소비자 인지와 사업성과의 관계에 관한 연구제안

Hauser and Shugan(1983)과 Lieberman and Montgomery(1988)는 선발기업은 지리적, 지각적 공간을 선점함으로써 소비자 인지를 높이고 유통공간을 유리하게 차지하고 가장 크고 수익성 있는 세분시장을 확보함으로써 사업성과를 높인다고 주장하였다.

Schmalensee(1982)는 시장에서 선발이 되는 것은 높은 수준의 소비자 인지를 암시하는 것이며 이는 소비자의 지각된 위험과 정보비용을 최소화하기 위해 계속적 재구매 행동을 가져온다고 주장하였다. 이러한 형태가 구축되면 소비자는 다른 브랜드로의 전환을 회피하게 된다(Hoch and Deighton 1989). Hauser and Wernerfelt(1990)는 후발브랜드는 선발브랜드보다 구매자의 의사결정비용과 탐색비용을 많이 지불한다고 주장하였다.

Aaker(1991)는 브랜드인지란 어떤 브랜드가 소비자들의 마음속에 존재하는지를 파악하는 것이며 이는 소비자가 한 제품 범주에 속한 특정 브랜드를 재인하거나 회상할 수 있는 능력을 말하며, 브랜드 인지도의 구축은 브랜드파워 및 브랜드자산 형성에 필수적 조건이며 높은 브랜드 인지도를 가진 브랜드는 높은 시장점유율을 유지할 수 있다. 또한 브랜드인지는 소비자에게 브랜드관련 연상 이미지를 심어주고, 친숙성과 애호를 갖게 하고, 제품의 품질과 신뢰를 상징하며, 고려 브랜드군에 우선적으로 포함된다고 주장하였다.

브랜드자산은 브랜드인지 및 브랜드연상으로부터 형성되며 독특한 브랜드이미지 창출은 시장점유율 및 수익성에 중요한 요인이 된다.

특정 브랜드에 대한 높은 인지도는 그 브랜드를 구매할 가능성을 높여 사업성과에 기여한다(Kathy 1997; Kevin 1987; Silk 1978).

Lavidge and Steiner(1961)는 소비자 효과 계층 모델에 있어 인지－지식－애호－선호－확신－구매의 6단계로 분류했으며, Rogers(1962)는 혁신 수용 단계를 인지－관심－평가－시용－수용의 5단계로 설명하였는데 이는 인지를 최초의 단계로 평가한 것이다.

이러한 연구결과에 기초하여 소비자 인지와 사업성과 간의 관계에 있어서 다음과 같은 연구제안을 한다.

P7: 소비자 인지가 높을수록 사업성과가 높다.

(8) 사업성과와 비용우위의 관계에 관한 연구제안

높은 품질은 높은 시장점유율을 가져오며 이는 절대적 비용 및 경험에 기초한 규모의 경제로 인해 직접 비용을 낮춘다(Phillips, Chang, and Buzzell 1983). 높은 품질은 높은 시장점유율을 가져오며 이는 낮은 원가를 가져오고 결국 수익성을 크게 한다(Buzzell and Gale 1987).

높은 시장점유율은 낮은 직접 비용을 가져오고 이는 결국 높은 투자수익률을 가져온다(Henderson 1979). 품질은 품질 학습곡선 메커니즘을 거쳐 비용우위에 정(+)의 영향을 미친다(Fine 1983). 높은 품질은 직접적으로 비용우위를 가져오는 것이 아니라 시장점유율을 증대시켜 비용우위를 가져온다.

구매자 불확실성(Schmalensee 1982), 정보 탐색과 평가 비용(Hauser and Wernerfelt 1990) 및 소비자 학습(Carpenter and Nakamoto 1989)은 제품과 브랜드

에 대한 소비자의 시용과 재구매에 영향을 미친다. 이러한 소비자 시용과 재구매는 시장점유율에 영향을 미쳐 비용우위를 가져오게 한다(Kerin, Varadarajan, and Peterson 1992).

이러한 논거에 비추어 볼 때 사업성과와 비용우위 간의 관계에 대하여 다음과 같은 연구제안을 한다.

P8: 사업성과가 클수록 비용우위가 높다.

제 2 절 마케팅 시사점 및 미래연구방향

선발이점 및 시장진입순서 효과를 확인하고 시장진입순서와 사업성과 간에 매개 역할을 하는 중요 변수를 파악하며 연구명제를 제안하고자 하였다.

일부 후발기업이 후발이점에 편승하여 전략적 또는 의도적으로 시장에 늦게 진입함으로써 선발이점을 극복하는 사례도 있지만 시장진입순서와 사업성과 간에 매개적 역할을 하는 많은 변수들 중에서 제품차별화, 소비자 인지 및 비용우위가 중요하다고 제안한다.

시장진입순서와 사업성과 간의 관계에서 진입순서가 빠르면 제품차별화 정도가 크고, 소비자 인지가 높으며 비용우위가 큰 것으로 제안하였으며, 또한 제품차별화 정도가 크면 소비자 인지가 높고, 비용우위가 크면 제품차별화 정도가 크고, 소비자 인지가 클수록 사업성과는 커지며, 사업성과가 크면 결국 비용우위를 가져온다는 연구명제를 제안하였다.

향후 시장진입순서 효과와 관련된 후발기업 이점에 관한 실증적 연구가 필요하며 선행연구 및 선발이점 또는 시장진입순서 효과를 극복할 수 있는 연구가 필요하다고 하겠다.

제 6 장

후발기업의 목표, 전략변수 및 조정변수간의 관계성

후발기업의 목표, 전략변수 및 조정변수간의 관계성

제 1절 연구모형 설정을 위한 전략변수에 관한 이론

1. 포지셔닝

가장 흔히 사용되는 유형인 속성에 의한 포지셔닝은 속성, 편익 또는 특징과 관련된 것으로써 자사의 제품이 경쟁제품과 비교하여 소비자들에게 지각시키는 것을 말한다. 많은 기업이 핵심편익제안(core benefit proposition) 혹은 단일 속성 및 편익을 통해 경쟁사와 차별화시키고 있다. Hauser and Shugan(1983)은 선발기업이 올바른 포지셔닝을 하지 못할 경우 후발기업은 선발기업의 부정확한 포지셔닝으로부터 소비자 선호를 미리 알게 되므로 보다 나은 포지셔닝을 할 수 있다고 주장했다.

Foster(1982)는 후발기업은 차별화된 포지셔닝으로 시장진입을 할 수 있다고 했으며, Carpenter and Nakamoto(1989, 1990)는 후발기업은 선발기업의 독특성을 감소시킬 수 있으며, 더욱 바람직한 위치로 포지셔닝할 수 있다고 했다. 후발기업은 선발기업의 제품범주를 차별화하여 또 다른 제품범주로 포지셔닝할 수 있다. 포지셔닝 차이성은 후발제품이 선발제품에 비해 독특한 속성으로 구별되게 하는 것이다. 설득맥락에서 독특한 속성의 영향을 설명한 이론이 비교방향성 효과이다. 이는 늦게 제시된 제품정보 중 기존제품 정보와 구별되는 독특한 속성이 의사결정에 크게 영향을 미친다는 것이다(Sanbonmatsu, Kardes, and Gibson 1991).

이처럼 포지셔닝 차이성의 측면에서 독특하게 포지셔닝된 핵심속성이 선발제품에 비해 늦게 출시된 제품이 비교될 때 중요한 영향을 미친다고 할 수 있다. 그러나 포지셔닝 차이성이 너무 크면 범주 자체가 매우 이질적이 되어 후발제품의 핵심속성으로 선발제품과 비교하기 어렵게 되어 하위범주로 지각될 가능성이 크다.

한편, 포지셔닝 방향성은 소비자의 기존 범주 내에 브랜드를 위치시키는 것으로 선발제품이 강조하는 속성, 편익 및 특징을 더욱 강조하는 것을 말한다.

선발제품과 후발제품과의 방향성 측면에서 차이가 작을수록(즉 유사성이 클수록) 유혹효과로 인해 선발제품의 선택가능성이 커질 수 있다.

2. 가치

가치(value)란 제품을 판매하는 데 있어서 중요한 경쟁요인이며 투자된 돈, 시간, 노력과 비교해 보다 많은 것을 얻어 내려는 것이다(전인수 역 1998). 가치는 가격과 지각된 품질과 밀접한 관련이 있는 것이다. 1990년대에 이르러서 소비자들의 새로운 관심사는 제품에 대한 가치로 변화하였다. 고객과 밀접한 관계를 유지해온 기업들은 신제품을 개발하여 자사제품의 가치를 높이려고 노력하고 있다.

(1) 가격

가치에 있어서 가장 중요한 것은 가격이다. 시장경쟁은 가격, 유통, PR(홍보), 판매촉진 등과 같은 모든 면에서 이루어지고 있다. 기업들은 가격경쟁보다는 제품의 특성, 이미지 부각 등의 비가격 경쟁을 통해 경쟁우위를 확보하여야 하나 단기적인 시장점유율과 수익성을 높이기 위해 가격경쟁에 의존하는 경우가 많다. 가격결정에 있어서 기본적인 문제점은 동일한 제품에 대해서도 소비자들이 지각하는 가치가 다르다는 점이다.

(2) 품질

소비자는 단순하게 품질을 지각하지 않고 다양한 차원으로 품질을 평가한다(Zeithaml et al. 1993). 품질은 고객의 니즈(needs) 충족 능력과 관련되어 있는 모든 제품의 속성을 말한다. 그 제품이 수행할 것으로 고객이 기대하는 기능이 얼마나 잘 수행되는가를 말한다. Garvin(1987)은 제품성능이 품질의 매우 중요한 구성요소이며 이외에도 품질의 측정에 있어 구성요소가 있다고 주장하였다.

① 성능(performance): 특정 제품 또는 서비스가 정해진 디자인 요건과 작동요건을 충족시키는 정도를 말한다.
② 기능(features): 2차적인 기능을 해소하는 부속적인 기능이다.
③ 신뢰성: 일반적으로 처음 고장까지 평균시간, 고장 간의 평균시간 및 단위시간 동안의 고장률 등으로 측정된다.
④ 내구성: 제품의 수명과 견고성을 말한다.
⑤ 심미성: 주로 제품의 감각적인 가치와 외관 및 느낌 등을 포괄적으로 말한다.
⑥ 명성: 브랜드명 또는 기업명에 의한 인기도를 말한다.
⑦ 적합성: 특정 제품 또는 서비스가 표준으로부터 벗어나는 빈도와 정도를 말한다.
⑧ 서비스 용의성: 제공되는 서비스의 속성, 고객우대, 적합성 및 고장시 수선의 용의성들을 말한다.

3. 마케팅 커뮤니케이션

마케팅과 더불어 마케팅 커뮤니케이션의 중요성이 대두되고 있다. 사실 어떠한 조직이든 간에 성공적으로 기능을 수행하기 위해서는 고객과의 효과적인 커뮤니케이션이 중요하다. 제품, 서비스 및 판매조건을 알리고 고객과의 특정제품과 브랜드의 선택, 이벤트 참가 및 기타 다양한 활동의 수행을 설득하고 마케터의 활동에 맞추어 지체 없이 행동이 취해지도록 고객의 행동을 유도하는 목적을 달성하기 위해서는 고객과의 끊임없는 촉진활동이 중요하다. 이러한 여러 목적은 광고, 홍보, 판촉, 인적판매, POP광고, 쿠폰 등과 같은 여러 가지 커뮤니케이션 수단을 통해서 달성된다(오창호 외 공역 1999).

(1) 판단중심 마케팅 커뮤니케이션

1) 광고(advertising)

신문, 라디오, TV 및 옥외광고판 등과 같은 매체를 이용하는 대중커뮤니케이션과 기업고객 또는 최종고객에 초점을 맞춘 직접커뮤니케이션 모두를 포함한다. 이 두 형태의 광고는 모두 확인된 스폰서인 광고주가 광고료를 지급하는 유료이고 스폰서 기업이 특정 기업이나 소집단보다는 수백만에 달하는 다양한 소비자들과 동시에 의사소통을 할 수 있으므로 비인적이다. 직접광고 또는 데이터베이스 마케팅은 표적화된 커뮤니케이션의 높은 효과와 이를 가능케 해주는 정보기술로 급격히 늘어나고 있다.

2) 홍보(publicity)

광고처럼 대중을 상대로 행하는 비인적인 커뮤니케이션을 말한다. 그러나 광고와는 달리 스폰서 회사는 광고시간이나 지면에 대한 요금을 지불하지 않는다. 홍보는 흔히 제품에 대한 뉴스형식이나 특집기사 형식을 갖는다. 매체사(신문, TV 등)에서 독자와 관련이 있고 뉴스가치가 있다고 생각하여 지면과 방송시간을 이러한 기사에 할애하는 것이다.

3) 소비자판촉(consumer sales promotion)

생산자에 의해 생산된 제품이나 서비스가 결국 최종소비자에 의해 구매될 수밖에 없으며 아무리 중간상 판촉전략의 구사가 탁월하더라도 소비자가 최종적으로 사용하지 않으면 판촉상 아무런 효과도 없다.

4) 직접마케팅(DM, 사이버)

소비자가 카탈로그나 홈쇼핑 전용 TV채널 또는 쌍방향 전자 네트워크에 의하여 제품에 노출되고, 우편이나 전화를 통하여 구매하는 방식을 말한다.

DM(direct marketing)은 특정다수인을 대상으로 상대명을 명기해서 우편으로 직접 소구하는 대소비자 판촉수단이다. 또한 사이버마케팅은 컴퓨터가 제공하는 통신환경인 사이버 스페이스라는 가상의 공간에서 소비자와 쌍방향 커뮤니케이션을 통하여 수행하는 마케팅활동을 말한다.

(2) 선택중심 마케팅 커뮤니케이션

1) 인적판매(personal selling)

판매자가 특정제품이나 서비스를 구매하게끔 가망고객을 설득하고자 할 때 사용하는 일대일 커뮤니케이션의 한 형태이다. 이러한 일대일 커뮤니케이션은 대인간 접촉이 주류를 이루어 왔으나 요즘에 와서는 텔레마케팅의 형태로 발전하였다.

2) 중간상판촉(dealer sales promotion)

메이커가 중간상(도매상, 소매상)에 대하여 구매를 환기시키며 자극하기 위한 마케팅 커뮤니케이션의 기능이라 할 수 있다. 이때 중간상의 구매(수요)를 환기, 자극시킨다는 목적에는 판매 저항을 제거라는 부차적인 목적도 포함하고 있는 것은 물론이고 보다 넓은 관점에서는 자사의 판매 전략을 침투시켜 중간상으로 하여금 적극적으로 협조케 함과 동시에 중간상의 경영기반을 강화시켜서 수요의 환기를 효과적으로 하기 위함에 그 궁극적인 목적이 있다.

3) POP(구매시점)커뮤니케이션

구매결정에 영향을 미치게 하려는 디스플레이, 포스터, 사인몰 등과 같은 여러 가지 수단을 포함한다. 흔히 소비자의 충동구매를 유발하는 촉진도구로서 정서적, 감정적 및 심리적 구매욕구를 유발하는 판매점의 대소비자 촉진수단이라 할 수 있다.

제 2 절 연구모형 및 연구제안

1. 연구모형

앞서 살펴본 바와 같이 선발기업이 후발기업에 비해 분명(이론적, 실증적) 우수한 성과를 보이고 있는데 이를 두고 본서에서는 시장진입순서효과라고 정의한다. 시장진입순서효과에 대한 연구는 상당히 많다. 하지만, 대부분의 제품이 운명적으로 속할 수밖에 없는 후발자의 입장에서 진입순서효과를 극복하는 방안에 대한 연구는 소수이다(Schnaars 1988; Zhang and Markman 1998; Shanker, Carpenter, and Krishnamurthi 1998; 이윤철과 이동현 1997, 1998). 이들 연구들조차 혁신성, 차이성, 시장력 등을 따로 고려하여 선발이점 극복 가능성을 논의하고 있다. 하지만 현실은 기본적인 포지셔닝 전략과 마케팅믹스를 통해 선발의 효과를 극복하려 한다. 또한 선발진입의 효과를 알고 있기 때문에 후발기업들이 굳이 1위를 달성하게 하지 않을 것으로 예상할 수 있다. 이론과 실무의 이러한 현실을 감안하여 본서에서는 〈그림 6-1〉과 같이 연구모형을 제시한다.

〈그림 6-1〉 후발기업의 진입순서효과 극복전략에 관한 모형

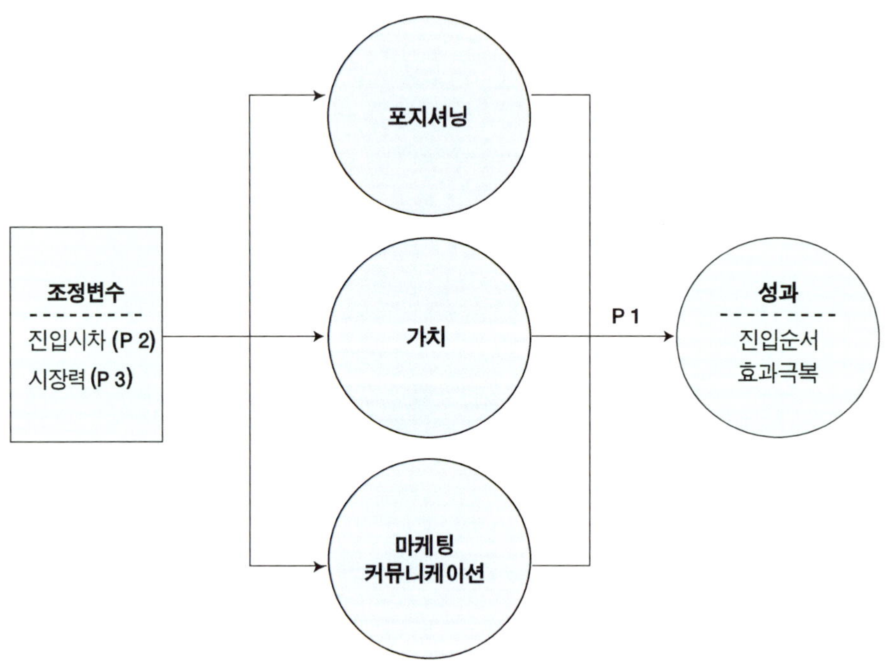

2. 연구제안

(1) 마케팅전략에 따른 성과목표별 진입순서 극복효과에 관한 연구제안

포지셔닝 차이성의 측면에서 독특하게 포지셔닝된 핵심속성이 선발제품에 비해 늦게 출시된 제품이 비교될 때 중요한 영향을 미친다고 할 수 있다. 그러나 포지셔닝 차이성이 너무 크면 범주 자체가 매우 이질적이 되어 후발제품의 핵심속성으로 선발제품과 비교하기 어렵게 되어 하위범주로 지각될 가능성이 크다. 한편, 포지셔닝 방향성은 소비자의 기존 범주 내에 브랜드를 위치시키는 것으로 선발제품이 강조하는 속성, 편익 및 특징을 더욱 강조하는 것을 말한다. 선발제품과 후발제품과의 방향성 측면에서 차이가 작을수록(즉 유사성이 클수록) 유혹효과로 인해 선발제품의 선택 가능성이 커질 수 있다.

품질은 고객의 니즈(needs) 충족 능력과 관련되어 있는 모든 제품 속성을 말한다. 그 제품이 수행할 것으로 고객이 기대하는 기능이 얼마나 잘 수행되는가를 말한다.

기업들은 가격경쟁보다는 제품의 특성, 이미지 부각 등의 비가격경쟁을 통해 경쟁우위를 확보하여야 하나 단기적인 시장점유율과 수익성을 높이기 위해 가격경쟁에 의존하는 경우가 많다. 가격결정에 있어서 기본적인 문제점은 동일한 제품에 대해서도 소비자들이 지각하는 가치가 다르다는 점이다.

제품, 서비스 및 판매조건을 알리고 고객과의 특정제품과 브랜드의 선택, 이벤트 참가 및 기타 다양한 활동의 수행을 설득하고 마케터의 활동에 맞추어 지체 없이 행동이 취해지도록 고객의 행동을 유도하는 목적을 달성하기 위해서는 고객과의 끊임없는 촉진활동이 중요하다. 이러한 여러 목적은 광고, 홍보, 판촉, 인적판매, POP광고, 쿠폰 등과 같은 여러 가지 커뮤니케이션 수단을 통해서 달성된다(오창호 외 공역 1999).

이처럼 후발기업이 추구하는 목적에 따라 마케팅전략이 다를 것이라는 연구제안을 한다.

P1: 후발기업의 성과목표에 따라 진입순서 극복효과에 대한 마케팅전략의 영향은 달라질 것이다.

▶P1－1－1: 후발기업은 포지셔닝 방향성을 강조할수록 선발기업을 추월하는 데 효과적일 것이다.
▶P1－1－2: 후발기업은 포지셔닝 차이성을 강조할수록 선발기업을 견제하는 데 효과적일 것이다.

▶P1－2－1: 후발기업은 저가격 전략을 사용할수록 선발기업을 추월하는 데 효과적일 것이다.
▶P1－2－2: 후발기업은 고품질 전략을 사용할수록 선발기업을 견제하는 데 효과적일 것이다.

▶P1－3－1: 후발기업은 판단중심 마케팅 커뮤니케이션 전략을 사용할수록 선발기업을 추월하는 데 효과적일 것이다.
▶P1－3－2: 후발기업은 선택중심 마케팅 커뮤니케이션 전략을 사용할수록 선발기업을 견제하는 데 효과적일 것이다.

(2) 진입시차에 따른 시장진입순서효과 극복전략에 관한 연구제안

진입시차가 짧을 경우, 후발브랜드는 무임승차 효과(free rider effects)를 향유하게 되며, 선발기업에 비해 낮은 가격 탄력성과 광고 탄력성을 가지게 된다(Parker and Gatignon 1996).

선발기업과 후발기업의 판단은 시간의 함수로서 달라야 한다. 소비자들의 선발기업에 대한 판단은 장기 기억 속 풍부한 연상망에 저장되어 강화되고 지지되기 때문에 선발기업은 시간이 지남에 따라 상대적으로 지속되는 경향이 있다.

이와 반대로 후발기업에 대한 판단은 빈약한 연상망에 저장된 적은 양의 정보에 의해 지지되기 때문에 감소될 수 있다. 우월한 후발기업은 ①선발기업과의 많은 유사한 특징을 공유하고 ②일련의 브랜드에 대한 정보가 브랜드들 간에 상대적으로 긴 시차가 존재할 때 선발이점을 극복할 수 없을 것이다.

소비자들이 동시에 그리고 거의 동시에 다른 브랜드에 대한 정보에 노출될 때, 즉 진입시차가 짧을 때 차별적 학습과 선발이점이 감소한다(Kardes and Kalyanaram 1992).

하지만, 진입시차가 길 경우, 무임승차효과(free-rider effect)로부터의 장점인 광고 탄력성과 시장 잠재력이 0이 될 때 감소한다. 즉 후발기업은 최소한의 제품 범주 저항을 받으나, 가장 낮은 시장 잠재력을 지니며, 경쟁에 의해 매우 영향을 받는다. 즉 가격 및 광고 탄력성은 이전의 진입자보다 낮아 결국 비효과적인 진입수단이 된다고 하였다(Parker and Gatignon 1996).

일부 연구들은 후발자는 선발자가 더 큰 시장점유율을 가지는 것보다 많은 마케팅 자원을 지출할 필요가 있다고 결론짓는(Urban, Carter, Gaskin, and Mucha 1986) 반면, 진입시차가 짧은 후발기업은 무임승차효과(free-rider effect)를 향유한다고 주장하였다(Parker and Gatignon 1996). 선발자는 제품 범주 수용과 인지도를 창출하는 데 자원을 사용해야 하며, 후발자는 제품 채택에 초점을 둘 필요가 있다. 예를 들어, 후발기업은 가격인하가 제품 매출을 발생하는 데 실패한다는 이전의 연구결과(Bond and Lean 1977; Carpenter and Nakamoto 1989)와 달리 진입시차가 짧은 후발브랜드는 낮은 가격을 제공한다면, 커다란 시용을 가져올 수 있는 높은 탄력성을 지닐 것이라고 하였다(Parker and Gatignon 1996). 하지만, 결국 가장 늦은 후발진입자는 가격과 광고를 효과적으로 사용하기가 어렵게 된다. 후발기업은 진입시차에 따라 상이한 마케팅전략을 사용하여야 할 것으로 추정된다. 이와 같은 논거에 의하여 다음과 같은 연구제안을 한다.

P2: 선발기업과의 진입시차에 따라 후발기업의 진입순서효과 극복전략이 달라질 것이다.

▶P2-1-1: 진입시차가 짧을수록 후발기업은 진입순서효과를 극복하기 위하여 포지셔닝 방향성 전략을 사용할 것이다.
▶P2-1-2: 진입시차가 길수록 후발기업은 진입순서효과를 극복하기 위하여 포지셔닝 차이성 전략을 사용할 것이다.

▶P2-2-1: 진입시차가 짧을수록 후발기업은 진입순서효과를 극복하기 위하여 고품질 전략을 사용할 것이다.
▶P2-2-2: 진입시차가 길수록 후발기업은 진입순서효과를 극복하기 위하여 저가격 전략을 사용할 것이다.

▶P2-3-1: 진입시차가 짧을수록 후발기업은 진입순서효과를 극복하기 위하여 판단중심 마케팅 커뮤니케이션 전략을 사용할 것이다.
▶P2-3-2: 진입시차가 길수록 후발기업은 진입순서효과를 극복하기 위하여 선택중심 마케팅 커뮤니케이션 전략을 사용할 것이다.

(3) 시장력에 따른 진입순서효과 극복전략에 관한 연구제안

기업의 이미지와 명성 그리고 브랜드자산은 높은 브랜드인지도를 가진 브랜드는 강력한 브랜드 파워를 획득하게 되어 높은 시장점유율을 가진다. 강력한 브랜드의 높은 소비자 인지는 큰 자산가치를 갖게 되어 제품과 회사에 대한 신뢰감을 부여하는 역할을 한다(Silk and Urban 1978).

이처럼 브랜드의 역할은 제품이미지를 연결해주는 연상 매체로서의 역할을 하며, 높은 브랜드인지도를 가진 브랜드는 고려브랜드군에 우선 포함되고, 브랜드 친숙성을 갖게 하여 브랜드의 선호도와 선택 가능성을 증대시킨다(Aaker 1992).

선발브랜드는 후발브랜드에 비해 차별적 학습을 갖게 하여 소비자는 공통의 특성 및 독특한 특성을 회상하게 되고(Kardes and Kalyanaram 1992), 선발브랜드는 잘 기억하고, 호의적 태도를 형성하고 구매 선호와 실제 행동을 가져온다(Alpert and Kamins 1995). 이처럼 후발기업의 시장력에 따라 소구하는 마케팅전략이 다를 것으로 추론된다. 그러므로 다음과 같은 연구제안을 한다.

P3: 후발기업의 시장력에 따라 진입순서효과 극복전략이 달라질 것이다.

▶P3-1-1: 시장력이 클수록 후발기업은 진입순서효과를 극복하기 위하여 포지셔닝 방향성 전략을 사용할 것이다.
▶P3-1-2: 시장력이 작을수록 후발기업은 진입순서효과를 극복하기 위하여 포지셔닝 차이성 전략을 사용할 것이다.

▶P3-2-1: 시장력이 작을수록 후발기업은 진입순서효과를 극복하기 위하여 저가격 전략을 사용할 것이다.
▶P3-2-2: 시장력이 클수록 후발기업은 진입순서효과를 극복하기 위하여 고품질 전략을 사용할 것이다.

▶P3-3-1: 시장력이 작을수록 후발기업은 진입순서효과를 극복하기 위하여 판단중심 마케팅 커뮤니케이션 전략을 사용할 것이다.
▶P3-3-2: 시장력이 클수록 후발기업은 진입순서효과를 극복하기 위하여 선택중심 마케팅 커뮤니케이션 전략을 사용할 것이다.

제 3 절 마케팅 시사점 및 미래연구방향

본 연구의 목적은 진입순서효과를 극복하기 위하여 후발기업은 목표에 따라 마케팅전략 변수를 달리해야 하며, 조정변수에 따른 마케팅전략 변수도 달리해야 할 것으로 제안하였다.

우선 마케팅전략 변수인 포지셔닝의 경우 포지셔닝 방향성과 차이성으로, 가치변수는 가격과 품질로, 마케팅 커뮤니케이션은 판단중심과 선택중심 커뮤니케이션으로 구분하였다.

먼저 마케팅전략 변수에 있어서 선발기업 추월을 목표로 할 경우, 포지셔닝 방향성, 저가격전략 및 판단중심 커뮤니케이션을 사용해야 하며, 선발기업 견제가 목표일 경우 포지셔닝 차이성, 고품질전략 및 선택중심 커뮤니케이션을 사용해야 할 것을 제안하였다.

한편 조정변수인 진입시차와 시장력에 있어서 선발기업과의 진입시차가 짧을수록 포지셔닝 방향성, 고품질전략 및 판단중심 커뮤니케이션전략을 사용해야 하며, 진입시차가 길수록 포지셔닝 차이성, 저가격전략 및 선택중심 커뮤니케이션전략을 사용해야 한다고 제안하였다.

또한 후발기업이 시장력이 클수록 포지셔닝 방향성, 고품질전략 및 선택중심 커뮤니케이션을 사용해야 하며, 시장력이 작을수록 포지셔닝 차이성, 저가격전략 및 판단중심 커뮤니케이션전략을 사용해야 할 것을 제안하였다.

이와 같은 연구제안은 이론에 근거한 탐색연구(exploratory research)이므로 실증연구(empirical study)를 통하여 좀 더 진전된 연구가 되었으면 한다.

제 7 장

진입순서효과 극복을 위한 전략변수와 조정변수

제 7 장

진입순서효과 극복을 위한 전략변수와 조정변수

제 1절 연구모형과 연구제안

1. 연구모형

선행연구와 탐색적 조사를 통해 후발기업이 선발이점을 극복할 수 있는 전략변수와 조정변수를 찾아보고자 한다. 후발기업은 선발기업보다 낮은 가격, 높은 품질 그리고 시장력을 사용하여 추월한다고 하였다(Schnaars 1984). 또한 김주환(1999)의 연구에서 후발기업의 진입시차가 짧고 시장력이 크며, 방향성 포지셔닝 및 차이성 포지셔닝을 할수록, 그리고 고품질이며 마케팅 커뮤니케이션 노력이 클수록 선발이

〈그림 7-1〉 진입순서효과 극복을 위한 전략과 조정변수에 관한 모형

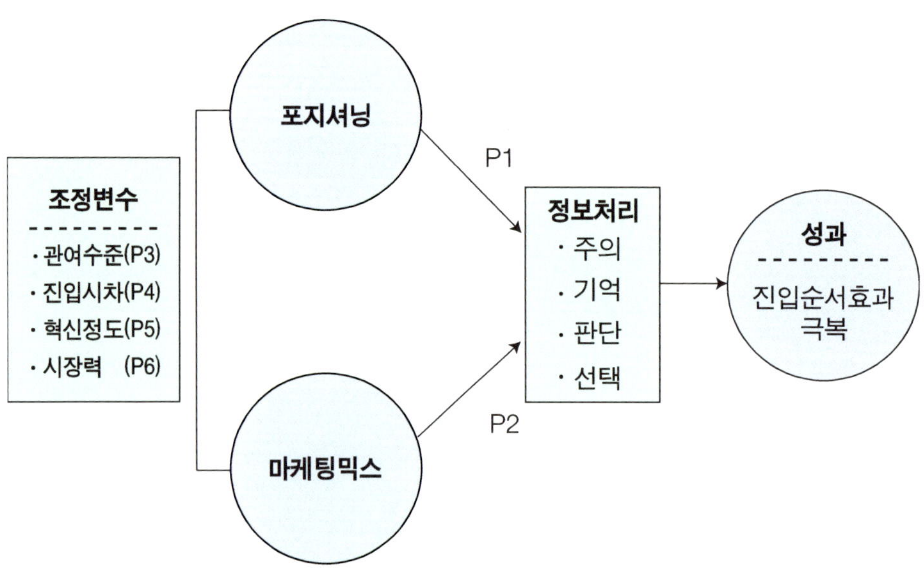

점을 잘 극복할 수 있다고 했으며 저가격 전략은 중요하지 않은 것으로 파악되었다.

또한 진입순서와 사업성과 간의 관계에 있어서 관여도, 진입 시차, 후발브랜드의 혁신의 정도, 그리고 시장력(기업의 명성과 이미지, 브랜드자산)이 정보처리 과정에 조정적 역할을 하는지를 밝히려고 한다. 이러한 점들을 종합하여, 〈그림 7-1〉과 같은 연구모형을 제시하고자 한다.

2. 연구제안

(1) 포지셔닝에 관한 연구제안

속성에 의한 포지셔닝은 속성, 특징 또는 편익과 관련된 것으로써 자사의 제품이 경쟁제품과 비교하여 소비자들에게 지각시키는 것을 말한다.

Hauser and Shugan(1983)은 선발기업이 올바른 포지셔닝을 하지 못할 경우 후발기업은 선발기업의 부정확한 포지셔닝으로부터 소비자 선호를 미리 알게 되므로 보다 나은 포지셔닝을 할 수 있다고 주장했다.

Foster(1982)는 후발기업은 차별화된 포지셔닝으로 진입할 수 있다고 했으며, Carpenter and Nakamoto(1989, 1990)는 후발기업은 선발기업의 독특성을 감소시킬 수 있으며, 더욱 바람직한 위치로 포지셔닝할 수 있다고 했다. 후발기업은 선발기업의 제품범주를 차별화하여 또 다른 제품범주로 포지셔닝할 수 있다. 포지셔닝은 차이성을 강조하는 것과 방향성을 강조하는 것으로 나눌 수 있다.

포지셔닝 차이성이란 선발이 강조한 특징, 속성 및 편익과 다르다는 사실을 부각시키는 것으로 신라면, 뽀삐, 콩라면 등이 좋은 예이다. 사소한 차이도 차이성을 부각시키는 데 도움이 된다는 것은 이론적으로 뒷받침되고 있다(Carpenter, Glazer, and Nakamoto 1992). 또한 포지셔닝 방향성이란 선발제품이 강조한 특징, 속성 및 편익을 더욱 강조하는 것으로 열라면, 닥터캡슐, 코디, 동의생금치약 등에서 볼 수 있다. 이러한 근거로 다음과 같은 연구제안을 한다.

P1: 후발브랜드의 목표에 따라 상이한 포지셔닝 전략을 사용할 것이다.

▶P1-1: 후발브랜드의 목표가 선발추월일 경우 포지셔닝 방향성 전략을 사용할 것이다.

▶P1-2: 후발브랜드의 목표가 선발견제일 경우 포지셔닝 차이성 전략을 사용할 것이다.

(2) 마케팅믹스에 관한 연구제안

전통적인 PIMS에 기초한 견해는 제품 품질과 투자수익률(ROI: return of investment)에는 正(+)의 관계가 있는 것으로 밝혀졌다(Buzzell, Gale, and Sultan 1975; Schoeffer, Buzzell, and Hearny 1974; Buzzell and Wiersema 1981a, 1981b; Flaherty 1982). 높은 품질은 높은 시장점유율을 가졌으며, 절대적 비용과 경험에 기술한 규모의 경제로 인한 직접비용을 낮춘다(Phillips, Chang, and Buzzell 1983). 품질 차별화는 고객 애호도를 창출하여 고객의 가격민감성을 낮추어 기업을 차별화한다(Porter 1980).

제품 품질은 가장 흔히 언급되는 지속적 경쟁우위 요인이며, 장기적 사업성과에 가장 중요한 영향을 미치는 요인이다(Aaker 1991). 낮은 가격은 후발기업이 제시할 수 있는 중요한 요인이다. 후발브랜드의 다른 요인들이 유사할 것으로 지각하면 소비자는 저가격 후발브랜드를 구입할 것이다(Schnaars 1994). 투입요소의 비용 비대칭(cost asymmetry)으로 인해 선발기업이 우수한 정보를 가지고 있다면 선발기업은 후발기업보다 낮은 가격으로 공장과 설비를 확보하고 공급자와 유리한 가격으로 계약설정이 가능하며 이는 절대적 비용 우위를 가져온다(Lieberman and Montgomery 1988).

선발기업은 생산 기법, 경영기술, 생산 know-how, 천연자원확보 및 낮은 자본비용을 통하여 절대적 비용우위를 줄일 수 있다(Bain 1956; Robinson and Fornell 1985).

선발기업은 낮은 상대적 직접 생산비용 및 유통 비용으로 인하여 경쟁사에 비해 높은 마진을 창출한다. 또한 높은 마진은 비용우위를 유지하기 위해 새로운 생산 장

비와 설비에 재투자된다(Phillips, Chang, and Buzzell 1983).

원가우위 요인으로서 자원과 생산 요인, 입지적 유리성, 제품디자인, 공정기술, 규모의 경제, 원가 지향적 문화, 경험곡선 효과, 가치사슬의 변화 등을 들 수 있다(Porter 1985). Zeithaml(1988)은 가격이 품질의 지표라고 주장하였으며, 또한 가격수준과 관련하여 Olson(1977)은 소비자들은 상대적으로 비싼 제품에 대하여 가격을 품질의 척도로 이용할 것이라고 주장했고, 다른 연구들(Gardner 1970; Lambert 1972; Perterson and Wilson1985)은 비내구재나 소비재보다 내구재의 경우 가격과 품질과 관련성이 크다고 주장하였다.

Lichtenstein과 Burton(1989)은 기존 연구들을 종합하여 가격과 지각된 품질의 관계에 영향을 주는 요인으로서 가격-품질 스키마, 탐색시간, 지각된 위험, 구매빈도, 제품범주의 가격수준, 제품군과 제품범주의 가격범위를 지적하였다.

선발브랜드는 후발브랜드에 비해 차별적 학습을 갖게 하여 소비자는 공통의 특성 및 독특한 특성을 회상하게 되고(Kardes and Kalyanaram 1992), 선발브랜드는 잘 기억하고, 호의적 태도를 형성하고 구매 선호와 실제 행동을 가져온다(Alpert and Kamins 1995). 마케팅 커뮤니케이션은 마케팅믹스 중 고객과의 의미공유를 통해 어떤 브랜드의 교환이 촉진되도록 하는 광고, PR(홍보), 판매촉진, 인적판매 등으로 구성된다. 이처럼 소비자 학습을 증대시키고, 선발이점을 약화시키기 위하여 후발기업은 선발기업에 비해 마케팅 커뮤니케이션 활동을 강화시켜야 한다. 기존의 문헌연구와 이론을 토대로 다음과 같은 연구제안을 한다.

P2: 후발브랜드는 진입순서 극복을 위해 최적의 마케팅믹스를 사용할 것이다.

▶P2-1: 후발브랜드가 고품질전략을 사용할수록 진입순서효과를 극복할 것이다.
▶P2-2: 후발브랜드가 가격-품질 연상 전략을 사용할수록 진입순서효과를 극복할 것이다.
▶P2-3: 후발브랜드가 마케팅 커뮤니케이션 노력을 할수록 진입순서효과를 극복할 것이다.

(3) 조정변수에 관한 연구제안

1) 관여수준

관여도는 주어진 상황에서 특정 대상에 대한 개인의 중요성 지각 정도 또는 주어진 상황에서 특정 대상에 대한 개인의 관련성 지각 정도인데 제품에 낮게 관여되어 있는 소비자는 그 제품에 대한 관심과 애착의 수준이 상당히 낮은 상태로서 그 제품에 대한 정보를 단지 수동적으로 수용하며, 정보에 대한 평가를 적게 하거나 거의 하지 않는다(Petty, Cacioppo, and Schumann 1983). 소비자가 정보처리하는 데 있어서 고관여일 경우 태도형성하는 데 상당한 노력을 기울이는 반면, 저관여일수록 태도형성에 정보처리에 그다지 노력을 기울이지 않는다. 고관여 제품에 대한 태도 형성과정은 인지－태도－행동의 인과관계가 저관여 제품일 경우 인지－행동－태도의 인과관계의 과정으로 보아 다음과 같이 연구제안을 한다.

P3: 관여도에 따라 후발브랜드는 정보처리단계에 소구하는 효과적인 촉진전략이 다를 것이다.

- ▶P3－1: 저관여 제품일수록 후발브랜드는 주의와 기억단계에 소구하는 촉진전략을 많이 사용할 것이다.
- ▶P3－2: 고관여 제품일수록 후발브랜드는 판단과 선택단계에 소구하는 촉진전략을 많이 사용할 것이다.

2) 진입시차

진입시차가 짧을 경우, 후발브랜드는 무임승차 효과(free rider effects)를 향유하게 되며, 선발기업에 비해 높은 가격 탄력성과 광고 탄력성을 가지게 된다(Parker and Gatignon 1996). 선발과 후발기업의 판단은 시간의 함수로서 다른데, 소비자들의 선발기업에 대한 판단은 장기 기억속의 연산망에 저장되어 강화되고 지지되기 때문에 선발기업은 시간이 지남에 따라 상대적으로 지속된다. 또한 후발기업에 대한 판단은 빈약한 연산망에 저장된 적은 양의 정보에 의해 지지되기 때문에 감소되는 경향이 있다. 소비자들이 거의 동시에 다른 브랜드에 대한 정보에 노출될 때, 즉 진입시차가 짧을 때 차별적 학습과 선발이점이 감소한다(Kardes and Kalyanaram 1992). 선발브랜드 진입 후 바로 진입한 후발브랜드는 선발브랜드를 따라잡기 위하여 주의와 기억에 촉진 노력을 기울여야 하며, 가격탄력성으로 인해 저가격 전략을 사용하여야 한다. 이러한 논거에 따라 다음과 같은 연구제안을 한다.

P4: 진입시차에 따라 후발브랜드는 정보처리단계에 소구하는 효과적인 촉진전략이 다를 것이다.

▶P4－1: 진입시차가 짧을수록 후발브랜드는 주의와 기억단계에 소구하는 촉진전략을 많이 사용할 것이다.

▶P4－2: 진입시차가 길수록 후발브랜드는 판단과 선택단계에 소구하는 촉진전략을 많이 사용할 것이다.

3) 혁신 정도

혁신을 개인이나 다른 수용단위에 의해 새롭게 지각되는 아이디어, 관행 또는 사물로 정의하거나(Rogers 1983), 표적시장의 소비자들이 기존의 소비패턴에 영향을 끼치는 것으로 지각하는 새로운 제품이나 서비스로 정의한다(Gatignan and Robertson 1991). 혁신적 후발기업은 선발기업과 비혁신적 후발기업에 비해 경쟁우위를 창출한다는 사실을 발견했다. 이들은 제약 범주의 13개 브랜드를 대상으로 분석한 결과 혁신적 후발기업이 선발기업 및 비혁신적 후발 기업에 비해 높은 시장 잠재력과 높은 반복 구매를 가져온다는 사실을 발견했다(Shanker, Carpenter, and Krishnamurthi 1998). 제품 또는 전략에서의 혁신은 또 다른 제품 범주로 포지셔닝을 할 수 있어 주의 환기와 기억을 강화시켜야 하며, 가격－품질 연상을 강화할 수 있는 전략을 사용하여야 한다. 이러한 근거로 다음과 같은 연구제안을 한다.

P5: 혁신의 정도에 따라 후발브랜드는 정보처리단계에 소구하는 효과적인 촉진전략이 다를 것이다.

▶P5－1: 혁신의 정도가 높을수록 후발브랜드는 주의와 기억단계에 소구하는 촉진 전략을 많이 사용할 것이다.

▶P5－2: 혁신의 정도가 낮을수록 후발브랜드는 판단과 선택단계에 소구하는 촉진 전략을 많이 사용할 것이다.

4) 시장력

시장력은 후발기업이 선발기업을 능가할 수 있는 가장 중요한 이유인데, 28개 사례 중 17개의 경우에 대규모의 후발기업들이 막강한 시장력으로 추월했다(Schnaars 1980). 기업의 이미지와 명성 높은 제품인지도를 가진 브랜드는 강력한 브랜드 파워를 획득하게 되어 높은 시장점유율을 가진다. 강력한 브랜드의 높은 소비자 인지는 큰 자산가치를 갖게 되어 제품과 회사에 대한 신뢰감을 부여하는 역할을 한다(Silk and Urban 1978).

이처럼 브랜드의 역할은 제품이미지를 연결해주는 연상 매체로서의 역할을 하며, 높은 브랜드인지도를 가진 브랜드는 고려브랜드군에 우선 포함되고, 브랜드 친숙성을 갖게 하여 브랜드의 선호도와 선택 가능성을 증대시킨다(Aaker 1992). 이러한 근거로 다음과 같은 연구제안을 한다.

P6: 시장력에 따라 후발브랜드는 정보처리단계에 소구하는 효과적인 촉진전략이 다를 것이다.

▶P6－1: 시장력이 클수록 후발브랜드는 주의와 기억단계에 소구하는 촉진전략을 많이 사용할 것이다.

▶P6－2: 시장력이 작을수록 후발브랜드는 판단과 선택단계에 소구하는 촉진전략을 많이 사용할 것이다.

제 2 절 마케팅 시사점 및 미래연구방향

본 연구의 목적은 시장진입순서효과를 극복하기 위하여 전략변수인 포지셔닝과 마케팅믹스를 사용해야 하며 또한 정보처리과정에서 관여수준, 진입시차, 혁신 정도 그리고 시장력이 조정적 역할을 할 것으로 제안하였다.

우선 전략변수인 포지셔닝에 있어서 후발브랜드의 목표가 선발추월일 경우 포지셔닝 방향성 전략을, 선발견제일 경우 포지셔닝 차이성 전략을 사용해야 하며, 마케팅믹스에 있어서는 고품질일수록, 마케팅 커뮤니케이션(촉진) 노력이 클수록 진입순서효과를 극복할 것이라고 제안하였고 가격에 있어서는 저가격이 아닌 가격-품질 연상 전략이 유효하다고 제안하였다.

조정변수에 있어서 저관여 제품일수록, 진입사차가 짧을수록, 혁신 정도가 높을수록 그리고 시장력이 클수록 정보처리 과정상의 주의와 기억단계에 소구하는 촉진전략을 사용해야 하며, 고관여 제품일수록, 진입시차가 길수록, 혁신 정도가 낮을수록 그리고 시장력이 작을수록 판단과 선택단계에 소구하는 촉진전략을 사용해야 한다고 제안하였다.

본 연구는 기존 연구와 이론을 기초로 하여 연구모형 및 연구제안을 하였는데 실무자를 대상으로 실증연구를 할 필요가 있겠다.

제 3 부

후발기업의 마케팅전략 사례연구

제 8 장

하이트 맥주

제8장 하이트맥주

제 1 절 시장진입상황

1993년 5월 하이트맥주 출시 당시 맥주는 동양맥주(OB맥주)라는 등식이 성립할 정도로 맥주시장에서 동양맥주(OB맥주)의 선두기업으로서의 지위는 확고하였고, 이에 반해 조선맥주(크라운맥주)의 시장점유율은 지속적 하락세를 보이고 있었다. 조선맥주의 시장점유율은 1987년의 37%에서 1993년의 27%선으로 지속적인 하락 추세를 보이고 있었으며, 상표선호도 측면에서도 OB가 압도적 우위(88.3%)를 차지하고 있었다. 한편 1994년 4월 진로의 맥주시장 참여결정으로 인해 2사 체제에서 3사 체제로 맥주시장의 경쟁구도가 전환되었고, 관세인하로 인한 외국브랜드가 대거 진출하였으며, OB맥주 페놀사건 및 이천공장의 물 문제 등으로 인해 소비자들의 물에 대한 관심이 고조되는 상황이었다. 1991년 3월 16일 구미공단의 두산전자에서 페놀원액 30톤을 불법 방류한 사건이 터졌다.[1] 이 사건으로 낙동강 주변의 대구와 심지어 부산에서까지 두산그룹을 성토하기 시작했다. 동양맥주는 두산그룹의 계열사다. 비록 전자 쪽에서 터진 일이었지만 동양맥주로서는 '우리 맥주도 좋은 물을 사용합니다' 란 문구를 사용할 수 없다는 점이 절대적인 약점으로 작용했다. 물이 쟁점인데 물이란 단어를 사용 못한다는 것은 손발이 묶인 것이나 다름없는 것이었다. 이때 하이트맥주는 기존 맥주와의 차별점, 즉 암반천연수를 원료로 한 점을 내세워 광고를 하기 시작하였다. 절묘한 타이밍의 시기였다. 결국 1996년에는 하이트맥주가 시장점유율에서도 앞서기 시작했다.[2]

1) 98히트상품 사례모음집, 한국능률협회. 1998
2) 이코노미스트 572호 2001년 1월 22일

제 2 절 SWOT분석

S	W
· 최고경영자의 신제품 개발 의지 · 최신설비 도입 · 암반천연수 보유 · 최고경영자의 마케팅 도입	· 유통력 열악 · 종업원 사기 저하 · 경쟁력 있는 제품 미보유
O	**T**
· 경쟁사 페놀사태로 기업 이미지 악화 · 맥주시장의 수요 증가 · 맥주의 가정용 시장 확대 · 경쟁사의 유통서비스 불만 고조 · 소비자들의 신제품 기대 잠재	· 진로의 맥주시장 진입 · 제품수명주기 단축 · 당사의 시장점유율 계속 하락

자료원: 자료원: www.hite.co.kr(수정인용)

제 3 절 마케팅전략

1. 핵심전략

(1) 차별화 전략

하이트는 출시 초기 깨끗함과 순수를 강조한 '100% 암반수로 만든 순수한 맥주'라는 제품 컨셉으로 현재 유행하고 있는 웰빙(Well-Bing)의 개념을 이미 도입한 제품이다. '100% 암반천연수' 는 자연스럽게 하이트를 연상하게 할 정도로 천연암반맥주의 이미지를 소비자들에게 각인시키는 데 성공했다. 이 같은 성공 뒤에는 암반천연수를 제품원료로 사용해 맥주의 90%를 차지하는 물의 순수함과 깨끗함이 살아 있는 하이트만의 독특한 맛이 소비자들로부터 인정을 받았기 때문이다. 특히 국내 최초 비열처리 맥주로서 제품의 신선함은 물론 최첨단 제조처리공정과 차별화된 포장용기가 뒷받침했다. 또한 소비자들에게 최적의 음용온도를 확인하는 온도계마크, 신호등마크를 제품마다 부착해 소비자의 입장에서 제품을 만드는 남다른 마케팅 전략이 있었기에 가능했다. 하이트는 99년 시장점유율 50%의 벽을 무너뜨리며 2006년 들어 58%의 시장점유율을 상회하는 등 11년째 신기록 행진을 이어가고 있다. 하이트맥주는 소비자들의 다양한 욕구충족과 경쟁력 강화를 위해 변화하는 소비자들의 기호에 맞춰 다양한 마케팅과 제품개발에 주력하였다. 이와 함께 더욱더 철저한 품질관리와 소비자 중심의 마케팅전략 등을 통해 브랜드의 가치를 극대화해 한국대표 맥주로서의 자신심과 나아가 세계적인 글로벌브랜드로 육성하고, 신뢰받는 세계적인 맥주 브랜드로 키운다는 장기플랜을 갖고 있다. 또한 고객과 만나는 접점 마케팅을 강화하고 환경친화적인 사회사업, 사회공헌 이벤트를 연계해 자연, 고객, 사회공익, 기업이라는 4개의 축으로 마케팅전략을 전개할 방침이다. 이를 통해 하이트맥주만의 핵심 장점인 '물'의 우수성으로 경쟁제품과 차별화시켜 1위 브랜드로서의 시장입지를 더욱 강화하고 맥주를 판매하는 기업이 아닌 문화를 판매하는 기업으로서의 전략적인 문화마케팅을 통해 장기적인 성장과 성숙의 기틀을 마련하였다.[3)]

(2) 생산실명제 전략

소비자에게 보다 나은 제품과 서비스를 공급하기 위해 생산실명제인 '브랜드키퍼(brand keeper)' 제도를 도입해 실시하고 있다. 이 제도는 하이트맥주에서 생산하는 모든 제품을 대상으로 실시하고 있으며 제품 제조공정의 투명성을 통해 소비자는 제품을 신뢰하며 생산자는 품질관리에 최선을 다할 수 있다. 특히 이는 표시순서에 따라 제조 연월일, 생산라인, 공장, 제조시간, 생산담당자 실명의 순서로 제품에 부착된 브랜드에 표기한 것으로 전사적인 차원에서 품질을 지켜나가겠다는 TQM(total

3) 파이낸셜뉴스 2006년 3월 26일

quality marketing)차원의 하이트맥주 브랜드 가치 철학이다.4)

(3) 객원마케터 전략

1997년 '하이트'에서 가장 먼저 실시된 대학생 객원마케터 제도는 인터넷의 보급과 함께 점차 확산되기 시작했다. '하이트'는 인터넷 이용에 익숙한 대학생의 여론 형성 능력을 눈여겨보았기 때문이다. 이제 인터넷에서 여론몰이를 하는 대학생의 생각을 읽는 것은 기업의 비즈니스 활동에서 필수적인 요소가 되고 있다. 대학생들로서는 객원마케터로 활동하면서 재학 중에 기업 실무경험을 쌓을 수 있고 자신이 제안한 아이디어가 제품이나 서비스에 반영될 경우 중요한 경력이 될 수 있다는 점 때문에 인기를 끌고 있다.

'하이트'의 경우 대학생 객원마케터는 하루가 다르게 변해가는 젊은 고객층의 입맛을 파악하기 위해 시장조사를 실시하고 최근 음주트렌드를 분석함으로써 하이트맥주가 고객에게 한층 가까이 다가갈 수 있도록 돕는다. 이들은 한 달에 두 차례의 공식 모임을 갖고 서로의 아이디어를 교환한다. 종종 기업 마케팅 담당자와 미팅을 가짐으로써 실무 감각을 익혀나간다. 또한 봉사활동을 통해 '하이트'의 사회 공익적 이미지를 제고하는 것과 같은 재기발랄한 이벤트를 개최함으로써 하이트맥주의 젊은 이미지를 확립하는 데 기여한다.5)

2. 시장세분화, 표적시장선정, 포지셔닝전략

(1) 시장세분화(Segmentation) 및 표적시장선정(Targeting)

하이트맥주는 테스트 마케팅(test marketing)을 통하여 다양한 소비자 연령층 중에서 20대 초반~30대 초반의 젊은 직장인들과 대학생을 주요 표적시장으로 정하고 젊은 가정주부들 또한 하부 표적시장으로 정하였다. 특히 OB맥주 선호가 높고 당사 제

---

4) 서울경제신문 2005년 9월 15일
5) 주간조선 2006년 3월 21일

품 선호도가 가장 낮은 집단을 표적시장으로 선정하였다.[6)]

(2) 포지셔닝(Positioning)

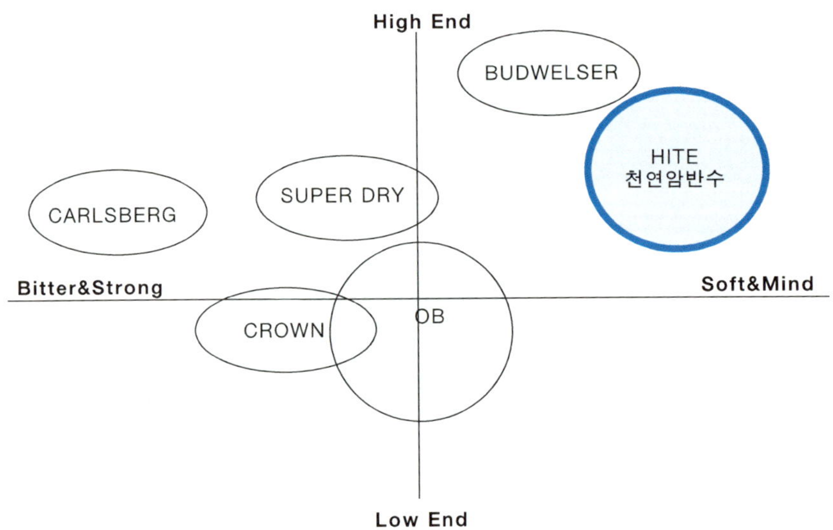

자료원: 자료원: www.hite.co.kr(수정인용)

3. 마케팅믹스

(1) 제품전략

하이트는 제품의 컨셉의 핵심을 지하 150m의 100% 천연 암반수로 만든 순수한 맥주로 설정하였다. 또한 부수적으로 맥주보리 껍질을 분리(De-husk 공법)제조하여 만든 부드러운 맥주이며 M.C.F.공법으로 살균하지 않고 효모를 걸러 내어 신선하면서도 장기간 보존이 가능한 고품질 맥주로 제품의 차별화를 시도하였다. 또한 알코올도수도 4.5%로 정하여 부드러움을 강조하여 제품 spec상의 특성인 소비자 입

---

6) www.hite.co.kr(수정인용)

맛을 강조하였다.

또한 제품 포장의 컨셉과 연관되는 그린색 사용으로 국내 맥주업계 최초의 back label을 부착하였고 국내 맥주업계 최초로 소비자들에게 최적의 음용온도를 제공하기 위한 온도계마크, 신호등마크 등으로 제품전략을 추구하였다.[7]

(2) 가격전략

가격 측면에 있어서는 새로운 제조공법 사용으로 인한 원가증가를 반영하고 기타 제품과는 다른 비열처리 맥주라는 고급스런 이미지 등을 감안해 가격을 기존의 보통 맥주보다 20% 높게 출시했으나, 자사제품인 드라이 맥주보다는 약 7.3% 저가로 책정하였다. 이러한 가격전략은 기존 보통 맥주 대비 프리미엄 전략(추가적인 소비자 편익제공－천연수)이고 드라이 맥주의 가격 저항감 고려한 전략이다.[8]

(3) 유통전략

열악한 유통망 때문에 하이트에 대한 도매상들의 관심은 그리 크지 않았다. 더구나 강력한 경쟁상대인 OB맥주가 전 유통망을 지배하고 있었기 때문에 하이트가 신제품을 출시하고 공급하는 데 어려움이 있었다. 이러한 유통망의 취약점을 해결하는 것이 신제품의 운명을 결정하는 핵심요소로 파악하고 1차 거래선 유통망을 확장하기 위하여 루트판매팀(route sales team)을 구성하여 직접 돌아다니면서 도・소매점과의 계약을 체결하였다. 2차 거래선인 소매점위주의 머천다이징(merchandising)을 위한 지원을 하였다. 또한 편의점 체인을 1차 표적시장으로 정하였다. 또한 유흥업소 출고를 지향하고 철저하게 가정용 중심으로 특히, 서울・경기도 등 수도권 지역에 밀착하였다.[9]

(4) 촉진전략

하이트는 다음과 같은 단계별 촉진전략 전개하였다.

---

7) 이코노미스트 631호 2002년 3월 29일, www.hite.co.kr
8) www.hite.co.kr
9) www.hite.co.kr, 이두희(1996), "한국의 마케팅 사례 II", 박영사.

〈1단계: 제품 컨셉 및 포지셔닝 커뮤니케이션 단계〉

–제품 탄생 광고

–하이트 이런 맥주를 맛보았는가?

–보통물로 만든 맥주와는 맛이 정말 다르네.

–맥주의 90%는 물 어느 맥주를 드시겠습니까?

–하이트맥주를 만드는 이 물이야말로 수질이 정말 좋은 물입니다.

〈2단계: 공격적이고 임팩트 있는 광고시행〉

–맥주를 끓여 드시겠습니까?

–일반물로 만든 맥주, 천연수로 만든 맥주

–전 하이트로 바꿨어요.

–왜 물은 가려 마시면서 맥주는 가려 마시지 않습니까?

–말 못하는 맥주, 말할 수 있는 맥주

–소비자 만족도 1위 중의 1위–하이트맥주

〈3단계: 수요확대 및 신선도 제고를 위한 광고〉

(인물편) 마셔보면 다른걸요.

–1차: 김진영, 박용훈, 오혜원, 유창혁

–2차: 재키림, 여균동, 김행, 이정식

〈4단계: No1 브랜드로서의 이미지 강화〉

(대표편) 대표맥주 하이트

–1차: 홍명보

–2차: 허재

〈5단계: 기업이미지 확대 유지 전략〉

(물사랑편) 기업PR광고

–물사랑 하이트

〈6단계: 경쟁우위 Mult－Spot 전략〉

"정선경, 명계남, 박철"을 통한 맥주의 속성인 시원함을 소비자가 만족하여 인지하도록 하는 전략

〈7단계: 하이트맥주의 핵심우위 전략 사용〉

－Concept 1: 푸른 산맥의 암반수로 '氣'가 살아 있는 시원한 맥주

－Concept 2: 백두대간 맥주 하이트

또한 다음과 같은 판매촉진 전략을 추구하였다.

▶소매점 영업지원－업계 최초 1회용 썩는 비닐봉투 제공

▶샘플 전략 실시－랜딩용 시제품 제공

▶하이트 사은 대잔치－크리넥스 140만 개 지원

▶쓰레기봉투 묶음끈 제공

▶소비자 사은 대잔치－죽염비누 100만 개

▶하이트 고객감사 무료 시음회

▶94, 95년 국내 프로축구 공식 스폰서

▶하이트 대학생 스키캠프

▶명동축제 참가－연2회

▶각종 문화행사 및 체육행사 협찬

▶하이트 심야좌석 무료승차 서비스

▶남북협력기금 조성 행사

▶수재의연금 조성 행사

제 4 절 성과

1993년 선보인 하이트맥주는 출시 후 3년 만에 40여 년간 이어져 온 맥주시장 판도를 바꾼 돌풍의 주인공으로 한국 마케팅 역사에서 대표적인 성공 사례로 평가받고 있다. 회사 측은 제품의 성공을 배경으로 1998년 사명까지 '하이트'로 바꿨다. 하이트 성공은 시장점유율을 통해서도 확연하게 드러난다. 1996년 시장점유율 40% 벽을 뚫고 업계 1위에 올라선 하이트는 승승장구해 2007년 현재 60%를 넘어 11년째 정상 자리를 지키고 있다.

하이트맥주는 2006년 3월 최적의 공정 조건을 유지하는 맞춤식 발효 시스템을 도입해 맥주 맛과 향이 한결 신선해졌다. 맛있는 맥주로 통하는 하이트의 인기 비결은 3년간 연구 끝에 개발된 신선도 유지 시스템(Fresh Taste Keeping System)으로 맥주의 향미를 기존 제품보다 50% 증진시켰다.

하이트는 브랜드 슬로건을 '오픈업 하이트(Open Up! Hite)'로 바꿔 소비자의 일상생활 속에 항상 함께하는 친근함을 강조하고 있다. 새 제품은 외형적으로 시원함과 역동성을 강조하고 있다. 브랜드 명을 소문자(hite)로 바꾸고 나선 형태의 선으로 처리해 동적인 이미지를 더욱 강조했으며 기존 암반수 마크도 단순화했다. 하이트만의 특징인 온도계마크는 위치를 주 상표 자리로 옮겨 슬로건을 나타내는 '오픈 마크'로 변경했다. 또 토종 맥주의 자존심을 지켜나가기 위해 맥주의 음용 권장 기한제를 도입했다.

병맥주와 캔 맥주의 경우 제조일로부터 365일, 페트병 맥주는 180일을 기한으로 하는 음용 권장 기한표시제도 국내 최초로 도입됐다.

브랜드에 대한 평판이 좋아지면서 지난해 9월 출시된 '맥스'는 시간이 갈수록 인기를 끌고 있다. 당초 회사 측이 예상했던 판매량을 크게 웃돌아 히트상품 대열에 들어섰다. 맥스의 인기 비결은 뛰어난 품질에 있다. 70년 이상 맥주만을 제조해 온 하이트맥주의 노하우를 결집시켜 100% 보리 맥주로 승부를 걸었다. 맥스 라벨은 보리를 표현한 골드 계열로 맥주를 잔에 따랐을 때 거품이 넘치는 모습을 형상화했다. 또

브랜드 로고는 사선으로 만들어 역동성을 강조했으며 청량감을 표현하기 위해 파란색을 사용했다. 가장 맛있는 온도를 알려주는 맥스 마크도 들어 있다. 하이트맥주는 고객이 원하는 최고의 품질, 고객과 코드를 같이하는 마케팅으로 브랜드 가치를 높여 주류산업 선도 회사로 기업의 사회적 책임을 다하는 대표 기업으로 거듭나기 위해 힘쓰고 있다.[10)]

10년 넘게 국내 맥주시장에서 1위를 내주지 않고 있는 하이트가 이제 한 단계 더 도약할 수 있는 곳은 해외시장이다. 하이트가 수출에 뛰어든 것은 하이트맥주를 출시한 1993년이다. 당시 수출전선은 싱가포르를 시작으로 러시아로 확대됐고, 최근에는 중국, 미국, 일본, 영국, 홍콩, 몽골 등 20여 개국으로 유통망을 넓혔다. 그러나 이러한 수출성과는 일본에의 수출의존도가 높다는 점과 소비대상이 현지교민에 의존해 있다는 점에서 아쉽다.

대한주류공업협회에 따르면 2006년 기준 국내 제조맥주의 수출은 약 34개국에 7만㎘ 정도에 그치고 있어 우리나라의 연간 맥주소비량인 190만㎘에 비하면 극히 미미한 수치이다. 게다가 수출량의 84%가 홍콩과 일본, 몽골, 싱가포르 4개국에 집중돼 있으며 특히, 홍콩(41%), 일본(20.3%)에 의존한 수출시장은 이들 국가의 시장변화에 민감할 수밖에 없는 환경을 조성하고 있다. 아직까지 하이트는 수출시장에서 이렇다 할 큰 변화를 일으키지는 못하고 있지만, 최근에는 전통적으로 수출비중이 높은 홍콩, 일본, 몽골, 싱가포르 외에도 미국 LA에 현지법인을 세워 기존의 LA와 샌프란시스코에 국한됐던 미국서부시장을 확장해 뉴욕, 하와이 등 신규 지역시장을 개척하고 있다. 또한 교포들에 집중됐던 해외시장의 소비층을 현지인들에게 확대하는 방안을 모색하고 있다. 하이트맥주는 특히, 세계최대시장으로 부상하고 있는 중국 진출을 중·장기적으로 모색하고 있다.

이미 지난 2003년 말 중국 내 할인점을 통해 중국소비자들에게 첫선을 보인 바 있지만 보다 심층적인 시장 환경 검토로 실패하지 않는 해외진출을 만든다는 것이 하이트맥주의 전략이다.

하이트맥주는 외국맥주에 대해 "좋은 제품으로 승부할 수밖에 없다"며 "맛과 질, 디자인의 변화와 함께 고객을 향한 끊임없는 변화를 추구하고 있다"고 강조했다.

하이트맥주는 2004년 이후 매년 18억 원에 가까운 비용을 R&D 투자비용으로 사

10) 한국경제신문 2007년 4월 10일
11) 조선일보 2006년 12월 7일

용하고 있다. 하이트의 변화와 도전을 위한 노력이 멕시코의 '코로나' 와 네덜란드의 '하이네켄' 과 같은 세계적인 브랜드를 한국에서 만들어 내겠다고 한다.[11)]

11) 조선일보 2006년 12월 7일

The Face Shop

제 1 절 · 시장진입상황
제 2 절 · SWOT분석
제 3 절 · 마케팅전략
제 4 절 · 성과

제9장 The Face Shop

제 1 절 시장진입상황

화장품도 비쌀수록 잘 팔리던 시절이 있었다. 1986년 국내 화장품 시장의 빗장이 풀리면서 유명 외제 화장품들이 시장을 장악했다. 태평양을 비롯한 국내 유명 화장품 업체들도 한방성분을 이용한 기능성 화장품들로 제품을 고급화하면서 방어에 나섰다.

그러나 비싼 화장품 가격에 대한 소비자들의 불만이 높아지면서 한때 할인 화장품 상점들이 인기를 누리기도 했다. '저가 화장품 돌풍' 을 몰고 온 미샤는 변화된 소비자들의 요구를 적극 수용, '비싸야 잘 팔린다' 는 화장품업계의 통념을 깨뜨렸다. 2002년 뷰티넷이라는 인터넷 사이트를 통해 저가 화장품을 선보인 데 이어 서울 신촌 이대 앞에 1호점을 냈다. 미샤는 2003년 매출액은 123억 원에 불과했다. 그러나 불과 1년 만인 지난해 1천억 원을 넘겼다.

저가 화장품이 이토록 각광을 받는 것은 경제상황을 반영한 일시적인 효과라는 지적도 있었지만 화장품에 대한 소비자들 인식이 바뀐 것이 주요인이다.

"미샤가 성공한 요인은 '가격 대비 품질 만족' "이라고 말한다. 이들은 자신들의 제품이 '저가 화장품' 이 아니라 '정상 화장품' 이라고 말한다. 값이 싸진 것은 기존 화장품의 거품을 뺐기 때문이며 기존 화장품 업체와 같은 원료를 쓰기 때문에 품질에는 자신 있다는 것이다. 기존 화장품의 내용물 원가는 판매가의 3~7%밖에 되지 않는다고 이들은 주장한다.

태평양이 5,000원 대의 저가 화장품을 출시하면서 명동에 '휴영' 매장을 오픈하자 미샤 관계자는 "태평양의 진출로 타 화장품업체의 저가시장 진출이 이어질 것"으로 예상하면서 "이로 인해 무엇보다 소비자들 신뢰도가 높아질 것"이라고 분석했다.

1조 원이 넘는 매출로 화장품업계 부동의 선두자리를 지키고 있는 태평양이 기존

제품과 유사한 성분에 값은 저렴한 제품을 내놓으면 저가 화장품에 대한 소비자들 인식은 또 한 번 바뀌게 될 것이라는 것이다.

더페이스샵은 웰빙트렌드를 활용, "자연주의"라는 이미지로 2003년 12월 혜성처럼 나타나 업계 판도를 뒤집었다. 권상우라는 일급 모델을 기용하는 한편 자연 성분이라는 제품 컨셉과 독특한 디자인이 맞물리면서 시장에 진입하게 되었다.[12] 미샤와 달리 더페이스샵은 소비자 기호를 반영한 900가지 이상의 제품과 고급화한 인테리어 매장을 통해 브랜드 이미지를 전면에 내세웠다.

더페이스샵은 "마침 소비자들의 패턴도 장기불황이라는 흐름 속에 합리적인 가격에 필요한 물건을 사고 싶다는 쪽으로 옮겨가는 시점이었다"며 '미투(me too) 브랜드'로 각인되고 싶지는 않았다고 밝혔다. 더페이스샵은 화장품 가격은 저렴하지만 내용이나 디자인은 최고를 지향한다.[13]

제 2 절 SWOT분석

S	W
· 다양한 제품 합리적인 가격 · 고품질과 자연주의 이미지 · 충성도 높은 브랜드 마니아 형성 · 본사와의 직거래 고마진 확보	· 후발주자로서의 어려움 · 주 고객이 10~20대의 젊은 여성 (제한된 소비자계층)
O	**T**
· 경기침체로 인한 합리적인 소비 문화 · 지속적인 점포 확장	· 저가격 정책으로 인한 소비자의 부정적인 선입견 · 낮은 진입잔벽으로 인한 경쟁업체들의 난립

12) 시사저널 2006년 9월 28일
13) 매일신문 2005년 5월 21일

제 3 절 마케팅전략

1. 핵심전략

(1) 차별화 전략으로 핸디캡 극복

더페이스샵이 브랜드샵 시장에 뛰어든 것은 선발브랜드인 '미샤'보다 약 6개월 뒤인 2003년 12월이다. 당시 미샤는 이미 전국에 40여 개 매장을 확보하고 1백억 원이 넘는 매출액을 올리며 시장을 선점해가고 있었다.

더페이스샵은 차별화된 브랜드 컨셉으로 승부수를 던졌다. 직영 또는 가맹점 형식을 통한 유통구조 혁신으로 가격 거품을 뺀다는 브랜드숍의 기본 틀은 그대로 유지하면서 '자연주의 화장품'이라는 컨셉으로 소비자들에게 다가선 것이다. 천연원료를 사용한 순식물성 화장품이라는 점을 강조하고 매장 인테리어도 자연주의 컨셉에 맞췄다. 눈에 띄는 화이트 컬러를 기본으로 모든 매장 안에 느티나무를 심고 과일과 한방 재료를 곳곳에 전시, 건강하고 깨끗한 이미지로 꾸민 것이다.

결과는 대성공이었다. '웰빙' 트렌드와 맞물리며 국내 화장품 업계에 새바람을 불러일으켰다. 국내는 물론 일본 · 홍콩 등 아시아에서 대표적인 한류스타로 꼽히는 권상우를 전속 모델로 기용, 브랜드 인지도 역시 단기간에 수직상승했다.

회사 측은 "모든 제품을 1만 원 이하에 판다며 값이 싸다는 점을 마케팅 포인트로 잡지 않고 '자연주의' 이미지를 전면에 내세운 게 성장 동력"이라며 "그 결과 고객들은 값싼 화장품이 아닌 고급스런 브랜드, 건강한 이미지를 산다는 생각을 갖게 됐다"고 설명했다.[14)]

14) 매일신문 2005년 5월 21일

(2) 쇼핑편의 고려한 제품 및 디스플레이 전략

더페이스샵은 기초라인부터 메이크업, 헤어, 보디케어제품까지 미용에 관련된 모든 제품을 제공하고 있다. 브랜드 런칭 때 6백여 가지였던 아이템은 시시각각 변하는 고객들의 욕구에 맞춰 지속적으로 제품을 업그레이드, 현재 9백여 개에 달한다.

최근엔 매장 쇼윈도에 별도의 디스플레이존을 만들고 신제품을 따로 전시, 소비자들이 쇼핑 때 '물건 고르는 재미' 에 더해 '보는 재미' 까지 만끽할 수 있도록 했다. 새롭게 내놓은 미백 기능성 신제품 '화이트 트리' 를 홍보하기 위해 'ㄷ' 자형 목재나 나뭇잎 문양이 프린트된 아트글래스로 쇼케이스를 따로 만들어 해당 제품을 진열해 놓은 게 대표적인 예다. 더페이스샵 관계자는 "패션매장도 아닌 화장품 매장에서 쇼윈도를 신제품 컨셉에 맞춰 꾸민다는 것 자체가 이례적"이라며 "계절별로 신제품, 주력 제품 위주로 디스플레이존을 꾸밀 것"이라고 소개했다.[15]

(3) 유통채널 단순화

후발업체들은 선발업체에 비해 유통망에서 열세일 수밖에 없다. 대리점을 활용하는 영업전략을 그대로 답습한다면 후발 중소기업들이 생존하기도 힘들다. 인터넷을 이용한 유통 단계 축소는 후발기업의 장점으로 작용한다. 선발들은 기존 대리점체제를 포기할 수 없기 때문에 쉽게 인터넷마케팅을 확대시킬 수 없다.

화장품시장에서 더페이스샵은 유통채널 단순화로 가격경쟁력을 확보한 전형적인 사례다. 한발 앞서 유통채널 단순화로 성공한 모델은 미샤였다. 그러나 미샤는 비슷한 모델을 들고 나온 더페이스샵에 밀렸다. 더페이스샵 성공요인은 가격경쟁력을 확보하면서도 제품고급화 이미지를 심어줬기 때문이다.

더페이스샵이 골리앗 화장품기업보다 저렴한 가격에 화장품을 공급할 수 있었던 배경은 인터넷 활용으로 대리점을 거치지 않고 곧바로 배달되는 시스템을 운영했기 때문이다. 판매상이 주문하면, 더페이스샵이 곧바로 배송해주는 체제이기 때문에 중간 유통비용을 줄일 수 있었다. 무엇보다도 접근성을 높이는 전략도 주효했다. 더

15) 한국경제신문 2005년 4월 14일

페이스샵은 주로 지하철역 내부에 점포를 개설했다. 지하철 영업은 재임대 형태로 이루어지기 때문에 대형 화장품회사나 코스닥 등록기업인 미샤 등은 쉽게 선택할 수 없는 영업 방식이었다. 반면 더페이스샵은 저가이면서도 고품질을 유지하는 영업전략을 펼쳤기 때문에 지하철 판매와 방향이 맞아떨어졌다.[16)]

2. 시장세분화, 표적시장선정, 포지셔닝전략

(1) 시장세분화(Segmentation)

1) 인구통계적 변수

여성을 기준으로 연령대로는 메이크업에 대한 관여도가 높은 계층인 10대~30대까지 고려한다.

2) 지리적 변수

off-line 매장은 수도권을 중심으로 시작하여 주요한 상권에 위치, 지방의 경우 유동인구가 많은 곳에 입지 최대의 노출효과, 이외의 곳은 on-line으로 보완한다.

3) 사회문화적 변수

경기침체로 인한 소비심리위축으로 감성적인 소비문화보다는 이성적 소비문화로 변화되고 있는 시점이다.

16) 매경이코노미스트 2006년 5월 17일

(2) 표적시장선정(Targeting)

10대~20대 초반의 여성을 중심으로 지리적 위치는 대도시의 주요 상권, 젊은 유동인구가 많은 지역으로 높은 제품의 질과 낮은 가격, 매장의 세련되고 깔끔한 분위기 및 합리적인 소비를 중시하는 계층을 표적시장으로 선정하였다.

(3) 포지셔닝(Positioning)

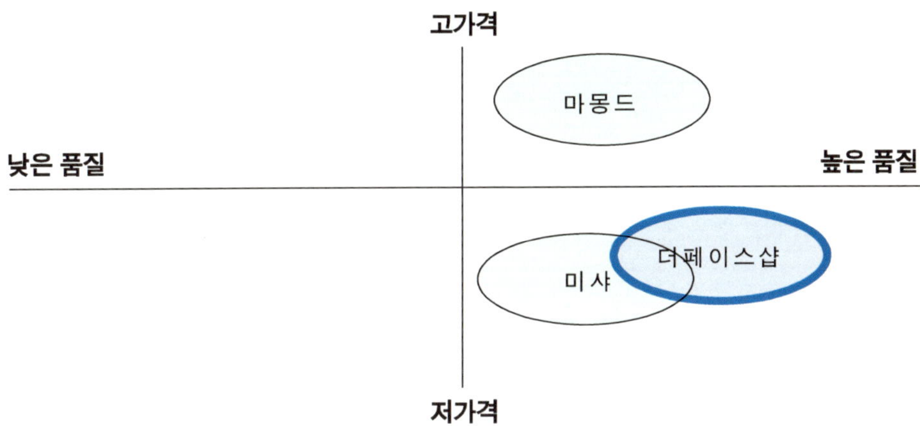

3. 마케팅믹스

(1)제품전략

자연주의와 웰빙 컨셉을 내건 더페이스샵이 시장 진입 단계인 지난 2003년부터 '내추럴 스토리' 라는 슬로건으로 '자연주의 컨셉' 을 일관되게 홍보한 데 힘입어 두각을 나타냈다. 이들 화장품이 소비자들에게 단지 저가제품으로만 깊게 인식되자 신선한 브랜드 컨셉트로 인식을 환기시킬 필요가 생겼다는 점도 자연주의 마케팅 바람을 일으키는 데 한몫했다.[17)]

17) 파이낸셜뉴스 2005년 9월 23일

더페이스샵은 기초화장품 및 메이크업, 헤어케어, 바디 제품 등 총 870여 개의 제품을 갖추고 있으며 한방 재료, 과일, 꽃, 허브 등 천연성분 800가지 천연원료를 사용해 질 높은 제품을 공급하고 있다.

또한 최근 들어 더페이스샵은 대형마트 매장에서 전용 기획상품인 허브데이 클렌징크림, 마사지크림을 판매하는 한편 460㎖ 대용량 제품위주로 5가지 이상 보디용품을 판매하고 있다.[18)]

또한 더페이스샵은 전국 매장에 35세 이상 고객을 위한 고품격 라인을 전시한 "골드존(GOLD ZONE)"을 새롭게 운영하고 있다. 2007년 4월 말부터 전국 매장에 순차적으로 '골드존'을 설치하고 35세 이상 고객을 위한 미백, 메이크업, 남성 전문 라인도 추가로 출시할 계획이다.

서울 코엑스 매장에 처음 꾸며진 '골드존'은 안티에이징 라인 '플레보떼 콜라제닉' 7종을 비롯해 중·장년층을 위한 고기능성 제품들을 선보인다.

나노 콜라겐이 함유돼 있어 피부 탄력을 강화하고 티벳 고산지대의 꽃인 천산설화 추출물이 피부 노화를 예방한다는 게 회사 측의 설명이다. 특히 '플레보떼 콜라제닉 콜라겐 70 크림'은 콜라겐 원액 70%를 함유해 피부 재생을 촉진하는 주름개선 기능성 제품 판매하고 있다.

더페이스샵은 "골드존은 더페이스샵이 브랜드숍 화장품업계 1위를 굳건히 지키고 경쟁력을 강화하기 위한 주요 혁신전략 가운데 하나"라며 "제품의 기능을 중시하는 주부층 소비자의 꾸준한 욕구를 적극 반영한 결과물"이라고 밝혔다.[19)]

(2) 가격전략

고품질 원료를 사용하는 반면 가격은 초저가를 지향한다. 제품의 가격은 1,000원, 3,300원, 5,500원 대 등이며 대부분의 제품이 1만 원 이하의 제품이다. 용기나 포장지의 단가를 줄이고 브랜드샵으로 유통단계를 줄여 더페이스샵은 이런 저가격에도 충분한 수익을 얻을 수 있는 시스템을 갖추었다.

이와 함께 저가 화장품 더페이스샵에 2만 원 대 화장품이 등장한다. 세트 제품으

18) 파이낸셜뉴스 2007년 5월 1일
19) 머니투데이 2007년 4월 16일

로 가격이 2만 원이 넘는 경우는 있었지만 단일 제품으로 2만 원 대 가격은 처음이다. 이는 35세 이상 고객을 끌어들이기 위한 고가 전략이다.[20]

(3) 유통전략

더페이스샵은 매장은 대학로점, 이대점, 성신여대점, 건대점 등 주요 대학가에 매장에 위치함으로써 젊은층의 고객을 대상으로 하고 있다. 또한 문화, 주유 상권 및 주거 밀집지역인 명동, 코엑스, 잠실 등 유동인구가 많고 현금 유통이 활발한 지역에 위치해 있다.

더페이스샵의 성공비결은 과거 대리점, 전문점 중심의 복잡한 화장품 유통구조를 과감하게 단순화시켜 불필요한 비용은 줄이면서 화장품가격을 대폭 낮추는 데 성공했기 때문이다. '공급자－대리점－도매상－전문점－소비자' 로 이어진 유통구조가 '공급자－브랜드샵－소비자' 로 간소화된 것이다.

브랜드샵 특유의 고급인테리어와 체험마케팅의 효과도 폭발적이었다. 촌스러운 매장에 바겐세일 플랜카드만 있는 기존 대리점에서 브랜드샵은 일종의 문화적 충격과도 같았다. 직접 테스트를 해보며 상쾌한 시간을 보낼 수 있도록 하는 것이 브랜드샵의 컨셉이다.

브랜드샵은 이제 화장품유통채널의 가장 큰 비중을 차지할 정도로 대중화됐다. 현재 브랜드샵의 화장품 시장점유율은 대략 30%대로 추정되는 가운데 방문판매, 백화점이 각각 20%대, 할인점이 10%대로 집계되고 있다.

그러나 대기업 화장품사도 현재 브랜드샵시장을 맹공격하고 있어 향후 브랜드샵 시장의 경쟁은 더욱 치열해질 전망이다.[21]

(4) 촉진전략

자연주의라는 컨셉트로 권상우라는 인기스타를 광고모델로 브랜드이미지를 높였다. 그리고 구매액의 2%를 적립하는 마일리지 제도를 운영 중에 있다. 마일리지가

---

20) 머니투데이 2007년 4월 16일
21) 파이낸셜뉴스 2006년 2월 20일

2000원이 넘으면 전국의 매장에서 현금처럼 쓸 수 있다. 이런 제도를 통해 고객 애호도를 높이고 있다.

더페이스샵은 2003년 출시와 동시에 권상우와 인연을 지금까지 이어오고 있다. 남자 모델이 한 화장품 브랜드 모델로 4년 가까이 활동하는 것은 이례적인 일이다. 더페이스샵은 이 기간 저가화장품 시장 선두는 물론 전체 화장품 업계 3위에까지 올랐다. 더페이스샵 브랜드 급성장에서 모델 권상우의 부드러운 이미지가 큰 역할을 했다고 할 수 있다.[22)]

더페이스샵은 소비자들에 고급이미지를 각인시키기 위해 지난 3월 명동점을 시작으로 매장 인테리어 리뉴얼 작업을 실시해 2006년 말까지 약 100여 개의 매장을 리뉴얼 할 예정이다. 기존의 화이트 컬러 일색이던 매장을 나무색으로 바꿔 보다 고급스러운 분위기를 낸 것이 이번 인테리어의 주된 특징이다.

더페이스샵은 이와 함께 제품 리뉴얼도 활발히 진행할 예정이다. '더 플라워 파우더 팩트'를 포함한 색조라인을 강화하고 보습, 링클, 필링과 관련된 기초제품라인을 대폭 확대하겠다는 포석이다. 이를 위해 더페이스샵은 지난 5월 권상우와 고소영을 모델로 하는 '투톱(Two－Top)모델' 전략을 시작해 1,100여 가지가 넘는 남 · 여 화장품에 맞춰 모델을 적절히 활용할 계획이다.[23)]

제 4 절 성과

더페이스샵은 3,300원짜리 화장품을 팔아 업계 3위에 도약했다. 더페이스샵은 2006년 매출액 1,820억 원, 영업이익 315억 원 등 화려한 경영실적을 기록했다. 2005년에 이어 2년 연속 화장품업계 3위 자리를 지켰다. 1, 2위 업체인 아모레퍼시픽과 LG생활건강이 막강한 자금과 유통망을 갖추고 있는 재벌기업이란 점을 감안하면 기적 같은 실적이란 게 업계의 평가다.

22) 머니투데이 2006년 2월 16일
23) 서울경제신문 2006년 8월 3일

더페이스샵의 성공은 가격파괴 전략뿐만 아니라 '자연주의 화장품' 이라는 브랜드 컨셉이 주효했다는 게 업계의 중론이다. 10~20대뿐 아니라 30~40대까지 고객층을 확대하고 로드숍에서 백화점, 대형마트, 지하철역 등으로 유통망을 넓힌 것도 성공 요인이다.

더페이스샵은 "올해는 브랜드숍 업계 선두에 만족하지 않고 글로벌 브랜드로 도약하는 게 목표"라며 "차별화된 마케팅 전략과 해외 현지화 전략"을 통해 매출을 2,000억 원 대 이상으로 끌어올리겠다고 하였다.

더페이스샵은 2004년 11월 홍콩 대만 싱가포르 인도네시아 등 4개국에 매장을 열며 해외 시장에 첫발을 내디딘 뒤 미국, 일본, 호주, 도미니카공화국, 캐나다, 말레이시아, 요르단 등 세계 각국에 잇달아 진출하며 15개국에 150여 개 매장을 열었다.[24)]

더페이스샵은 호주와 미국에 매장을 추가 오픈하고, 아시아 시장에서 쌓은 노하우를 바탕으로 진정한 글로벌 브랜드로 발전하기 위해 사업확장에 박차를 가하고 있다. 더페이스샵은 호주 남부 애들레이드 시(市)의 중심 상권에 매장을 열었다. 20평 규모로 사무실이 밀집된 지역에 있어 주요 고객은 20~30대 직장인 여성이 될 전망이다. 더페이스샵은 관광객이 많은 문화도시인 애들레이드에 매장을 오픈함으로써 고급스러운 자연주의 화장품 브랜드를 알리는 데 도움이 될 것으로 기대하고 있다. 호주는 북반구와는 반대인 계절적 요인이 있어 신제품 반응을 테스트하는데도 유리하다.[25)]

더페이스샵은 해외 시장 개척의 가장 큰 목표로 중국 시장의 성공적인 진입을 꼽았다. 더페이스샵은 지난해부터 상하이에서 테스트 매장을 운영해 왔던 만큼 올해 안에 본격적으로 정식 매장을 오픈할 계획이라며 중국 공략에 대한 강력한 포부를 밝혔다.

또 2007년에는 유럽 진출을 목표로 현재 지속적인 시장조사를 진행 중이라며 프랑스와 스위스 등 친환경 화장품에 대한 기술력이 우수한 업체와 기술제휴를 통해 글로벌 소싱을 병행할 계획이라고 덧붙였다. 특히 유럽은 화장품 기술력이 뛰어나고, 소비자 취향이 까다로운 만큼 좋은 품질의 자연주의 제품을 합리적인 가격에 제공하는 데 초점을 맞추고 있다며 저가 전략을 통한 유럽시장 진출 가능성을 조심스레 내비쳤다.[26)]

24) 동아일보 2007년 2월 28일
25) 연합뉴스 2006년 9월 18일
26) 이데일리 2007년 4월 30일

제 10 장

2% 부족할 때

2% 부족할 때

제 1절 시장진입상황

콜라를 제외한 전 부문에서 시장 1위를 지키고 있던 롯데칠성은 기존의 음료 시장(탄산음료, 스포츠음료, 주스, 캔 커피 기타 음료 시장)이 거의 포화 상태에 이르고, 유지업체는 물론 제약업체까지 음료 시장에 뛰어들면서 다양한 신제품을 내놓는 상황에서 새로운 소비자 욕구를 찾아 새로운 시장창출의 필요성을 느꼈다. 즉 인체의 수분함량은 70% 정도이고, 체내수분의 부족 정도에 따라 여러 가지의 증상이 나타나게 되는데, 사람의 몸속에 2% 정도의 수분이 부족할 때 비로소 갈증을 느끼기 시작한다는 점을 착안해 제품명을 정하게 된 것이다. 그래서 처음에는 '체내 수분 2% 부족할 때' 로 제안되었다가, 제품명의 길이가 너무 길어 '2% 부족할 때' 로 최종 결정되었다 이에 롯데칠성은 "2% 부족할 때"를 출시하게 되었다.

이미 일본에서는 90년대 중반부터 '미과즙음료' 바람이 불고 있었다. 물에 가까운, 그러나 소량의 과즙을 함유해 물과는 다른 음료, 탄산과 주스, 스포츠음료에 싫증을 느끼지만 생수는 싫어하는 10~20대 층에게 엄청난 인기였다. 일본 시장성공을 발판삼아 한국에서도 비슷한 제품을 출시하면 어떨까 고민하던 롯데칠성음료는 한국인 입맛에 맞는 과즙음료와 농도를 찾기 위해 수많은 일반인을 대상으로 시음 테스트를 시행했다. 이렇게 철저하게 시장조사를 바탕으로 발매하기만을 기다리던 '2% 부족할 때'는 그보다 반발 앞서 남양유업에서 '니어워터' 가 나옴으로써, 후발업체 아닌 후발업체가 되고 말았다.[27)]

27) 경향신문 2003년 6월 26일

제 2 절 SWOT분석

S	W
· 기존제품에 대한 강력한 인지도 · 강력한 자금력 · 기존 유통망의 강점	· 보수적인 기업 이미지 · 신세대에 맞지 않는 이미지
O	**T**
· 새로운 시장의 가능성	· 소비자 기호 변화 · 경쟁업체 출현

제 3 절 마케팅전략

1. 핵심전략

(1) 치밀한 시장조사와 세분화 전략

약 2년에 걸친 치밀한 시장조사와 소비자 욕구분석을 통한 세분화를 통한 제품 컨셉의 결정이다. 저 칼로리를 선호하고 건강과 미용을 추구하는 신세대 여성들이 원하는 음료를 정확히 파악해 제품컨셉에 반영함으로써 고객의 다양한 욕구를 충족시켜줄 수 있는 제품이 탄생하게 된 것이다.

다양한 소비자 욕구를 충족시키고 음료수 음용의 증가추세에 따른 먹는 샘물, 스포츠 음료, 과즙 음료 등 다양한 기능성, 기호성이 강화된 음료에 대한 욕구 증대로 음료 시장에 패션, 유행의 새로운 경향과 물 감각 음료 제품을 국내 출시하였다. 음료 시장의 시장세분화에 따른 신개념 음료의 개발로 신세대를 겨냥한 새로운 장르 "물감각 음료"의 국내 음료 시장이 출시하였다.[28)]

(2) 브랜드명의 차별화

사실 '2% 부족할 때'라는 이름도 차별화 전략의 한 갈래다. 사람 몸은 70%가 수분으로 이뤄져 있다. 그중 2%만 부족해져도 갈증을 느낀다. 니어워터 음료군은 신체 수분과 가장 비슷한 성분으로, 갈증을 가장 깔끔하게 해결해주는 제품이다. '2% 부족할 때'는 이 같은 제품 특성을 이름으로 보여주기에 가장 적합해 보였다. '니어워터'나 '씬'이 다소 애매모호한 이름으로 확실한 이미지를 확보하지 못한 반면 '2% 부족할 때'는 컨셉을 명확히 보여주는 브랜드명으로 소비자의 시선을 사로잡았다.

확실한 브랜드명, 효용성에 대한 명쾌한 설명, 여기에 롯데칠성음료의 자금력과 유통망이 결합되면서 '2% 부족할 때'는 출시 직후부터 승승장구를 계속해 현재는 경쟁자 없는 시장의 절대강자가 됐다. 반면 선도제품이었던 '씬'은 아예 자취를 감추었고, '니어워터'도 겨우 명맥만 유지하고 있는 실정이다.[29)]

2. 시장세분화, 표적시장선정, 포지셔닝전략

(1) 시장세분화(Segmentation)

미과즙 음료는 식품음료상 특별히 분류되지 않고, 유형상 혼합음료에 속하는 제품이다. 최근 음료수 음용의 증가 추세와 다양한 기능성과 기호성이 강화된 음료에 대한 소비자 욕구의 증대, 음료 시장에 새롭게 등장한 패션, 유행 등 감각적인 마케팅

28) www.lottechilsung.co.kr, 매일경제신문 2000년 7월 12일
29) 매경이코노미스트 2004년 12월 15일

전략에 힘입어 등장한 것이 미과즙 음료라고 볼 수 있다.

(2) 표적시장선정(Targeting)

음료수 음용의 증가추세에 따른 먹는 샘물, 스포츠 음료, 과즙 음료 등 다양한 기능성, 기호성이 강화된 음료에 대한 소비자 욕구 증대와 음료 시장에 패션, 유행의 새로운 경향이 마케팅 전략의 쟁점으로 대두되었다. 또한 물음료를 대신할 수 있는 음료 시장세분화에 따른 신개념 음료의 개발되고 Y세대를 겨냥한 새로운 장르 "물 감각 음료"의 국내 음료 시장 출시가 시작되었다. 이리하여 표적시장으로 천연과즙과 저감미료를 통한 낮은 칼로리 갈증해소를 요구하는 생기 있고 적극적이고 깔끔한 맛을 선호하고 패션 지향적 성향의 여대생, 20대 미혼여성을 주요 표적으로 설정하였다.

(3) 포지셔닝 (Positioning)

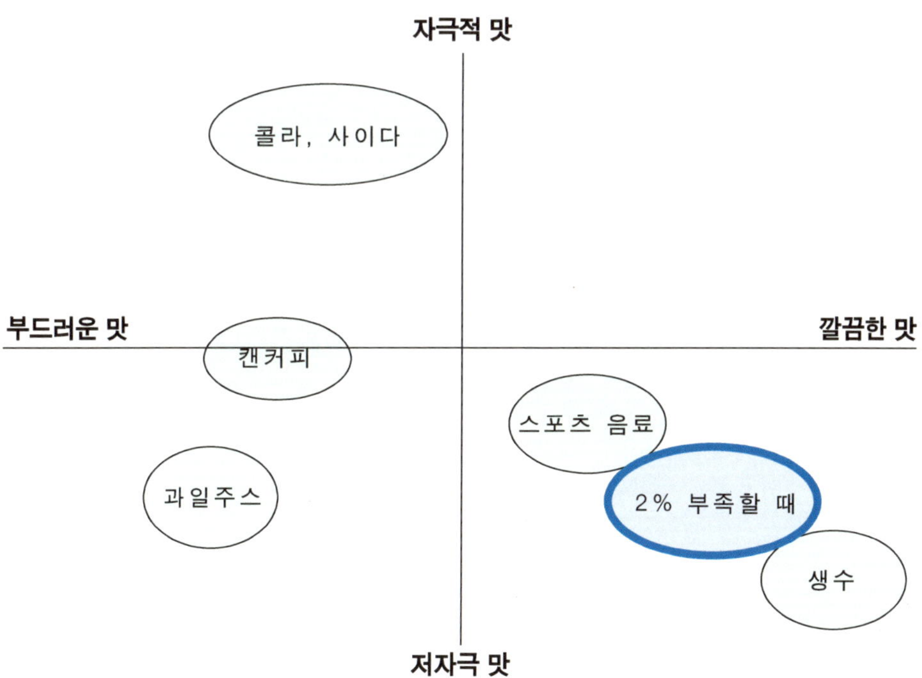

3. 미케팅 믹스

(1) 제품전략

투명하고 깨끗한 칼라와 천연수와 과즙, 저감미에 따른 건강상에 낮은 칼로리, 갈증 해소를 위한 제품이다.

'2% 부족할 때'는 물과는 다르지만 주성분이 물이니만큼 맑고 깨끗한 물에 중점을 두었고 그래서 지하수를 취수하여 불순물을 침전시킨 후 여러 단계의 여과과정을 거쳐 맑은 물을 추출한 다음 엄격하게 규정된 수질검사 기준에 통과한 청정수만을 사용한다고 한다. 그리고 제품이 만들어지는 마지막 단계에서는 다시 한번 살균해 줌으로써 보다 철저하게 미생물의 번식을 억제한다. 이처럼 '2% 부족할 때'는 제품의 질을 중요시한다. 다른 음료에 비해 '2% 부족할 때'는 저 칼로리, 물의 밋밋한 맛을 보강하여 갈증 해소용으로 쉽게 마실 수 있다. 물론 엄격히 말해 '2% 부족할 때'는 기능성 음료가 아니다. 사실 그냥 물만 마시기에 밍밍하니깐 복숭아향 등 과일향을 첨가하여 물에 가깝게 만든 음료, 쉽게 말해 '복숭아 물'이라고 표현하면 알맞았을 것이지만, '2% 부족할 때'라는 제품명을 정함으로써 기능성 음료는 아니지만 기능성 음료인 것처럼 보이게 한다.[30)]

(2) 가격전략

처음 시장에 제품이 실시되기 전까지 사전에 면밀히 가격 조사를 했다. 외관은 물 같지만 물하고는 다른 '2% 부족할 때'는 여러 프로모션을 통해 물이 아닌 제품 특성을 강조하여 제품 이미지를 높여 생수보다는 높은 가격을 책정하고, 다른 과즙음료와 비슷한 가격으로 나왔다. 처음에 소비자들은 생수 같아 보이는데 생수보다 높은 가격으로 인식해 "무슨 물이 이렇게 비싸"라는 반응을 보였지만, 곧 물과는 다른 음료로 인식하였고 그 가격에 맞는 가치를 제품에서 얻을 수 있었다.

30) www.lottechilsung.co.kr

가격의 신뢰성은 무엇보다 중요했고, 대 고객 신뢰성 회복 및 관계 개선을 위한 전 영업망의 가격 단일화 실시 등을 전개하였다.

(3) 유통전략

롯데칠성 '2% 부족할 때'는 판매 유통전략은 경쟁 기업의 유통망 부족과 마케팅 능력의 열세를 공략해 시장을 선점한 남양유업 '니어워터'가 다져 놓은 시장을 빼앗았다. '2% 부족할 때'는 99년 7월에 출시되었고 그에 앞서서 남양유업의 '니어워터'는 99년 4월에 출시되었다. 사실 남양유업이 '니어워터'를 시장에 최초로 선보이며 국내 음료 시장에 '미과즙 음료' 시장을 개척했다. 그러나 콜라를 제외한 거의 모든 음료 시장에서 1위를 차지하고 있는 롯데칠성으로서는 남양유업에 일격을 당한 미과즙 음료 시장 탈환이 중요했다. 음료업계 1인자로서의 자존심이 걸린 문제였기 때문이었다. 롯데칠성은 음료 유통에서 남양유업, 해태음료 등 경쟁 업체를 압도할 수 있는 유통 채널을 확보하고 있었다. 그래서 유통문화 혁신운동의 수단으로 대고객 접점부서의 종합적인 조직 정비 활동을 실시하였다. 적기적소의 원활한 제품 공급과 가격의 신뢰성이 무엇보다 중요하다는 전 직원들의 일치된 견해하에 원활한 제품공급을 위한 직접조직과 간접조직의 적절한 운용, 대 고객 신뢰성 회복 및 관계 개선을 위한 전 영업망의 가격 단일화 실시 등을 전개했다. 단순 소매점과 방문판매 대리점이라는 기존 영업망에서 독자적이고, 한국적인 영업시스템(소매점+포스 시스템+간접조직)을 정착시켰다. 이러한 토대하에 규칙적이고 주기적인 점포 방문횟수의 증가, 거래선 내 판촉행사 실시, 원거리 거래선의 제품 공급 원활화를 위한 간접조직의 적극적인 활성화뿐만 아니라 지속적인 신규거래선의 개척 등으로 토착적인 영업시스템이 자리를 잡게 되었다. 유통문화 혁신운동은 점주들의 신뢰도를 급속히 높이는 데 큰 공헌을 하였으며 이는 곧 매출신장이라는 알찬 결실을 거두게 해주었다. 물론 시행 초기 일부 점주와 판매원들의 반발과 경쟁사들의 물 흐리기도 있었지만 회사, 점주, 판매원 나아가 대 고객만족을 위한 운동임을 널리 알려지면서 이제는 타 업체에까지 확산되고 있는 것으로 나타났다. '2% 부족할 때'는 다른 경쟁 제품들과 기능 속성상 차이는 없지만 롯데칠성이라는 음료 업계 선두 업체가 유통채널 장악으로 경쟁 업체를 따돌린 것이다.

(4) 촉진전략

'2% 부족할 때' 라는 독특한 브랜드 네임을 들 수 있다. '2% 부족할 때' 라는 제품명은 체내수분이 2% 부족할 때 갈증을 느낀다는 점에 힌트를 얻었는데 발매초기 소비자의 호기심을 자극하여 제품인지도 제고 측면에서 상당한 효과를 거두었다.

또한 시의 적절한 광고전략을 꼽을 수 있다. 발매초기 첫 키스의 아쉬움과 부족함을 나타내는 인지도 광고에서 시작해 탤런트 전지현을 기용한 '넌 이게 물로 보이니' 라는 제품의 속성을 강조하는 광고를 방영 젊은 여성들로부터 사랑을 받았다.

이미 선발제품이 나온 이상, 아류제품밖에 될 수 없는 이미지를 불식시키기 위해, 차별화 전략을 사용하였다. 먼저, 그들은 독특한 브랜드명을 통해 아류제품이라는 제품이미지를 희석시키려하였다. 사람 몸은 70%가 수분으로 이루어져 있다. 그중 2%만 부족해도 쉽게 갈증을 느낀다. 니어워터 음료군은 신체 수분과 가장 비슷한 성분으로, 갈증을 가장 깔끔하게 해결해 주는 제품이다. '2% 부족할 때' 는 이 같은 제품 특성을 이름으로 보여주기에 가장 적합해 보였다.

'니어워터' 가 애매모호한 이름으로 이미지 확고화에 실패한 반면, '2% 부족할 때' 는 컨셉을 명확히 보여주는 브랜드명으로 소비자 시선을 사로잡는 데 성공하였다. 이와 동시에, 단순히 '물과 비슷한 음료' 임을 부각시킨 니어워터와 차별화하기 위해 저칼로리 다이어트 음료로 포지셔닝함으로써, 타 경쟁업체와 차별화시키는 데 노력하였다. 또한 이 기회를 놓치지 않기 위해 공격적인 광고공세를 펼쳐나가기 시작하였다. '넌 이게 물로 보이니?' '날 물로 보지마' 등, 유행어를 탄생시킨 시리즈 광고의 성공과 더불어, 롯데라는 거대한 기업을 앞세운 강력한 유통망을 앞세워 '2% 부족할 때' 는 시장을 완전히 장악하는 데 성공하여 현재 미과즙음료 시장의 90% 이상을 차지하고 있다.[31)]

31) 매일경제신문 2000년 7월 12일

제 4 절 성과

미과즙 음료인 '2% 부족할 때'는 식품공전상 특별히 분류돼 있지 않고, 유형상 혼합음료에 속하는 제품이다. 최근 음료수 음용의 증가 추세와 다양한 기능성과 기호성이 강화된 음료에 대한 욕구의 증대, 음료 시장에 새롭게 등장한 패션, 유행 등 감각적인 마케팅 전략에 힘입어 등장한 것이 미과즙 음료라고 볼 수 있다.

'날 물로 보지마'란 유행어와 함께 '미과즙음료'라는 새로운 시장을 개척해낸 '2% 부족할 때'는 출시 후 무려 21억 캔이나 팔려나갔다. 우리나라 전 인구가 1명당 48캔씩 마신 수치이다. 한해 매출액만도 1,200억 원이 넘어간다. 롯데칠성음료 '2% 부족할 때'는 99년 철저한 시장조사 바탕 위에서 나온 제품이다. 이미 일본에서는 90년대 중반부터 '니어워터' 음료 바람이 불고 있었다. 물에 가까운, 그러나 소량의 과즙을 함유해 물과는 다른 음료……. 탄산과 주스, 스포츠음료에 싫증을 느끼지만 생수는 심심해서 싫다는 10~20대 층에게 엄청난 인기였다. 일본 시장 성공을 바탕삼아 한국에서도 비슷한 제품을 출시해 보면 어떨까 고민하던 롯데칠성음료는 한국인 입맛에 맞는 과즙 종류와 농도를 찾기 위해 수많은 일반인 대상 시음 테스트를 시행했다.

97년 말, 제품 개발을 완료했지만 시기가 좋지 않았다. 갑작스레 닥친 외환위기 이후 끝이 안 보이는 경기 침체가 지속되면서 출시 시점이 계속 미뤄졌다. 그러던 중 뜻하지 않던 복병이 나타났다. 남양유업이 '니어워터'라는 제품을 들고 나와 시장 선점을 시도하고 나선 것이다. 더 이상 미룰 수 없겠다 판단한 롯데칠성음료는 제품 런칭을 서둘렀다.

선도제품이 나온 이상, 아무리 그럴듯하게 포장을 한들 아류상품밖에 될 수 없는 형편이다. 아류 이미지를 어떻게 불식시킬 수 있을까 고민하던 롯데칠성은 전문업체에 브랜드명 작명 작업을 맡겼다. 독특한 브랜드명이 미투 제품 이미지를 희석시켜줄 거라 믿은 것이다. 보수적이기로 유명한 롯데칠성음료에서는 유례가 없던 일이었다.

'니어워터' 출시와 함께 조금씩 관심이 일어나고 있던 미과즙음료 시장은 '2% 부족할 때' 가 나오면서 본격적인 성장을 시작했다. 이때를 놓칠세라, 롯데칠성음료는 광고 공세를 펼쳐나갔다. '물이니?' '넌 이게 물로 보이니?' '날 물로 보지마' '난 노는 물이 달라' 등 톡톡 튀는 멘트로 히트작이 된 시리즈 광고가 성공 기반이 됐음은 물론이다. 이 같은 광고와 탄탄한 유통망을 기반으로 '2% 부족할 때' 는 아류작이면서도 '미과즙음료=2% 부족할 때' 라는 인식을 만들어내 시장을 장악해 나갔다.

이후 숫자 '2' 를 차용한 경쟁 브랜드들이 우후죽순으로 나왔다. 그러나 특별한 차별성이 없는 유사 제품들이 이미 강력한 브랜드 인지도를 형성한 선두제품을 치고 들어오기에는 역부족이다. 이들이 제풀에 지쳐 '2% 부족할 때' 는 현재 미과즙음료 시장의 90% 이상을 차지한다.

아무리 잘나간다 해도 미래에 대한 대비는 필요한 법이다. 롯데칠성음료 역시 조금씩 새로운 변화를 모색하고 있다. 그 일환이 최근 이름 뒤에 붙이기 시작한 'DBH' 다. L카르니틴, 식이섬유, 젖산칼슘 등을 함유한 웰빙음료로서의 이미지 업그레이드를 시도 중이다. 계속 바뀌는 소비자 취향에 맞춰감으로써 인기를 유지한다는 전략이다.[32)]

32) 매경이코노미 2004년 12월 1일

제 11 장

이메이션

제 1 절 · 시장진입상황

제 2 절 · SWOT분석

제 3 절 · 마케팅전략

제 4 절 · 성과

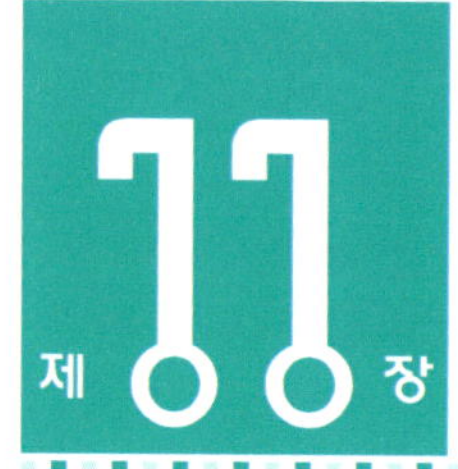

이메이션

제 1절 시장진입상황

기업의 경영환경은 정보기술과 과학기술의 발달로 급속히 변화하고 있다. 특히, 첨단기술제품시장에서는 기술변화속도가 급변, 신제품의 다량생산, 고객욕구의 다양성과 개성화의 진전, 글로벌화한 시장, 인터넷의 급속한 확산에 따른 낮은 진입장벽과 다양한 경쟁모델의 창출로 경쟁이 치열하며 기업의 생존마저 위협받고 있다. 이러한 환경변화가 기업의 매력적인 사업기회와 함께 경쟁의 격화로 수익성 악화를 초래하는 경우도 있다. 이러한 경우가 바로 CD−R이 대표적인 예라고 할 수 있다.[33]

CD−R 제품은 정보기술과 과학기술의 발달로 인한 첨단기술 제품 시장이 커지고 있다. 또한 일대일 컴퓨터 시대가 개막되면서 저장장치의 필요성이 크게 대두되고 있다. 또한 기술지향적인 수용자들로써 적극적인 고객 및 일반 소비자들과 동영상, 음악 등 다용도 다량 구입 소비자들이 증가하고 있다. 또한 소비자들이 브랜드보다는 품질과 가격을 중시하고 브랜드 인지도가 있는 중간가격대의 제품군을 선호하는 경향이 나타나기 시작하였다.

CD−R 제품은 대개 전체 매출의 80% 이상이 용산전자상가 등의 전문유통상가를 중심으로 구매되고 있으며 브랜드 CD−R 제품의 구매 비중이 60% 이상을 차지하고 있다. CD−RW의 증가로 CD−R 미디어 수요층 확대가 높아질 것으로 보이고 대기업의 브랜드 애호도가 두텁지 못하며 품질과 가격적인 요인이 구매의 결정적인 요인으로 간주되고 있다.

33) 신건철, 이장우(2005), "이메이션코리아의 CD−R 제품 관계마케팅전략", 경영교육연구, 8(1), 153−176.

그러나 2003년도 이후 성숙기 시장에 도달하였으며 국내 대기업(삼성, LG, SKC)이 전체시장의 60% 이상을 차지하는 상황이다. CD−R은 가격 및 기타 경쟁이 매우 치열하고 초기의 장당 5천 원에서 1천 원으로 가격이 떨어졌으며 50개 이상의 브랜드들이 치열한 경쟁을 치열하다. 또한 대기업뿐만 아니라 대만이나 중국과의 가격 경쟁이 심화되고 있다.

제 2 절 SWOT분석

S	W
· 경쟁력 있는 고품질 제품 개발 · 60개국에 있는 글로벌 기업 · 모 기업 3M의 기업문화 · 저장장치 전문기업의 이미지	· 유통업자와 소비자에 낮은 인지도 · 시장가격의 불안정 · 유통업자의 관계 마케팅 소홀 · 핵심고객에 대한 관리의 소홀
O	**T**
· 브랜드보다 품질의 중시경향 · 품질, 가격요인이 구매결정의 중요요인 · 대기업 브랜드 애호도가 낮음 · CD−RW증가로 CD−R미디어 수요증가 · 80% 이상이 전문유통상가에서 구매	· 2003년 이후 성숙기 시장 도달 · 가격의 하락 · 대기업과 대만제품 등의 경쟁특화 · 마진을 우선시하는 유통업자들

제 3 절 마케팅전략

1. 시장세분화, 표적시장선정, 포지셔닝전략

(1) 시장세분화(Segmentation)

CD－R의 시장을 소비자의 월 사용량이 시장을 세분화하는 중요한 기준으로 보고 전체 시장을 4개의 세분시장으로 구분하였다〈표 11－1 참조〉. 먼저세분시장 1은 월 사용량이 100장 이상 되는 초대량 구매자 시장으로 가격 또는 브랜드에 민감한 고객을 포함한다. 이들은 브랜드 애호도가 다른 고객에 비해 매우 높다. 가격에 민감한 고객은 벌크(bulk)제품을 구매하고 브랜드에 민감한 고객은 코닥제품을 선호한다. 세분시장 2는 월 사용량이 30~99장 사이에 있는 대량구매자 시장으로 초대량 구매자들에 비해 브랜드애호도는 떨어지며 철저하게 가격대의 품질이 안정된 브랜드를 선호한다. 세분시장 3은 월 사용량이 10~30장 사이에 있는 보통구매자 시장으로 적절한 가격대에 브랜드 인지도가 있는 제품을 선호한다. 세분시장 4는 월 사용량이

〈표 11-1〉 시장 세분화

시장세분화	세분시장1	세분시장2	세분시장3	세분시장4
1. 형태적 변수 －월 소비량 －추구편익 －브랜드애호도	· 100개 이상/월 · 가격, 품질 · 높음	· 30~99개/월 · 적정가격, 품질 · 중간	· 10~30개/월 · 적정가격, 브랜드 · 중간	· 1~10개/월 · 브랜드, 품질 · 낮음
2. 인구통계적 변수	복사전문업자 CD동호회	10~20대 학생	10~20대 학생	20~30대 일반인
3. 선호 브랜드	코닥, 벌크제품	브랜드, 벌크제품	브랜드, 벌크제품	브랜드
4. 구입장소	전자상가, 온라인	전자상가, 온라인	전자상가	문구, 할인점

1~10장 사이에 있는 소량 구매자들로 구매빈도가 높지 않아 상대적으로 브랜드가 매우 중요한 고객을 포함한다.

(2) 표적시장선정(Targeting)

위의 세분시장을 기준으로 고려하여 이메이션은 집중해야 할 표적시장을 선정하였다〈표 11－2 참조〉. 세 가지 요소를 기준으로 표적시장을 선정한 결과, 세분시장 3과 세분시장 2가 표적시장으로 선정되었다. 세분시장 1은 수익성과 자사의 경쟁우위 면에서 열세를 보이는 시장이며, 세분시장 4는 시장의 매력도 면에서 만족스럽지 못한 시장이다. 그러므로 이메이션은 10~20대 초반의 학생 고객을 표적으로 품질이 보증되는 적절한 가격대의 브랜드로 포지셔닝하는 것을 목표로 세분시장 2와 3을 중요한 표적시장으로 선정하였다.

〈표 11-2〉 표적시장선정

구분	세분시장1	세분시장2	세분시장3	세분시장4	중요도
시장매력도	3	4	5	4	0.4
시장적합성	3	5	4	4	0.3
경쟁의 정도	4	4	4	3	0.3
총점	10	13	13	10	10

(3) 포지셔닝 (Positioning)

이메이션은 포지셔닝 전략 유형 중 제품 속성, 이미지, 편익 등 3가지 유형에 대한 포지셔닝(소비자 포지셔닝)전략을 세웠다.

1단계: 가치 포지셔닝 단계: 제품속성에 대한 포지셔닝

－CD－R을 구입함으로써 고객이 얻고자 하는 가치는 데이터의 안정적인 보관, 저장이기 때문에 이메이션 브랜드를 안정성의 가치로 포지셔닝한다.

2단계: 브랜드 개성 포지셔닝 단계: 이미지에 의한 포지셔닝

–브랜드의 개성을 확립하기 위해 새로운 C.I작업을 통해 경쟁 브랜드와 제품을 차별화하여 스토리지 전문기업의 전문성을 강조한다.

3단계: 혜택 포지셔닝 단계: 편익 포지셔닝

–소비자가 이메이션 CD–R을 소비함으로써 구체적으로 얻게 되는 편익으로 적절한 가격대 제품으로 최대한 안전하게 데이터를 보관할 수 있는 만족감으로 포지셔닝한다.

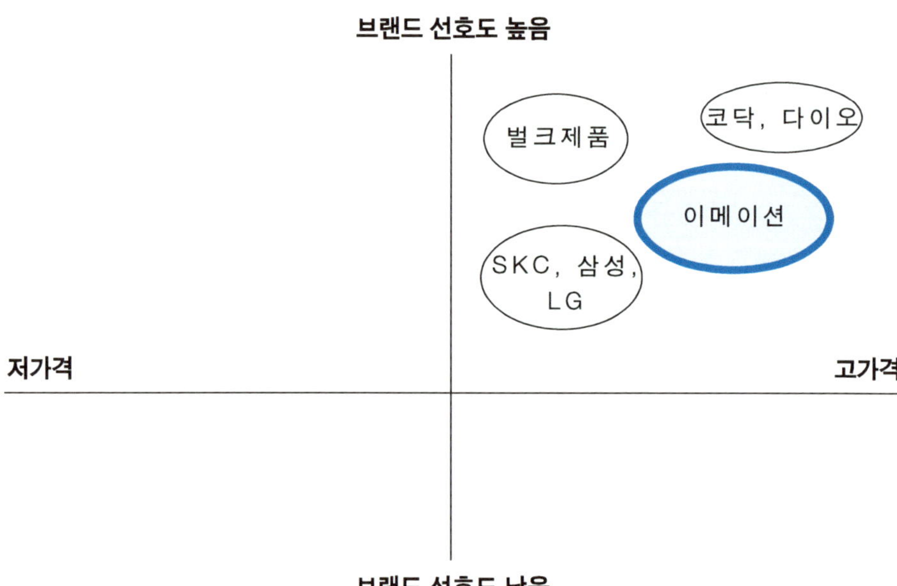

2. 마케팅믹스

(1) 제품전략

1) 제품 차별화

핵심 고객층이 많이 찾는 전자상가에서 이메이션의 노출도 및 디스플레이 점유율을 높이는 전략으로 다양한 반사층 제품군을 출시하여 경쟁사의 단조로운 제품구색에 차별화를 두었다. 특히, 전자상가 주요 판매점에 '이메이션 CD ZONE'을 설치하여 20% 이상의 매출 증대 효과를 거두었다. 즉 제품군의 색상의 투명화, 케이스 다양화 등의 차별을 통하여 혁신적 기업이미지와 부합하는 성공을 거두었다.

2) 디자인 차별화

50여 개의 브랜드가 난립하고 있는 시장에서 강력한 디자인이 필요하였다. 2000년 후반 그룹의 CI를 새롭게 변경하고 빨간색의 디자인을 사용하는 등 브랜드 포지셔닝을 한층 강화하였다.

3) 기술 차별화

데이터가 기록되는 실제 윗부분의 CD 표면에 UV코팅을 하여 데이터 기록의 보존성과 안정성을 높이는 기술 차별화 전략을 핵심으로 하여 마케팅을 전개하였다. 대부분의 소비자들은 CD-R의 밑면이 데이터를 보존하는 데 중요하다고 생각해서 레코딩되는 밑면에 지문이 묻거나 흠집이 나지 않도록 조심하는 편이지만, CD-R의 밑면은 90%가 보호층이고 데이터가 기록되는 부분은 실제로 윗부분이라는 사실을 모른다. 따라서 똑같이 칼자국을 내더라도 밑면을 내는 것보다는 윗면에 상처를 내는 것이 데이터에 치명적이기 때문에 모든 CD표면에 UV코팅을 한 이메이션의 제품이 데이터의 안정성과 보존성에서 더욱 뛰어나다는 사실을 알리는 기술차별화를 시도하였다.

4) 효과적 수급관리

유통업자들에게 시장의 상황 및 수요 등의 정보를 제공해주고 주간의 판매 실적과 향후 판매 물량 수급에 도움을 주는 등의 방법으로 유통업자들의 거래 상황을 파악하고 사전에 수요를 예측하여 적절한 시장 반응에 입각하여 제품을 출시하는 전략을 구사하였다.

(2) 가격전략

이메이션은 CD-R의 핵심전략 중의 하나로 가격전략을 염두에 두었다. 제품의 구매요인조사결과에서 소비자의 30% 이상이 가격을 통해 구매하는 것으로 이메이션은 유통업자들의 안정적 마진의 보장을 통해 클럽운영을 이루고, 애호도 프로그램을 운영하여 지속적인 리베이트를 보장해주었다.

이메이션은 탄력적인 가격전략을 구사하고 주간, 월간 가격전략의 수정을 민첩하게 실시하였다. 이렇게 함으로써 거대기업들과의 경쟁에서 보다 발빠르게 앞설 수 있었고, 군소업체들과의 경쟁에서도 뒤지지 않는 결과를 초래하였다.

(3) 유통전략

CD-R의 유통경로는 도매상이 70% 이상의 비중을 차지하고 소매상, 문구상이 16%, 대형할인점 12%, 기타 4%를 차지한다. 따라서 이메이션의 관건은 도매상과의 관계 개선과 장기적인 관계 유지에 초점을 맞추는 것이다.

1) 고객유치 단계

효과적인 유통업자 포트폴리오를 구성하기 위해 클럽 시스템을 구축하였다. 여기서 이메이션 CD–R 클럽이란 "이메이션 CD–R을 주력으로 판매하는 약정을 체결하여 일정 판매 목표를 달성하였을 때 이메이션 본사로부터 인센티브를 받을 수 있는 판매점"을 운영하였다. 이는 유통업자와의 관계 강화뿐만 아니라 브랜드 애호도와 안정적인 마진을 보장하는 제도로 운영하였다. 멤버십 강화를 통해 기업과 고객 상호 간 지속적인 만족과 신뢰를 구축할 수 있는 토대를 마련하였다.

이메이션은 후발주자로서 단기간에 시장점유율을 높이기 위해 고객과의 접점에 있는 유통업자와의 관계강화가 절대적으로 필요하며, 또한 유통업자 시장조사 결과도 이들의 특정 브랜드에 대한 애호도는 안정적인 마진이 보장되는 제품이 첫 번째라는 점에 착안하여, 글로벌미디어 전문기업이라는 프리미엄을 활용하여 경쟁사(삼성, LG, SKC 등)보다 높은 시장가격을 유지하면서 이를 통해 확보되는 마진을 유통업자에게 매월 인센티브 개념으로 지급하여 유통업자의 이메이션 브랜드애호도를 높이고 이를 통해 매출증대를 도모하고 있다.

이러한 멤버십 강화를 통해 장기적인 이익을 제공하고 기업과 고객 상호 간에 지속적인 만족과 신뢰를 쌓아갈 수 있는 토대를 구축하였다.

2) 고객유지 단계

확보된 고객을 장기적으로 조사하여 불평 모니터링, 이탈고객조사 등을 실시하고 전국프로그램으로 실시하여 데이터베이스를 확장하여 관리하였다. 클럽과 비클럽 회원 간 유통가격을 이원화하여 클럽인 경우 적정마진을 보장해주고, 비수기인 경우, 인센티브 프로그램을 추가적으로 운영하여 브랜드애호도를 지속화하였다.

3) 관계제고 단계

CD–R클럽을 통해 자부심과 협력 강조 및 정기적 모임을 통하여 애호도 프로그램을 통한 인센티브 강화를 통해 유통업자 만족도 모니터링 등을 통해 우량고객의 확보 및 유지 관리체계를 이루었다. 관계관리마케팅을 통해 2000년 12월 대비하여 2001년 4월 350%의 매출 신장을 이룩하였다.

즉 기존 거래 관행인 마진과 가격에 대한 갈등을 줄이고 이기적인 행동을 자제하고 충성스런 유통업자와의 관계를 구축한 것이 시장점유율 1위 달성의 원동력이 되었다.

(4) 촉진전략

이메이션은 2000년부터 제품을 알리는 촉진전략을 다음과 같이 실행하였다〈표 11－3 참조〉.

〈표 11-3〉 촉진전략

촉진	내 용
1. 광고	컴퓨터 실사용자와 일반 구매자를 독자층으로 컴퓨터 활용지를 중심으로 광고 및 기사홍보를 실시하였다.
2. 전자상거래 구축	전자상거래 www.imation.co.kr의 구축을 통한 판매 및 온라인 형성
3. 점포를 통한 노출	용산대리점 및 테크노마트 등 이벤트 및 경품제공을 통해 노출 빈도를 높였다.
4. 이벤트	우편응모 및 이벤트 참여를 통한 참여를 유도하였다.
5. 게릴라마케팅	계절프로모션, 영화마케팅 등 고객이 좋아하는 부분을 공략한 게릴라 마케팅전술을 실시하였다.
6. 판촉물 제공	용산 및 전자상가 딜러들에게 판촉물을 제공하였다.
7. 복권이벤트	즉석복권 및 복권을 통한 친화적인 포로모션 실시, 복권 당첨 여부를 확인할 수 있는 구매시점에 소비자의 영향력을 증대시키는 효과가 있다.
8. 문화마케팅	영화사와 공동 프로모션을 전개하여 개봉영화를 스폰하여 영화의 포스터를 이용한 판촉물 제작을 통해 브랜드 인지도를 높였다.

제 4 절 성과

이메이션은 CD-R 저장제품에서 기업, 정부를 위한 대용량 데이터 저장용 카트리지에 이르기까지 광범위한 분야의 데이터 저장 미디어를 공급하고 있다. 이메이션은 1996년 전신인 3M에서 분사해 현재 전 세계 60개국에 영업망을 구축한 글로벌 기업이다. 이메이션의 CD-R은 지난해 세계 CD-R 브랜드 중 최고의 시장점유율을 기록했다. 이메이션은 1996년 11월 서울에 설립됐다. 약 30명의 임직원이 한국에서 독자적인 마케팅 프로그램을 진행한 결과 국내 CD-R 시장을 약 75% 정도 차지하고 있다. 판매량도 2000년 4백 50만 장, 2001년 7백만 장에 이어 작년에는 2천 80만 장(매출 2백 21억 원)을 기록하며 급성장했다. 또 2000년 이래 부채율 0%를 나타내 견실한 재무 구조로 전 세계 이메이션의 현지법인 중에서도 가장 우수한 경영센터로 꼽히고 있다. 이메이션의 기술력은 2백 68개의 기술특허와 4백여 명의 연구인력에서 비롯된다.

데이터의 저장 및 보존이 중요한 산업환경에서 우수한 CD의 품질은 마케팅의 기본 전제이기 때문이다. 이에 따라 이메이션은 안전한 데이터 저장성을 확신할 수 있도록 가혹한 환경 테스트를 통과한 제품만을 출시하고 있다. 섭씨 영상 25도의 온도에서 1백 년의 수명을 갖도록 다양한 환경에서 보존수명 시뮬레이션 테스트를 실시한다. 이 밖에도 CD제품의 경우 디스크 윗면에 있는 기록보호층을 보호하기 위해 UV(자외선차단)막을 입혀 데이터 보존성 및 안정성을 향상시켰다.

그러나 디스켓 분야의 후발주자인 이메이션의 빠르게 국내 시장을 공략할 수 있었던 것은 무엇보다 세계 영업망 확보를 통한 효과적인 마케팅 전략에 힘입은 바가 크다. 이메이션은 2001년 7월 전 세계적으로 새로운 CI(기업이미지)작업을 단행한 데 이어 각 국가의 경영센터가 해당 지역에 맞는 마케팅 전략을 독자적으로 세울 수 있도록 재량권을 부여했다.

이런 지역 마케팅전략은 이메이션이 주력하는 저장제품의 소비자 패턴이 각 국가별로 크게 차이를 보인다는 점에 근거했다. 지역별 틈새를 파고드는 게릴라 마케팅은 대대적인 광고를 배제하는 대신 철저히 시장의 고객과 직접적으로 접촉하는 방식이다.

한국에 설립된 이메이션코리아도 2001년부터 “365일 연중 프로모션” 전략을 추구하고 있다. 길거리 마케팅도 이메이션의 대표적인 홍보 수단이다.

주요 전략 시장을 대상으로 브랜드 인지도를 높이기 위해 매년 1백일 이상 거리에서 홍보 프로모션을 진행하고 있다.

이에 따라 브랜드 인지도의 수직상승과 더불어 이메이션은 가장 대표적인 개인용 저장미디어인 CD−R시장에서 점유율 20% 이상(한국시장)을 차지하고 있다. 버그라벨(추첨식 스티커)프로모션 역시 이메이션 제품의 구매 효과를 상승시킨 주요한 마케팅 전략이다.

2000년 이래 업계에서는 거의 도입하지 않았던 버그라벨을 주요 전략제품에 부착, 당첨자에게는 MP3플레이어 게임기 자동차 등을 지급하면서 고객의 구매선호가 높아지도록 유도했다.

그 결과 이메이션은 2002년 한국 디스켓 시장에서 예상을 깨고 연 2천만 장 이상의 판매실적을 올렸다.[35)]

이메이션 최근 모바일 스토리지 분야에 진출하고 플래시메모리 시장 공략을 시작했다. 이메이션은 모바일 스토리지 분야의 사업을 위해 한국을 테스트 마켓으로 선정하는 등 국내 시장 진입에 높은 관심을 보이고 있다. 한국 시장이 MP3플레이어와 디지털카메라, 휴대폰 등 플래시메모리 분야에서 우월성이 높기 때문이다.

이메이션은 2005년 USB드라이브 첫 제품인 아이플래시(iFlash)를 출시했으며 USB드라이브 분야에서 고급화된 브랜드 시장의 선두주자를 목표로 영업확대에 나서고 있다. 또 이메이션은 메모리카드 분야에서 CF카드, SD카드를 출시해 디지털카메라와 PDA 등 모바일 제품 분야를 적극 공략하기 시작했다. 이메이션의 아이플래시는 원터치 슬라이딩 방식으로 드라이브의 뚜껑 분실이 문제되던 기존 시장제품과 차별성을 내세우고 있다. 또 USB 2.0 채택에 따른 고속데이터 전송이 가능해 사용자 편의성을 향상시켰다. 이메이션은 특히 플래시 비즈니스의 글로벌 시장 성공을 목표로 이 분야의 새로운 태스크포스를 구성했다.[36)]

35) 한국경제신문 2003년 8월 28일
36) 전자신문 2005년 3월 29일

제 12 장

엘라스틴

엘라스틴

제 1 절 시장진입상황

1990년대 초부터 국내 시장에는 모발 보호 성분이 들어 있는 프리미엄 샴푸가 있었다. 그러나 모두 외국 기업의 제품이었다. 90년대 말부터 프리미엄 샴푸의 소비가 급격히 증가하기 시작했지만 국내 회사는 감히 프리미엄 샴푸를 내놓지 못했다. 당시 외국 브랜드 제품이 워낙 공고하게 시장을 장악하고 있었기 때문이었다.

90년대 중반부터는 팬틴, 비달사순을 내놓은 P&G가 압도적 우세를 보이며 프리미엄 샴푸시장을 독식해 왔다. 그러던 중 유니레버의 도브크림 샴푸와 시세이도의 아쿠에어샴푸, 슈퍼마일드 등이 출시됐고 2001년 2월, 국내 기업에서도 CJ와 태평양에서 각각 '워터셀', 모발타입별로 세분화한 '비타민 헤어팩 샴푸'를 출시하는 등 단순히 트리트먼트 효과만을 강조하던 제품에서 한발 나아가 저마다 나름대로의 독특한 기능을 자랑하는 제품들로 공략에 나서 기존 트리트먼트 시장과는 약간 성격을 달리하는 새로운 시장층을 형성했다. 이와 같은 상황에서 LG생활건강은 계속 더블리치라는 기존브랜드만 고수할 경우 이 엄청난 규모로 형성되고 있는 새로운 시장층에서 소외될지도 모른다는 위협에 처하게 되어 신제품 개발의 필요성이 대두되었다. 이러한 악조건 속에 LG생활건강의 프리미엄 샴푸 엘라스틴은 첫발을 내디뎠다.[37]

37) 동아일보 2002년 05월 23일

제 2 절 SWOT분석

S	W
· 제품의 세분화로 다양한 소비자 수용 · LG의 인지도와 호감도 · 차별화 전략 · 빅모델로 인한 광고효과	· 막대한 마케팅 비용 · 후발기업의 약점

O	T
· 머리결의 중시경향 · 프리미엄 샴푸시장의 확대	· 치열한 경쟁

제 3 절 마케팅전략

1. 핵심전략

(1) 차별화 전략

엘라스틴은 hair cosmetics를 지향하는 브랜드 컨셉을 소구하여 프리미엄급 소비자의 감성을 잡는 데 성공하였다. Cosmetics의 이미지를 전달하기 위하여 '당신의 머리, 엘라스틴에게는 피부입니다' 라는 카피로 커뮤니케이션을 하였다. 또한 제품 편익도 피부에서 가장 중요시되는 탄력을 컨셉으로 활용하여 탄력적인 머릿결을 노출시켰고 제품 브랜드 또한 엘라스틴이라고 하는 탄력적인 의미를 갖도록 설계되었다. 패키지와 모델전략에서도 화장품을 벤치마킹하여 접근한 엘라스틴은 결국 프리미엄급 소비자의 마음을 휘어잡는 데 성공하여 선발주자인 팬틴과 비달사순의 아성을 공격할 수 있었다.[38)]

(2) 표적고객에 대한 집중전략

출시 초기 외국브랜드가 장악한 프리미엄 샴푸시장에서 엘라스틴이 성공할 수 있었던 것은 '머리도 피부' 라는 점을 강조하며 톱스타인 전지현을 모델로 기용, 대도시 20대 여성을 대상으로 집중적인 마케팅을 벌인 것이 성공요인으로 주효했던 것으로 분석된다.[39)]

엘라스틴은 20대 여성을 표적으로 브랜드 비전에 입각, 일관된 IMC(Integrated Marketing Communication)활동을 전개한 것을 꼽을 수 있다.

가격 · 품질 · 패키지 · 프로모션 · 커뮤니케이션 등에 있어서 엘라스틴만이 가지고 있는 프리미엄 제품으로서의 이미지를 일관되고 지속적으로 유지해 나가면서 브랜드 정체성(Brand Identity)을 구축해 나갔다. 또한 단계별로 전략화된 일관성 있는 마케팅 계획을 세웠다.

제품 출시 후 각 단계별로 매출액 · 인지도 · A/C · S/C 등의 마케팅 목표를 명확히 설정해 커뮤니케이션과 판매, 유통 계획을 수립하고, 거기에 맞는 마케팅 활동을 전개해 나감으로써 보다 시스템적이고도 전략적으로 시장에 접근했다.

엘라스틴은 모든 연령대의 여성이 아닌 20대 여성을 표적으로 포커스 마케팅을 전개했다. 주요 여자대학 입학식과 졸업식, 축제 시즌 및 영화 개봉관, 미용실, 각종 이벤트 행사 협찬 등을 통해 제품 홍보물과 샘플을 증정하고, 20대의 유동 인구율이 높은 강남 · 압구정 · 신촌 · 이대앞 · 명동 등을 비롯한 국내 주요 도시에서 대대적인 거리 샘플링과 홍보 활동을 전개해 보다 표적고객에 집중한 직접적인 커뮤니케이션을 펼쳤다. 주로 매체 광고와 매장 내 활동에 치중해오던 기존 마케팅 전략에서 벗어나 엘라스틴은 '고객이 가는 곳이라면 어디든지 간다' 는 식으로 마케팅 활동의 범위를 대폭 확대했다.[40)]

38) 파이낸셜뉴스 2002년 7월 1일
39) 문화일보 2004년 5월 31일
40) 매일경제신문 2001년 12월 19일

2. 시장세분화, 표적시장선정, 포지셔닝전략

(1) 시장세분화(Segmentation)

LG생활건강은 기존 프리미엄 샴푸시장에 대한 시장세분화를 통하여 많은 여성들이 외부 외출 시 가장 신경 쓰는 것이 옷 다음으로 머리를 꼽아 화장보다 더 모발에 관심을 두고 있는 것으로 나타났다. 이에 여성들을 샴푸를 많이 사용하는 10대, 20대, 30대 여성들로 시장을 세분화하였다. 특히 누드 메이크업의 유행과 함께 자연스럽고 탄력 있는 머릿결에 대한 관심이 높아졌기 때문이다. 뿐만 아니라 머리카락 염색이 일반화되면서 멋을 위해선 어쩔 수 없이 모발을 손상시켜야 하지만 다른 한편으론 이를 보전하고 싶은 안타까운 이중 심리에 잘 맞아떨어지기 때문이다. 건강하고 생기 있는 머릿결은 깨끗한 피부만큼이나 여성들이게 자신감을 주는 또 하나의 중요한 요인이라는 것이다. 게다가 최근에는 남성들도 장발이 늘어나는 등 다양한 헤어스타일에 컬러링으로 개성을 표현한다.

(2) 표적시장선정(Targeting)

시장세분화를 통하여 프리미엄 샴푸의 주 수요층인 20대 여성에게 집중적으로 엘라스틴의 표적시장으로 선정하였다. 특히 어떤 스타일도 자연스럽게 낼 수 있는 탄력적인 머릿결을 원하는 고객, 파마나 염색 등의 외부 자극에 손상된 모발을 보호하고, 회복시키기를 원하는 고객 및 윤이 나는 건강한 머릿결을 가지기를 원하는 고객을 표적으로 선정하였다.

(3) 포지셔닝(Positioning)

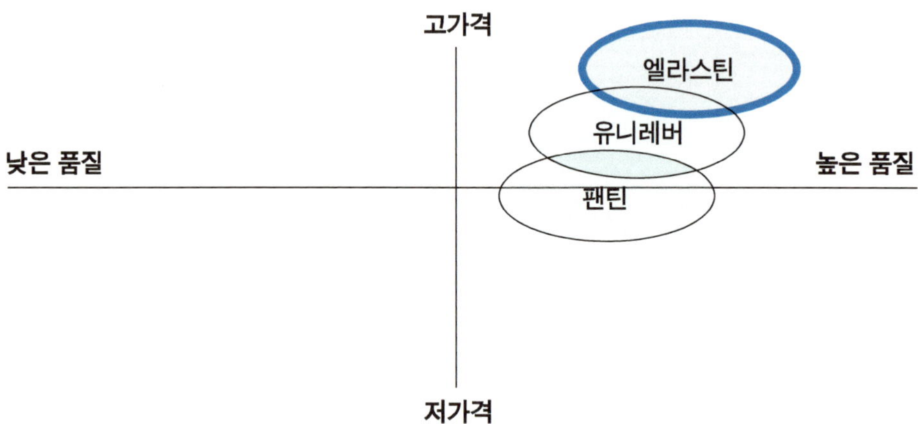

3. 마케팅믹스

(1) 제품전략

엘라스틴은 헤어솔루션 제품으로 헤어케어에서 클리닉, 스타일링에 이르는 제품들을 개발하였다.[41)]

1) 엘라스틴 퍼밍 리프트 샴푸/린스/트리트먼트

손상부위에 식물성 아미노산 공급(모발 구조 복원)하여 순하고 깔끔한 탄력과 부드러움을 부여한다. 실리콘/Oil Blend의 코팅(모발 부드러움 부여)으로 지성두피 소비자에게도 적합하며 가벼움과 부드러움이 매우 뛰어나다.

컨디셔닝 Carrier의 부드러움 지속력 부여하여 컨디셔닝 Carrier인 천연 Guar폴리머가 부드러움을 지속시켜 줍니다.

41) www.lgcare.com

2) 엘라스틴 하이드라 모이스처 샴푸/린스/트리트먼트

천연 보습 추출물(Moisturizing PABC)의 아미노산이 모발 표면 조직을 강화하여 식물성 아미노산이 모발 내부/표면 조직을 강화시켜 준다. 천연 보습 추출물이 모발 표면에 수분 보호 필름 형성으로 천연 보습 추출물이 모발표면에 수분보호 필름을 형성하여 촉촉함을 부여한다. 보습 Carrier의 촉촉함과 지속력을 부여하여 보습효과를 지속시켜 준다.

3) 엘라스틴 세럼 콘트롤 에센스

손상된 모발에 영양을 공급해주며 모발에 조직을 강화해주는 신개념 세럼 에센스이다.

4) 엘라스틴 헤어코팅 에센스

에센스 성분이 손상된 모발에 탄력을 제공하여 윤기 있고 건강한 모발로 가꾸어 주는 코팅 에센스이다.

5) 엘라스틴 플렉서블 볼류마이징 무스

끈적임이 없고 탄력성과 스타일링 지속 효과가 우수한 무스이다.

6) 엘라스틴 플렉서블 뉴트리셔스 젤

7) 끈적임이 없고 탄력성이 우수하고 모발에 영양을 공급하는 신개념 젤이다.

8) 엘라스틴 플렉서블 스타일러스 스프레이

끈적임이 없고 탄력성과 스타일링 지속 효과가 우수한 스프레이이다.

(2) 가격전략

1) 프리미엄급 샴푸로서의 위치 확보(고가전략)

'머리도 피부다' 라는 점을 강조함으로써 고급스러운 브랜드 이미지를 극대화하기 위해서 일반 샴푸보다 15% 비싼 프리미엄급 샴푸 가격을 채택하였다.

2) 세트품목 할인 전략

직접적으로 가격할인을 하는 것은 아니지만, 애경산업 같은 경우 낱개로는 2만 9천 800원이 드는 제품들을 세트로 1만 5천 900원에 판다거나, P&G에서 팬틴 550g짜리 샴푸, 500g짜리 린스에 400g짜리 샴푸가 포함된 기획세트를 1만 800원에 한정 판매하는 것에 대비해서, 엘라스틴 샴푸 · 린스 기획세트를 사면 200 g 짜리 샴푸를 하나씩 더 준다.

(3) 유통전략

LG생활건강은 모 회사인 LG그룹의 막강파워와 럭키시절부터 구축해온 생활용품 시장에서의 영향력으로 애초에 강력한 유통라인을 가지고 있었다. 이러한 강력한 유통력은 할인점, 백화점, 편의점 등 거의 모든 유통라인을 통해 제품을 공급할 수 있는 강점을 얻을 수 있게 하였다. 또한 최근의 시장 경향에서 프리미엄급 샴푸 구매자의 대부분이 대형할인점을 통해 제품을 구매한다는 사실을 파악하고 대형할인점 유통을 촉진하면서 제품 회전율을 극대화시켰다.

(4) 촉진전략

이영애와 전지현이라는 '빅모델' 이용한 거대 광고를 실시하였다.

'찾아가는 마케팅' 전략으로 LG생활건강은 프리미엄 샴푸의 주요 수요층인 20대 여성에게 집중적으로 제품 컨셉을 알리기 위해 소비자들이 가는 곳이면 어디든 따라간다는 '찾아가는 마케팅' 전략을 실시했다. 출시 초기부터 명동, 신촌, 강남 등 서울과 주요 대도시를 중심으로 20대 여성들이 자주 모이는 거리에서 주말마다 거리 이벤트를 실시했다. 여름 휴가철에는 경포대, 낙산, 해운대 등 전국의 주요 해수욕장에서 '엘라스틴 해변 페스티벌'을 개최해 현지 마케팅을 통한 제품소개를 시도했다. 또한 거리에서 '컴퓨터 모발진단 서비스'와 같은 무료 이벤트를 열기도 한다. 마케팅 활동을 20대가 주로 모이는 서울 명동과 신촌, 강남 등지에서 샘플을 나눠주는 제품 행사와 인기가수 사인회 등 거리이벤트에 집중시키고 있는 것이다.

소비자들의 성향을 활용하여 엘라스틴은 얼굴 화장보다도 머리에 더 신경을 쓰고 있다는 여성 소비자들의 성향을 최대한 활용하였다. 생활용품 업체들이 설문조사한 결과, 20대 여성들은 외출할 때 가장 신경 쓰는 분야로 옷을 꼽았고 그다음에 머리모양을 들었기 때문이다. 이와 같은 상황에서 '머리카락=피부'로 인식시켜 제품을 효율적으로 홍보하였다.[42)]

제 4 절 성과

LG생활건강의 프리미엄 샴푸 엘라스틴은 지난 2001년 출시된 이후 기라성 같은 해외 샴푸 브랜드들을 물리치고 국내 시장점유율 1위를 차지한 토종브랜드다. '당신의 머리, 엘라스틴에게는 피부입니다'라는 제품 슬로건에서도 알 수 있듯이 '엘라스틴'은 약해진 모발을 화장품처럼 관리해주는 헤어솔루션을 표방한다.[43)]

마케팅 전문조사기관 AC닐슨의 조사결과에 따르면 엘라스틴은 시장점유율에서 15.4%로 프리미엄 샴푸업계 선두를 차지한다. 2위인 P&G의 '팬틴'(12.2%)을 크게 앞서기도 했다. 2004년 매출은 소비자가 기준으로 830억 원으로 모발관리 브랜드 중에는 어느 제품도 쉽게 넘보기 힘든 매출규모를 자랑한다.

프리미엄 샴푸시장은 지난 2000년 소비자가 기준으로 약 500억 원에 불과했다. 하지만 엘라스틴이 출시된 이후 급성장해 2007년에는 약 2,200억 원에 달해 전체 샴푸

42) 매일경제신문 2002년 11월 18일, 2001년 12월 19일.
43) 매일경제신문 2005년 12월 14일

시장의 70%를 차지할 것으로 예상된다. 이처럼 프리미엄 샴푸시장이 급성장하는 이유는 젊은 여성들의 모발에 대한 관심이 더욱 커지고 있는데다 최근 모발염색이 일반화되면서 모발을 더욱 탄력 있게 가꿔주는 샴푸수요가 커지고 있기 때문이다. LG생활건강은 지난 2001년 이 같은 소비자들의 요구에 민첩하게 파악하고 엘라스틴을 출시해 전체시장을 성장시키는 데 견인차 역할을 했다는 평가를 받고 있다.

엘라스틴은 약해진 모발을 화장품처럼 관리해주는 토털헤어솔루션을 표방하고 있다. 머리카락을 구성하는 주요 성분인 α-시스틴이 함유돼 탄력 있고 아름다운 머릿결로 가꿔준다. 특히 지난 4월 리뉴얼을 통해 새로워진 엘라스틴은 모발 탄력의 핵심성분인 α-시스틴이 50% 더 강화돼 머리 속 깊숙이 침투해 부족한 시스틴을 채워주고 모발 표면에 코팅막을 형성해 모발 구조를 단단하게 복원시켜준다.

엘라스틴이 프리미엄 샴푸시장에서 굳건하게 1위 자리를 굳힐 수 있었던 것은 뛰어난 품질 덕분이기도 하지만 독특한 마케팅 전략이 없었다면 불가능했다.

엘라스틴은 샴푸에 대한 기존 인식을 바꾸는 마케팅을 구사했다. 출시 초기부터 지금까지 '머리카락도 피부다' 라는 이미지를 강조하고 있는 것이다. 특히 영화배우 전지현을 모델로 채택해 샴푸의 주요 고객인 20~30대 여성을 집중공략하고 있다.

젊은이들이 자주 찾는 강남역에 엘라스틴 브랜드관을 운영해 입소문을 통한 엘라스틴 이미지 제고에 큰 효과를 얻었다는 평가를 받았다. 홈페이지(www.elastine.co.kr)를 통한 국내 최초로 블로그형 커뮤니티로 재단장해 엘라스틴 마니아들의 자발적 참여와 활동을 이끌어 내고 있다. 회사 측은 모발 탄력지수를 자체 개발해 제공하고, 효율적인 모발관리법과 제품정보도 제공하고 있다.

LG생활건강은 기존 오프라인 광고 · 홍보 활동은 물론 온라인에서도 다양한 마케팅 활동을 벌일 계획이다. 이를 통해 보다 다양한 연령층의 소비자들을 확보하겠다는 것이다.

LG생활건강은 엘라스틴을 국내 프리미엄 샴푸시장을 선도하는 대표적인 브랜드로 육성해 외국계 기업에 맞서는 토종브랜드로 자리매김할 것이라며 경쟁사들과 차별화한 기술력과 마케팅 전략을 지속적으로 전개해 대한민국의 모든 여성들에게 사랑받는 브랜드가 되겠다고 한다.[44]

---

44) 서울경제신문 2005년 8월 1일

참고문헌

국내문헌

강병서, 김성영, 정혜영, 송상호(2002), 「CEO를 위한 신경영학 I (경영전략 · 마케팅)」, 무역경영사.

김경진, 나준희(2005), "소비자의 정보왜곡편향과 감성적 부담감을 주는 후발상표의 속성제시전략," 한국심리학회, 「한구심리학회지: 소비자광고」, 6(1), 1-17.

김주환(1999), 후발기업의 캐치업(catch-up)전략에 관한 연구, *홍익대학교 대학원 박사학위논문.*

______, 전인수(2001), "선발이점 극복을 위한 후발제품의 마케팅전략에 관한 연구," 한국경영학회, 「경영학 연구」, 33(3), 745-63.

______(2004), 「PR의 이론과 실제」, 학현사.

문병준(2001), 「마케팅전략」, 경문사

박준용(2004), 「전략경영」, 도서출판 청람.

손근상 역(1996), 「모방전략」, 사민서각(원저: Schnaars, Steven P.(1994), *Managing Imitation Strategies*)

손용석, 김용준, 임영환(2001), "후발진입 인터넷 사이트의 차별화전략에 관한 연구," 한국마케팅학회, 「마케팅 연구」 16(3), 21-43.

안광호, 김동훈, 김영찬(2002), 「마케팅전략」, 학현사.

______, ______, ______,(2002), 「광고론」, 학현사.

유필화, 김용만, 한상만(2005), 「현대마케팅론」, 박영사.

이문성, 최이규(2002), "후발기업의 모방전략, 환경특성 및 경영성과의 상호관련성 연구," 한국경영학회, 「경영학 연구」, 31(2), 405-29.

이수동, 박상준, 김주영, 이형재(2006), 「전사적 관점의 마케팅」, 학현사.

이윤보, 송균석, 정헌수, 김종열(2001), "서비스기업의 경영성과에 영향을 미치는 시장전략 용인에 관한 연구: PIMS데이터 활용을 중심으로," 한국마케팅학회, 「IT와 마케팅」, 255-279.

이윤철, 이동현(1997), "첨단 기술 산업에서 후발기업의 catch-up 전략에 관한 연구," 한국경영학회, 「춘계 학술 연구 발표회」, 707-37.

______, ______(1998), "후발기업의 전략에 관한 개념적 모델," 한국경영학회, 「춘계 학술 연구 발표회」, 403-6.

______, ______(1999), "첨단 기술 산업에서 후발기업의 catch-up 전략에 관한 연구," 한국전략경영학회, 「전략경영연구」, 2(1) 23-46.

이학식, 현용진(1999), 「마케팅 - 시장 전략적 접근」, 법문사.

이호배, 김학윤(1996), 「소비자행동」, 무역경영사.

조동성, 이광현, 신철호, 이동현(1985), 「경쟁전략의 이해와 실천방법」, 국제기업전략연구소.

전인수(1992), "전환장벽, 모방장벽 및 지속적 경쟁우위," 「경영연구」, 제16집, 홍익대학교 경영연구소, 135-52.

______역(1998), 「서비스마케팅」, 도서출판 석정.

오창호, 안길상, 오태현, 전인수, 노영성, 김기찬, 박철 역(1999), 「마케팅 커뮤니케이션 1」, 도서출판 석정.

정구현(1989), 「마케팅전략」, 무역경영사.

정충영, 최이규(1998), 「SPSSWIN을 이용한 통계분석」, 3rd ed., 무역경영사.

채서일(2005), 「마케팅」, 학현사.

______, 여준성, 한계숙(2003), "시장진입순서 연구에 관한 통합적 접근: 향후 연구방향 제안을 중심으로," 한국마케팅학회, 「한국마케팅저널」, 5(4), 1-30.

최만기(1994), "기업의 전략유형, 문화유형 및 재무성과에 관한 실증연구," 한국 경영학회, 「경영학연구」, 24(특별호), 1-30

하영원, 이동훈(2004), "속성의 정렬성과 가치 관련성이 후발브랜드 차별화에 미치는 영향," 한국경영학회, 「경영학연구」, 33(2), 601-630.

______, 서찬주(1999), "후발기업 상표가 선발기업 상표를 앞지르는데 있어 광고의 역할에 관한 탐색적 연구," 한국광고학회, 「광고학연구」, 10(2), 9-38.

한민희, 이상혁, 황인석(1996), "시장 선도 이점에 대한 소비자 관점의 연구, 한국소비자학회, 「소비자학 연구」, 7(1), 127-46.

외국문헌

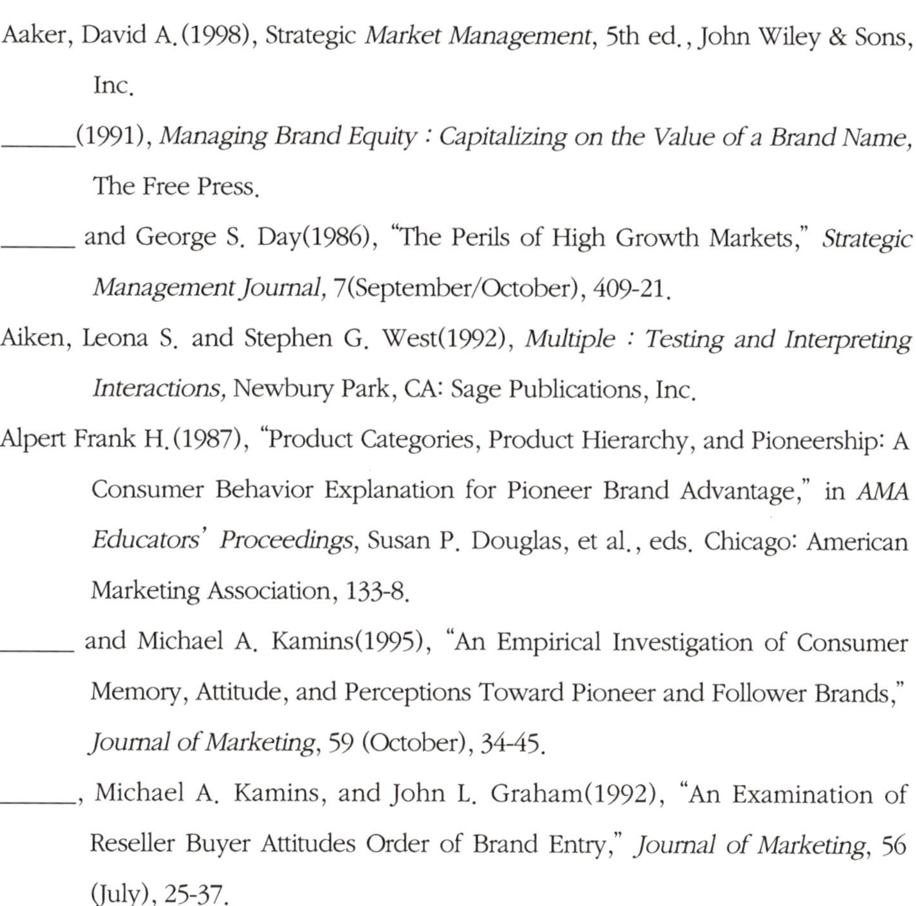

Aaker, David A.(1998), Strategic *Market Management*, 5th ed., John Wiley & Sons, Inc.

______(1991), *Managing Brand Equity : Capitalizing on the Value of a Brand Name,* The Free Press.

______ and George S. Day(1986), "The Perils of High Growth Markets," *Strategic Management Journal,* 7(September/October), 409-21.

Aiken, Leona S. and Stephen G. West(1992), *Multiple : Testing and Interpreting Interactions,* Newbury Park, CA: Sage Publications, Inc.

Alpert Frank H.(1987), "Product Categories, Product Hierarchy, and Pioneership: A Consumer Behavior Explanation for Pioneer Brand Advantage," in *AMA Educators' Proceedings*, Susan P. Douglas, et al., eds. Chicago: American Marketing Association, 133-8.

______ and Michael A. Kamins(1995), "An Empirical Investigation of Consumer Memory, Attitude, and Perceptions Toward Pioneer and Follower Brands," *Journal of Marketing*, 59 (October), 34-45.

______, Michael A. Kamins, and John L. Graham(1992), "An Examination of Reseller Buyer Attitudes Order of Brand Entry," *Journal of Marketing*, 56 (July), 25-37.

Ansoff, H. Igor(1965) Corporate Strategy: An Analytic Approach to Business Policy for Growth and Expansion, New York, McGraw-Hill.

Bain, Joe S.(1956), *Barriers to New Competition*. Cambridge, MA: Harvard University Press.

Biggadike, E. Ralph(1976), *Corporate Diversification: Entry, Strategy and Performance*. Boston: Harvard University Press.

Bond, R. S. and D. F. Lean(1977), "Sales Promotion and Product Differentiation in Two Prescription Drug Market," Washington, DC. Economic Report, U. S. Federal Trade Commission.

Boyd, Harper W. Jr., Orville C. Walker, Jr., and Jean-Claude Larreche(1995), *Marketing Management: A Strategic Approach with a Global Orientation*, IRWIN.

Boulding, William and Richarad Staelin(1990), "Environment, Market Share, and Market Power," *Management Science*, 36 (October), 1160-77.

Brown, Christina L. and James M. Lattin(1994), "Investigating the Relationship Between Time In Market and Pioneering Advantage," *Management Science*, 40 (October), 1361-69.

______, Gregory S. Carpenter(2000), "Why Is the Trivial Important? A Reason-Based Account for the Effects of Trivial Attritubes on Choice," *Journal of Consmuer Research*, 26(March), 372-73.

Buzzell, Robert D. and Paul W. Farris(1977), "Marketing Costs in Consumer Goods Industries," in *Strategy + Structure = Performance*, Hans Thorelli. ed. Bloomington. IN: Indiana University Press. 122-45.

______, and Bradley T. Gale(1987), *The PIMS Principles: Linking Strategy to Performance*, New York: The Free Press.

______, ______, and Robert Sultan(1975), "Market Share-A Key to Profitability," *Harvard Business Review*, 53(January-February), 97-106.

______ and Frederik D. Wiersema(1981a), "Successful Share Building Strategies," *Harvard Business Review*, 59(January-February), 135-44.

______ and ______(1981b), "Modelling Changes in Market Share; A Cross-Sectional Analysis," *Strategic Management Journal*, 2 (January-March), 27-42.

Cacioppo, John T. and Richard Petty(1979), "Effects of Message Repetition and Position on Cognitive Response, Recall, and Persuasion," *Journal of Personality and Social Psychology*, 37 (January), 97-109.

Capon, Noel, John U. Farley, and Scott Hoening(1990), "Determinants of Financial Performance: A Meta-Analysis," *Management Science*, 36 (October), 1143-59.

Carpenter, Gregory S. and Kent Nakamoto(1988), "Market Pioneering, Learning, and Preference," *Advances in Consumer Research*, 15, 275-79.

______ and ______(1989), "Consumer Preference Formation and Pioneering Advantage," *Journal of Marketing Research*, 26 (August), 285-98.

______ and ______(1990), "Competitive Strategies for Late Entry Into a Market With a Dominant Brand," *Management Science*, 36(October), 1268-78.

______ and ______(1994), "Reflections on Consumer Preference Formation and Pioneering Advantage," *Journal of Marketing Research*, 31(November), 570-73.

Chatterjee, Rabikar and Yoshi Sugita(1990), "New Product Introduction Under Demand Uncertainty in Competitive Industries," *Managerial and Decision Economics*, 11(February), 1-12.

Cohen, Jacob(1988), *Statistical Power Analysis for the Social Sciences*, Hillsdale, NJ: Lawrence Eribaum Associates.

Comanor, William S. and Thomas A. Wilson(1974), *Advertising and Market Power*. Cambridge, MA: Harvard University Press.

Elliot, A., and Devine, P.(1994), "On The Motivational Nature of Cognitive Dissonance," *Journal of personality and Social Psychology*, 67, 382-94.

Erickson, Gary M. and Johny K. Johansson(1985), "The Role of Price in Multi-Attribute Product Evaluation," *Journal of Consmuer Research*, 12(September),

195-99.

Everett M. Rogers(1962), *Diffusion of Innovations*, New York: Free Press. 68-77.

Fershtman, Chaim, Vijay Mahajan, and Eitan Muller(1990), "Market Share Pioneering Advantage: A Theoretical Approach," *Management Science*, 36 (August), 900-18.

Flaherty, M. Therese(1983), "Market Share, Technology Leadership, and Competition in International Semiconductor Markets," in *Research on Technological Innovation, Management, and Policy*, R. Rosenbloom, ed. Greenwich, CT: JAI Press, Inc., 69-102.

Fornell Claes, William T. Robinson, and Birger Wernerfelt(1985), "Consumption Experience and Sales Promotion Expenditure," *Management Science*, 31(September), 1084-1105.

Foster, Richard N.(1982), "A Call for Vision in Managing technology," *McKinsey Quarterly*, Summer, 26-36.

Gal-Or, Ester(1985), "First Mover and Second Mover Advantages," *International Economic Review*, 26(October), 649-53.

______(1987), "First Mover Disadvantages With Private Information," *Review of Economic Studies*, 28(April), 279-92.

George S. Day and Robin Wensley(1988), "Assessing Advantage: A Framework for Diagnosing Competitive Superiority," *Journal of Marketing*, 52(April), 1-20.

Ghosh, Avijit and Bruce Buchanan(1988), "Mutiple Outlets in a Duopoly: A Firist Entry Paradox," *Geographical Analysis*, 20(April), 111-21.

Ghoshal, Sumantra(1987), "Global Strategy: An Organizing Framework," Strategic *Management Journal*, 8(September/October), 425-40.

Glazer, A.(1985), "The Advantages of Being First," *American Economic Review*, 75(June), 473-80.

Golder, Peter N. and Gerard J. Tellis(1993), "Pioneering Advantage: Marketing Logic or Marketing Legend," *Journal of Marketing Research*, 30(May), 158-70.

______ and ______(1996), "First to Market, First to Fail Real Causes of Enduring Market Leadership," *Sloan Management Review*, Winter, 65-75.

Green, Donna and Adrian B. Ryans(1990), "Entry Strategies and Market Performance: Causal Modeling of a Business Simulation," *Journal of Product Innovation Management*, 7(March), 45-58.

______, ______, and Donald W. Barclay(1995), "Entry Strategy and Long-Term Performance: Conceptualization and Empirical Examination," *Journal of Marketing*, 59(October), 1-16.

Gruca Thomas S. and D. Sudharshan(1995), "A Framework for Entry Deterrence Strategy: The Competitive Environment, Choices, and Consequences," *Journal of Marketing*, 59(July), 44-55.

Hagerty, Michael R., James M. Carman, and Gary J. Russell(1988), "Estimating Elasticities with PIMS Data: Methodological Issues and Substantive Implications," *Journal of Marketing Research*, 25 (February), 1-9.

Hair, Joseph F. Jr., Rolph E. Anderson, Ronald L. Tatham, and William C. Black(1992), *Multivariate Data Analysis*, New York: Macmillan.

Hauser, John R. and Birger Wernerfelt(1990), "An Evaluation Cost Model of Consideration Sets," *Journal of Consumer Research*, 19(March), 393-408.

Hoch, Steven and John Deighton(1989), "Managing What Consumers Learn From Experience," *Journal of Marketing*, 53(April), 1-20.

Huff, Lenard C. and William T. Robinson(1994), "The Impact of Leadtime and Years of Competitive Rivalry on Pioneer Market Share Advantages," *Management Science*, 40(October), 1370-77.

Kalyanaram, Gurumurthy(1993), "Entry Effects in Consumer Goods: Cross Sectional Pooling, Lag Entry Time Effect, and Endogeneity of Entry," working paper. University of Texas Dallas.

______ and Glen L. Urban(1992), "Dynamic Effects of the Order of Entry on Market Share, Trial Penetration, and Repeat Purchases for Frequently

Purchased Consumer Goods," *Marketing Science*, 11 (Summer), 235-50.

______, ______, and W. T. Robinson(1995), "Order of Market Entry: Established Empirical Generalizations, Emerging Empirical Generalizations, and Future Research," *Marketing Science*, 14, 212-21.

Kathy A. Lutz and Richard J. Lutz(1997), "The Effect Interactive Imagery on Learning: Application To Advertising," *Journal of Psychology*.

Karakaya, Fahri and Michael J. Stahl(1989), "Barriers to Entry and Market Entry Decisions in Consumer and Industrial Goods Markets," *Journal of Marketing*, 53(April), 80-91.

Kardes, Frank R.(1999), *Consumer Behavior and Managerial Decision Making*, Addison-Wesley.

______ and Gurumurthy Kalyanaram(1992), "Order of Entry Effects on Consumer Memory and Judgment: An Information Integration Perspective," *Journal of Marketing Research*, 29(August), 343-57.

Kekre, Sunder and Kannan Srinivasan(1990), "Broader Product Line: A Necessity to Achieve Success?," *Management Science*, 36 (October), 1216-31.

Kerin, Roger A., Vijay Mahajan, and P. Rajan Varadarajan(1990), *Contemporary Perspectives on Strategic Market Planning*, Boston: Allyn and Bacon.

______, P. Rajan Varadarajan, and Robert A. Peterson(1992), "First-Mover Advantage: A Synthesis, Conceptual Framework, and Research Propositions," *Journal of Marketing*, 56(October), 33-52.

Kevin Lane Keller(1987), "Memory Factor in Advertising: The Effect of Advertising Retrieval Cues on Brand Evaluations," *Journal of Consumer Research*, 14(December), 316-33.

Kother, Philip(2005), Marketing Management, 11th ed., NJ: Prentice-Hall.

Lambkin, Mary(1988), "Order of Entry and Performance in New Markets," Strategic Management Journal, 9(Summer), 127-40.

______(1992), "Pioneering New Markets: A Comparison of Market Share Winners and

Losers," *International Journal of Research in Marketing*, 9 (March), 5-22.

Lane, W. S(1980), "Product Differentiation in a Market With Endogenous Sequential Entry," *Bell Journal of Economics*, 11(Spring), 237-60.

Lane, W. J. and Steven N. Wiggins(1981), "Quality Uncertainty, Repeat Purchases, and First Entrant Advantages," working paper No. 81-5, Texas A&M University.

Lichtenstein, Donald R., Nancy Ridgway, and Richard G. Netemeyer (1993), "Price Perceptions and Consumer Shopping Behavior: A Field Study," *Journal of Marketing Research*, 30(May), 234-45.

Lieberman, Marvin. B. and David B. Montgomery(1988), "First Mover Advantages," *Strategic Management Journal*, 9(Summer), 41-58.

Lilien, Gary L. and Eusang Yoon(1990), "The Timing of Competitive Market Entry: An Exploratory Study of New Industrial Products," *Management Science*, 36(May), 568-85.

Mascarenhas, Briance(1992), "First Mover Effects in Multiple Dynamic Markets," *Strategic Management Journal*, 13(March), 237-43.

Mason, Chailotte H. and William D. Perreault Jr.(1991), "Collinearity, Power, and Interpretation of Multiple Regression Analysis," *Journal of Marketing Research*, 28(August), 268-80.

McAdams, Alan K. (1982), "The Computer Industry," in *The Structure of American Industry*, 6th ed., Walter Adams, ed. New York: Macmillan Publishing Company.

Miles, R. E. and C. C. Snow(1978), *Organizational Strategy, Structure, and Process*, McGraw-Hill.

Miller, Alex, William B. Gartner, and Robert Wilson(1989), "Entry Order, Market Share, and Competitive Advantage: A Study of Their Relationships in New Corporate Ventures," *Journal of Business Venturing*, 4(May), 197-209.

Mitchell, Will(1991), "Dual Clocks: Entry Order influences on Incumbent and

Newcomer Market Share and Survival When specialized Assets Retain their Value," *Strategic Management Journal*, 12(February), 85-100.

Monteverde, Kirk and David J. Teece(1982), "Supplier Switching Costs and Vertical Integration in the Automobile Industry," *Bell Journal of Economic*, 13(Spring), 206-13.

Moore. Michael J., William Boulding, and Ronald C. Goodstein(1991), "Pioneering and Market Share: Is Entry Time Endogenous and Does it Matter?" *Journal of Marketing Research*, 28(February), 97-104.

Mukherjee Ashesh and Wayne D. Hoyer(2001), "The Effect of Novel Attributes on Product Information," *Journal of Consmuer Research*, 28(December), 618-35.

Muthukrishnan A. V.(1995), "Decision Ambiguity and Incumbent Brand Advantage," *Journal of Consumer Research*, 22(June), 98-108.

Nedungadi, Pakash(1990), "Recall and Consumer Consideration Sets: Influencing Choice without Altering Brand Evaluations," *Journal of Consumer Research*, 17(December), 263-76.

Nti, Kofi and Matin Shubik(1981), "Duopoly With Differentiated Product and Entry Barriers," *Southern Economic Journal*, 48(July), 179-86.

Nunnally, Jum C.(1967), Psychometric Theory, New York: McGraw-Hill.

Parasuraman, A., Valarie A. Zeithaml, and Leonard L. Berry(1985), "A Conceptual Model of Service Quality and Its Implications For Future Research," *Journal of Marketing*, 49(Fall), 41-50.

Parry, Mark and Frank M. Bass(1990), "When to Lead or Follow? It Depends," *Marketing Letters*, 1(November), 187-98.

Parker, Philip M., and Hubert Gatignon(1996), "Order of Entry, Trial Diffusion, and Elasticity Dynamics: An Empirical Case," *Marketing Letters*, 7(January), 95-109.

Phillips. Lynn W.(1981), "Assessing Measurement Error in Key Informant Reports:

A Methodological Note on Organization Analysis in Marketing Channels", *Journal of Marketing Research*, 18 (November), 390-405.

______, Dae R. Chang, and Robert D. Buzzell(1983), "Product Quality, Cost Position, and Business Performance: A Test of Some Key Hypotheses," *Journal of Marketing*, 47(Spring), 26-43.

Porter, Michael(1983), "The Technological Dimension of Competitive Strategy," in *Research on Technological Innovation Management*, and Policy, R. Rosenbloom, ed. Greenwich. : JAI Press. Inc., 1-33.

______(1985), *From Competitive Advantage to Corporate Strategy*, New York : The Free Press. "The Core Competence of the Corporation," *Harvard business Review*, 68(May/June), 79-91.

______(1990), *The Competitive Advantage of Nations*, New York; The Free Pres

Prahalad, C.K and Gray Hamel(1990),

Prescott, Edward C. and Michael Visscher(1977), "Sequential Location Among Firms With Foresight," *The Bell Journal of Economic*, 8, 378-93.

Puto, C. R. and Wells, W. D. (1984), "Informational and transformational advertising: The different effects of time. In t. C. Kinner(Ed.)", *Advances in Consumer Research*, 11 (pp. 638-648).

Rao, Ram C. and David P. Rutenberg(1979), "Preempting an Alert Rival: Strategic Timing of the First Plant by Analysis of Sophisticated Rivalry," *Bell Journal of Economics*, 10(Autumn), 412-28.

Reddy, Srinivask, Susan L. Holak, and Subodh Bhat(1994), "To Extend or Not to Extend: Success Determinants of Line Extensions," *Journal of Marketing Research*, 31(May), 243-62.

Robert Jacobson and David A. Aaker(1987), "The Strategic Role of Product Quality," *Journal of Marketing*, 51(October), 31-44.

Robinson, William T.(1988), "Sources of Market Pioneer Advantages: The Case of Industrial Goods Industries," *Journal of Marketing Research*, 25(February),

87-94.

______(1990), "Product Innovation and Start-Up Business Market Share Performance," *Management Science*, 36(October), 1279-89.

______ and Claes Fornell(1985), "Sources of Market Pioneer Advantages in Consumer Goods Industries," *Journal of Marketing Research*, 22(August), 305-17.

______, ______, and Mary Sullivan(1992), "Are Market Pioneers Intrinsically Stronger than Later Entrants?" *Strategic Management Journal*, 13 (November), 609-24.

______, Gurumurty Kalyanaram, and Glen L. Urban(1994), "First-Mover Advantages from Pioneering New Markets: A Survey of Empirical Evidence," *Review of Industrial Organization*, 9(February), 1-23.

Rumelt, Richard P.(1987), "Theory, Strategy, and Entrepreneurship," in *The Competitive Challenge: Strategies for Industrial Innovation and Renewal*. Cambridge. MA: Ballinger Publishing C., 137-58.

Scherer, F. M. and D. Ross(1990), *Industrial Market Structure and Economic Performance*, Boston: Houghton Mifflin.

Schmalensee, Richard(1978), "Entry Deterrence in the Ready-to-Eat Breakfast Cereal Industry," *The Bell Journal of Economic*, 9, 305-27.

______(1982), "Product Differentiation Advantages of Pioneering Brands," *American Economic Review*, 72(June), 349-65.

______(1987). Standards for dominant firm conduct: What can economics contribute?. In D. Hay, & J. Vickers (Eds.), The Economics of Market Dominance. New York: Basil Blackwell.

Schnaars, Steven P.(1986), "When Entering Growth Markets, Are Pioneer Better Than Poachers?" *Busness Horizons*, 29(March-April), 27-36.

______(1994), *Managing Imitation Strategies: How Later Entrants Seize Market Shares From Pioneers*, New York: The Free Press.

Schoeffler, Sidney, Robert D. Buzzell, and Donald F. Heany(1974), "Impact of Strategic Planning on Profit Performance," *Harvard Business Review*, 52(March-April), 137-45.

______, ______, and Robert Sultan(1975), "Market Share-A Key to Profitability," *Harvard Business Review*, 53(January-February), 97-106.

Shankar, Venkatesh, Gregory S. Carpenter, and Lakshman Krishnamurthi (1998), "Late Mover Advantage: How Innovative Late Entrants Outsell Pioneers," *Journal of Marketing Research*, 35(February), 54-70.

______, ______, and ______(1999), "The Advantages of Entry in the Growth Stage of the Product Life Cycle: An Empirical Analysis," *Journal of Marketing Research*, 36(May), 269-276.

Sidney Schoeffler(1977), *Nice Basic Findings on Business Strategy*, Cambridge, MA: The Strategic Planning Institute.

Smiley, Robert H. and S. Abraham Ravid(1983), "The Importance of Being First: Learning Price and Strategy," *Quarterly Journal of Economics*, 52(May), 353-62.

Spital, Francis C.(1983), "Gaining Market Share Advantage in the Semiconductor Industry by Lead Time in Innovation," in *Research on Technological Innovation, Management and Policy*, R. Rosenbloom, ed. Greenwich, CT: JAI Press, Inc., 55-67.

Stigler, G. J., and Becker, G. S.(1977). De gustibus non est disputandum. *American economic Review*, 67, 76-90.

Sujan, Mita and James R. Bettman(1989), "The Effect of Brand Positioning Strategies on Consumer' s Brand and Category Perceptions: Some Insights From Schema Research," *Journal of Marketing Research*, 31(November), 454-67.

Srinivasan, Kannan(1988), "Pioneering Versus Early Following in New Product Markets," unpublished Ph D dissertation, University of California, Los

Angeles.

Sullivan, Mary W.(1992), "Brand Extensions: When to Use Them," *Management Science*, 38(June), 793-806.

Szymanski, David M., Sundar G. Bharadwaj, and P. Rajan Varadarajan (1993a), "An Analysis of Market Share-Profitability Relationship," *Journal of Marketing*, 57(July), 1-18.

______, ______, and ______(1993b), "Standardization Versus Adaptation of International Marketing Strategy: An Empirical Investigation," *Journal of Marketing*, 57(October), 1-17.

______ and Paul S. Busch(1987), "Identifying the Generics-Prone Consumer: A Meta-Analysis," *Journal of Marketing Research*, 24(November), 425-31.

______, Lisa C. Troy, and Sunder G. Bharadwaj(1995), "Order of Entry and Business Performance: An Empirical Synthesis and Reexamination," *Journal of Marketing*, 59(October), 17-33.

Teece, David J.(1987), "Profiting From Technological Innovation: Implications for Industrial Innovation and Renewal", David J. Teece, ed. Cambridge, MA: Ballinger Publishing, 185-219.

Urban. Glen L., Theresa Carter, Steven Gaskin, and Zofia Mucha(1986), "Market Share Rewards to Pioneering Brands: An Empirical Analysis and Strategic Implications." *Management Science*, 32 (June), 645-59.

______ and Steven H. Star(1991), *Advanced Marketing Strategy Phenomenon, Analysis, and Decisions*. Englewood Cliffs, NJ: Prentice-Hall, Inc.

Vanhonacker, Wilfried R. and Diana Day(1987), "Cross-Sectional Estimation in Marketing: Direct Versus Reverse Regression," *Marketing Science*, 6(Summer), 254-67.

Varadarajan, P. Rajan and William R. Dillon(1982), "Intensive Growth Strategies," *Journal of Business Research*, 9(December), 49-64.

Venkatraman, N. and John E. Prescott(1990), "Environment-Strategy Coalignment:

An Empirical Test of Its Performance Implications," *Strategic Management Journal*, 11 (January), 1-23.

von Hippel, Eric(1984), "Appropriability of Innovation Benefit as a Predictor of the Functional I ocus of Innovation," Working Paper #1084-79, Massachusetts Institute of Technology.

Walker, Orville C. Jr., Harper W. Boyd, Jr., and Jean-Claude Larreche (1992), Marketing Strategy: Planning and Implementation, Boston, Irwin.

Williamson, Oliver E.(1975), *Markets and Hierarchies*. New York: The Free Press.

Whitten, Ira T.(1979), "Brand Performance in the Cigarette Industry and the Advantages of Early Entry," Washington, DC: U. S. Federal Trade Commission.

Zhang, Shi and Arther B. Markman(1988), "Overcoming the Early Entrant Advantage: The Role of Alignable and Nonalignable Differences," *Journal of Marketing Research*, 35(November), 413-26.

______, Frank Kardes, and Maria L. Gentner(2002), "Comparative Advertising: Effects of Structural Alignability in Target Brand Evaluations," *Journal of Consumer Psychology*, 12(4), 303-311.

Zeithaml, Valarie A.(1988). "Consumer Perceptions of Price, Quality, and Value : A Means-End Model and Synthesis of Evidence," *Journal of Marketing*, 52(July), 2-22.

색인 - 영문

Q

R

S

T

U

V

색인 - 국문

■ ■ ■ **저자약력** ■ ■ ■

김주환(金柱煥)

현재 중앙일보사 경기 · 강원지사장 겸 한라대학교 경영학과 겸임교수로 재직 중이다.

홍익대학교에서 마케팅전략 전공으로 경영학박사 학위를 취득하였다.

학계에서는 강원대학교 경영대학원, 홍익대학교 경영대학원에서 마케팅전략, 경영전략, 마케팅, 프로모션, 홍보 · PR 등을 강의했다.

실무에서는 중앙일보 차장, 중앙커뮤니케이션 대표이사, 중앙마케이션즈 대표이사를 역임했고, 탑 텔레인슈어런스, 텔레조이의 비상임이사 및 자문교수를 맡고 있다.

저서로는 『PR의 이론과 실제』(학현사, 2004)가 있으며, 논문으로는 「후발기업의 캐치업전략에 관한 연구」, 「선발이점 극복을 위한 후발제품의 마케팅전략」, 「진입순서 효과극복을 위한 전략변수와 조정변수」, 「진입순서와 사업성과」, 「시장지향성」 등이 있다.

관심분야는 마케팅전략, 경영전략, 프로모션전략, PR전략 등이며, 한국언론학회, 한국경영학회, 한국마케팅학회, 한국전략경영학회, 한국광고학회, 한국PR협회, 한국상품학회 정회원으로 활동하고 있다.

캐치업전략

• 초판인쇄: 2007년 8월 24일
• 초판발행: 2007년 8월 24일
• 지은이: 김주환
• 펴낸이: 채종준
• 펴낸곳: 한국학술정보㈜
경기도 파주시 교하읍 문발리 파주출판문화정보산업단지 526-2
전화 031)908-3181(대표) · 팩스 031)908-3189
홈페이지 http://www.kstudy.com
e-mail(출판사업부) publish@kstudy.com
• 등 록: [illegible]
• 가 격: 37,000원
• I S B N: 978-89-534-7133-7 93320 (Paper Book)
978-89-534-7134-4 98320 (e-Book)